BERNARD LAZARE

L'Antisémitisme

SON HISTOIRE ET SES CAUSES

PARIS

LÉON CHAILLEY, ÉDITEUR

8, RUE SAINT-JOSEPH, 8

1894

L'ANTISÉMITISME

BERNARD LAZARE

L'ANTISÉMITISME

SON HISTOIRE ET SES CAUSES

PARIS

LÉON CHAILLEY, ÉDITEUR

8, RUE SAINT-JOSEPH, 8

—

1894

PRÉFACE

Quelques fragments de ce livre ont paru à longs intervalles dans des journaux et dans des revues ; on leur a fait le grand honneur de les discuter et c'est parce qu'on les a discutés que j'écris ici ces quelques lignes. On m'a reproché à la fois d'avoir été antisémite et d'avoir trop vivement défendu les Juifs, et pour juger ce que j'avais écrit on s'est placé au point de vue de l'antisémitisme ou à celui du philosémitisme. On a eu tort car je ne suis ni antisémite, ni philosémite ; aussi n'ai-je voulu écrire ni une apologie, ni une diatribe, mais une étude impartiale, une étude d'histoire et de sociologie.

Je n'approuve pas l'antisémitisme, c'est une conception étroite, médiocre et incomplète, mais j'ai tenté de l'expliquer. Il n'était pas né sans causes, j'ai cherché ces causes. Ai-je réussi à les déterminer, c'est à ceux qui liront ces pages d'en décider.

Il m'a semblé qu'une opinion aussi universelle que l'antisémitisme, ayant fleuri dans tous les lieux et dans tous les temps, avant l'ère chrétienne et après, à Alexandrie, à Rome et à Antioche, en Arabie et en Perse, dans l'Europe du moyen âge et dans l'Europe moderne, en un mot, dans toutes les parties du monde où il y a eu et où il y a des juifs, il m'a semblé qu'une telle opinion ne pouvait être le résultat d'une fantaisie et d'un caprice perpétuel, et qu'il devait y avoir à son éclosion et à sa permanence des raisons profondes et sérieuses.

Aussi ai-je voulu donner un tableau d'ensemble de l'antisémitisme, de son histoire et de ses causes, j'en ai voulu suivre les modifications successives, les transformations et les changements. Dans une telle étude il y aurait eu la matière de plusieurs livres, j'ai été par conséquent obligé de resserrer le sujet, d'en montrer les grandes lignes et d'en négliger le détail. Je compte en reprendre quelques parties, et un jour que j'espère prochain je tenterai de montrer quel a été dans le monde le rôle intellectuel, moral, économique et révolutionnaire du Juif, rôle que je n'ai fait ici qu'indiquer.

B. L.

Paris, 25 avril 1894.

L'ANTISÉMITISME

CHAPITRE PREMIER

LES CAUSES GÉNÉRALES DE L'ANTISÉMITISME

L'exclusivisme. — Le culte politico-religieux. — Iahvé et la Loi.
— Ordonnances civiles et ordonnances religieuses. — Les colonies juives. — Le Talmud. — La théorie du peuple élu. — L'orgueil juif. — La séparation d'avec les nations. — La souillure.
— Pharisiens et Rabbanites. — La foi, la tradition et la science
profane. — Le triomphe des Talmulistes. — Le patriotisme
juif. — La patrie mystique. — Le rétablissement du royaume
d'Israël. — L'isolement du Juif.

Si l'on veut faire une histoire complète de l'antisémitisme — en n'oubliant aucune des manifestations
de ce sentiment, en en suivant les phases diverses et
les modifications — il faut entreprendre l'histoire
d'Israël depuis sa dispersion, ou, pour mieux dire,

1

depuis les temps de son expansion hors du territoire de la Palestine.

Partout où les Juifs, cessant d'être une nation prête à défendre sa liberté et son indépendance, se sont établis, partout s'est développé l'antisémitisme, ou plutôt l'antijudaïsme, car antisémitisme est un mot mal choisi, qui n'a eu sa raison d'être que de notre temps, quand on a voulu élargir cette lutte du Juif et des peuples chrétiens, et lui donner une philosophie en même temps qu'une raison plus métaphysique que matérielle.

Si cette hostilité, cette répugnance même, ne s'étaient exercées vis-à-vis des Juifs qu'en un temps et en un pays, il serait facile de démêler les causes restreintes de ces colères ; mais cette race a été, au contraire, en butte à la haine de tous les peuples au milieu desquels elle s'est établie. Il faut donc, puisque les ennemis des Juifs appartenaient aux races les plus diverses, qu'ils vivaient dans des contrées fort éloignées les unes des autres, qu'ils étaient régis par des lois différentes, gouvernés par des principes opposés, qu'ils n'avaient ni les mêmes mœurs, ni les mêmes coutumes, qu'ils étaient animés d'esprits dissemblables ne leur permettant pas de juger également de toutes choses, il faut donc que les causes générales de l'antisémitisme aient toujours résidé en Israël même et non chez ceux qui le combattirent.

Ceci n'est pas pour affirmer que les persécuteurs des Israélites eurent toujours le droit de leur côté, ni qu'ils ne se livrèrent pas à tous les excès que comportent les haines vives, mais pour poser en principe que les Juifs causèrent — en partie du moins — leurs maux.

Devant l'unanimité des manifestations antisémites, il est difficile d'admettre — comme on a été trop porté à le faire — qu'elles furent simplement dues à une guerre de religion, et il ne faudrait pas voir dans les luttes contre les Juifs la lutte du polythéisme contre le monothéisme, et la lutte de la Trinité contre Jéhovah. Les peuples polythéistes, comme les peuples chrétiens, ont combattu, non pas la doctrine du Dieu Un, mais le Juif.

Quelles vertus ou quels vices valurent au Juif cette universelle inimitié? Pourquoi fut-il tour à tour, et également, maltraité et haï par les Alexandrins et par les Romains, par les Persans et par les Arabes, par les Turcs et par les nations chrétiennes? Parce que partout, et jusqu'à nos jours, le Juif fut un être insociable.

Pourquoi était-il insociable? Parce qu'il était exclusif, et son exclusivisme était à la fois politique et religieux, ou, pour mieux dire, il tenait à son culte politico-religieux, à sa loi.

Si, dans l'histoire, nous considérons les peuples conquis, nous les voyons se soumettre aux lois des vainqueurs, tout en gardant leur foi et leurs croyances. Ils le pouvaient facilement, parce que, chez eux, la séparation était très nette entre les doctrines religieuses venues des dieux et les lois civiles émanées des législateurs, lois qui se pouvaient modi-

fier au gré des circonstances, sans que les réformateurs encourussent l'anathème ou l'exécration théologique : ce que l'homme avait fait, l'homme pouvait
le défaire. Aussi, les vaincus se soulevaient-ils contre
les conquérants par patriotisme, et nul mobile ne les
poussait que le désir de ressaisir leur sol et de reprendre leur liberté. En dehors de ces soulèvements
nationaux, ils demandèrent rarement à n'être pas
soumis aux lois générales ; s'ils protestèrent, ce fut
contre des dispositions particulières, qui les mettaient
vis-à-vis des dominateurs dans un état d'infériorité ;
et, dans l'histoire des conquêtes romaines, nous
voyons les conquis s'incliner devant Rome, lorsque
Rome leur impose strictement la législation qui régit
l'empire.

Pour le peuple juif, le cas était très différent. En
effet, comme déjà le fit remarquer Spinoza (1), « les
lois révélées par Dieu à Moïse n'ont été autre chose
que les lois du gouvernement particulier des Hébreux». Moïse (2), prophète et législateur, conféra à ses
dispositions judiciaires et gouvernementales la même
vertu qu'à ses préceptes religieux, c'est-à-dire la révélation. Iahvé, non seulement avait dit aux Hébreux : « Vous ne croirez qu'au Dieu Un et vous n'a-
dorerez pas d'idoles », mais il leur avait prescrit
aussi des règles d'hygiène et de morale ; non seule-

---

(1) *Tractatus theologic. politic.* — Préface.
(2) *Quand je dis Moïse conféra, ce n'est pas pour affirmer que
Moïse élabora toutes les lois mises sous son nom, mais c'est parce
qu'on lui en a attribué la rédaction.*

ment il leur avait lui-même assigné le territoire où devaient s'accomplir les sacrifices, minutieusement, mais il avait déterminé les modes selon lesquels ce territoire serait administré. Chacune des lois données, qu'elle fût agraire, civile, prophylactique; théologique ou morale, bénéficiait de la même autorité et avait la même sanction, de telle sorte que ces différents codes formaient un tout unique, un faisceau rigoureux dont on ne pouvait rien distraire sous peine de sacrilège.

En réalité, le Juif vivait sous la domination d'un maître, Iahvé, que nul ne pouvait vaincre ni combattre, et il ne connaissait qu'une chose : la Loi, c'est-à-dire l'ensemble des règles et des prescriptions que Iahvé avait un jour voulu donner à Moïse, Loi divine et excellente, propre à conduire ceux qui la suivraient aux félicités éternelles ; loi parfaite et que seul le peuple juif avait reçue.

Avec une telle idée de sa Thorah, le Juif ne pouvait guère admettre les lois des peuples étrangers; du moins, il ne pouvait songer à se les voir appliquer ; il ne pouvait abandonner les dois divines, éternelles, bonnes et justes, pour suivre les lois humaines fatalement entachées de caducité et d'imperfection. S'il avait pu faire une part dans cette thorah; si, d'un côté, il avait pu ranger les ordonnances civiles, de l'autre, les ordonnances religieuses! Mais toutes n'avaient-elles pas un caractère sacré, et, de leur observance totale, le bonheur de la nation juive ne dépendait-il pas?

Ces lois civiles, qui seyaient à une nation et non à des communautés, les Juifs ne les voulaient pas abandonner en entrant dans les autres peuples, car, quoique hors de Jérusalem et du royaume d'Israël, ces lois n'eussent plus de raison d'être, elles n'en étaient pas moins, pour tous les Hébreux, des obligations religieuses, qu'ils s'étaient engagés à remplir par un pacte ancien avec la Divinité.

Aussi, partout où les Juifs établirent des colonies, partout où ils furent transportés, ils demandèrent non seulement qu'on leur permît de pratiquer leur religion, mais encore qu'on ne les assujettît pas aux coutumes des peuples au milieu desquels ils étaient appelés à vivre, et qu'on les laissât se gouverner par leurs propres lois.

A Rome, à Alexandrie, à Antioche, dans la Cyrénaïque, ils purent en agir librement. Ils n'étaient pas appelés le samedi devant les tribunaux (1), on leur permit même d'avoir leurs tribunaux spéciaux et de n'être pas jugés selon les lois de l'empire; quand les distributions de blé tombaient le samedi, on réservait leur part pour le lendemain (2); ils pouvaient être decurions, en étant exemptés des pratiques contraires à leur religion (3); ils s'administraient eux-mêmes comme à Alexandrie, ayant leurs chefs, leur sénat, leur ethnarque, n'étant pas soumis à l'autorité municipale.

(1) *Code Théod.*, 1. II, t. VIII, § 2. — *Code Just.*, l. I, t, IX, § 2.
(2) Philon, *Legat. a Cai.*
(3) *Dig.*, l. I, t. III, § 3. (Décisions de Septime Sévère et de Caracalla.)

Partout ils voulaient rester Juifs, et partout ils obtenaient des privilèges leur permettant de fonder un Etat dans l'Etat. A la faveur de ces privilèges, de ces exemptions, de ces décharges d'impôts, ils se trouvaient rapidement dans une situation meilleure que les citoyens mêmes des villes dans lesquelles ils vivaient; ils avaient plus de facilité à trafiquer et à s'enrichir, et ainsi excitèrent-ils des jalousies et des haines.

Donc, l'attachement d'Israël à sa loi fut une des causes premières de sa réprobation, soit qu'il recueillît de cette loi même des bénéfices et des avantages susceptibles de provoquer l'envie, soit qu'il se targuât de l'excellence de sa Thorah pour se considérer comme au-dessus et en dehors des autres peuples.

Si encore les Israélites s'en fussent tenus au mosaïsme pur, nul doute qu'ils n'aient pu, à un moment donné de leur histoire, modifier ce mosaïsme de façon à ne laisser subsister que les préceptes religieux ou métaphysiques; peut-être même, s'ils n'avaient eu comme livre sacré que la Bible, se seraient-ils fondus dans l'Eglise naissante, qui trouva ses premiers adeptes dans les Saducéens, les Esséniens et les prosélytes juifs. Une chose empêcha cette fusion, et maintint les Hébreux parmi les peuples : ce fut l'élaboration du Talmud, la domination et l'autorité des docteurs qui enseignèrent une prétendue tradition; mais cette action des docteurs, sur laquelle nous reviendrons, fit aussi des Juifs les êtres farouches, peu sociables et orgueilleux dont Spinoza, qui les connaissait, a pu dire : « Cela n'est point éton-nant qu'après avoir été dispersés durant tant d'an-nées, ils aient persisté sans gouvernement, puisqu'ils se sont séparés de toutes les autres nations, à tel point qu'ils ont tourné contre eux la haine de tous peuples, non seulement à cause de leurs rites exté-rieurs, contraires aux rites des autres nations, mais encore par le signe de la circoncision (1). »

Ainsi, disaient les docteurs, le but de l'homme sur la terre est la connaissance et la pratique de la Loi, et on ne la peut pleinement pratiquer qu'en se déro-bant aux lois qui ne sont pas la véritable. Le Juif qui suivait ces préceptes s'isolait du reste des hommes ; il se retranchait derrière les haies qu'avaient élevées autour de la Thorah Esdras et les premiers scribes(2), puis les Pharisiens et les Talmudistes héritiers d'Es-dras, déformateurs du mosaïsme primitif et ennemis des prophètes. Il ne s'isola pas seulement en refusant de se soumettre aux coutumes qui établissaient des liens entre les habitants des contrées où il était éta-bli, mais aussi en repoussant toute relation avec ces habitants eux-mêmes. A son insociabilité, le Juif ajouta l'exclusivisme.

Sans la Loi, sans Israël pour la pratiquer, le monde ne serait pas, Dieu le ferait rentrer dans le néant ; et le monde ne connaîtra le bonheur que lorsqu'il sera soumis à l'empire universel de cette loi, c'est-à-dire

(1) Spinoza, *Tractact. theol., polit*, ch. III.
(2) Les *Dibre Sopherim*.

à l'empire des Juifs. Par conséquent, le peuple juif est le peuple choisi par Dieu comme dépositaire de ses volontés et de ses désirs; il est le seul avec qui la Divinité ait fait un pacte, il est l'élu du Seigneur. Au moment où le serpent tenta Ève, dit le Talmud, il la corrompit de son venin. Israël, en recevant la révélation du Sinaï, se délivra du mal; les autres nations n'en purent guérir. Aussi, si elles ont chacune leur ange gardien et leurs constellations protectrices, Israël est placé sous l'œil même de Jéhovah; il est le fils préféré de l'Eternel, celui qui a seul droit à son amour, à sa bienveillance, à sa protection spéciale, et les autres hommes sont placés au-dessous des Hébreux; ils n'ont droit que par pitié à la munificence divine, puisque, seules, les âmes des Juifs descendent du premier homme. Les biens qui sont délégués aux nations appartiennent en réalité à Israël, et nous voyons Jésus, lui-même, répondre à la femme grecque :

« Il n'est pas bon de prendre le pain des enfants pour le jeter aux petits chiens (1). »

Cette foi à leur prédestination, à leur élection, développa chez les Juifs un orgueil immense. Ils en vinrent à regarder les non Juifs avec mépris et souvent avec haine, quand il se mêla à ces raisons théologiques des raisons patriotiques.

Lorsque la nationalité juive se trouva en péril, on vit, sous Jean Hyrcan, les Pharisiens déclarer impur

_____

(1) Marc, vii, 27,

le sol des peuples étrangers, impures les fréquentations entre Juifs et Grecs. Plus tard, les Schamaïtes, en un Synode, proposèrent d'établir une séparation complète entre Israélites et Païens, et ils élaborèrent un recueil de défenses, appelé les *Dix-huit choses*, qui, malgré l'opposition des Hillélites, finit par prédominer. Aussi, dans les conseils d'Antiochus Sidétès, on commence à parler de l'insociabilité juive, c'est-à-dire « du parti pris de vivre exclusivement dans un milieu juif, en dehors de toute communication avec les idolâtres, et de l'ardent désir de rendre ces communications de plus en plus difficiles, sinon impossibles (1) »; et l'on voit, devant Antiochus Epiphane, le grand-prêtre Ménélaüs accuser la loi « d'enseigner la haine du genre humain, de défendre de s'asseoir à la table des étrangers et de leur marquer de la bienveillance ».

Si ces prescriptions avaient perdu leur autorité quand disparurent les causes qui les avaient motivées, et en quelque sorte justifiées, le mal n'eût pas été grand; mais on les voit reparaître dans le Talmud, et l'autorité des docteurs leur donna une sanction nouvelle. Lorsque l'opposition entre les Sadducéens et les Pharisiens cessa, lorsque ces derniers furent vainqueurs, ces défenses prirent force de loi, elles furent enseignées, et ainsi servirent à développer, à exagérer l'exclusivisme des Juifs.

Une crainte encore, celle de la souillure, sépara les

---

(1) Derembourg, *Géographie de la Palestine*.

Juifs du monde et rendit plus rigoureux leur isolement. Sur la souillure, les Pharisiens avaient des idées d'une rigueur extrême; les défenses et les prescriptions de la Bible ne suffisaient pas, selon eux, à préserver l'homme du péché. Comme le moindre attouchement contaminait les vases des sacrifices, ils en vinrent à s'estimer souillés eux-mêmes par un contact étranger. De cette peur naquirent d'innombrables règles concernant la vie journalière : règles sur le vêtement, l'habitation, la nourriture, toutes promulguées dans le but d'éviter aux Israélites la souillure et le sacrilège, et, encore une fois, toutes propres à être observées dans un Etat indépendant ou dans une cité, mais impossibles à suivre dans des pays étrangers; car elles impliquaient la nécessité, pour ceux qui voulaient s'y astreindre, de fuir la société des non Juifs et par conséquent de vivre seuls, hostiles à tout rapprochement.

Les Pharisiens et les Rabbanites allèrent plus loin même. Ils ne se contentèrent pas de vouloir préserver le corps, ils cherchèrent à sauvegarder l'esprit. L'expérience avait montré combien dangereuses étaient, pour ce qu'ils croyaient leur foi, les importations hellènes ou romaines. Les noms des grands-prêtres hellénisants : Jason, Ménélaüs, etc., rappelaient aux Rabbanites les temps où le génie de la Grèce, conquérant une partie d'Israël, avait failli le vaincre. Ils savaient que le parti sadducéen, ami des Grecs, avait préparé les voies au Christianisme, comme les Alexandrins, du reste, comme tous ceux qui affirmaient que « les dispositions légales, clairement énoncées dans la loi mosaïque, sont seules obligatoires; toutes les autres, émanant de traditions locales ou émises postérieurement, n'ont pas de titre à une observance rigoureuse (1). » Sous l'influence grecque étaient nés les livres et les oracles qui préparèrent le Messie. Les Juifs hellénisants, Philon et Aristobule, le pseudo Phocylide et le pseudo Longin, les auteurs des oracles sybillins et des pseudo Orphiques, tous ces héritiers des prophètes qui en reprenaient l'œuvre, conduisaient les peuples au Christ. Et l'on peut dire que le véritable Mosaïsme, épuré et grandi par Isaïe, Jérémie et Ezéchiel, élargi, universalisé encore par les judéo-hellénistes, aurait amené Israël au Christianisme, si l'Esraïsme, le Pharisaïsme et le Talmudisme n'avaient été là pour retenir la masse des Juifs dans les liens des strictes observances et des pratiques rituelles étroites.

Pour garder le peuple de Dieu, pour le mettre à l'abri des influences mauvaises, les docteurs exaltèrent leur loi au-dessus de toutes choses. Ils déclarèrent que sa seule étude devait plaire à l'Israélite, et, comme la vie entière suffisait à peine à connaître et à approfondir toutes les subtilités et toute la casuistique de cette loi, ils interdirent de se livrer à l'étude des sciences profanes et des langues étrangères. « On n'estime pas parmi nous ceux qui apprennent plusieurs langues », disait déjà Josèphe (2); on

(1) Graetz, *Histoire des Juifs*, t. II, p. 169.
(2) Ant. Jud., XX, 9.

ne se contenta bientôt plus de les mésestimer, on les excommunia. Ces exclusions ne parurent pas suffisantes aux Rabbanites. A défaut de Platon, le Juif n'avait-il pas la Bible, et ne saurait-il entendre la voix des prophètes? Comme on ne pouvait proscrire le Livre, on le diminua, on le rendit tributaire du Talmud; les docteurs déclarèrent : « La Loi est de l'eau, la Michna est du vin. » Et la lecture de la Bible fut considérée comme moins profitable, moins utile au salut que celle de la Michna.

Toutefois, les Rabbanites ne parvinrent pas à tuer du premier coup la curiosité d'Israël; il leur fallut des siècles pour cela, et ce ne fut qu'au quatorzième siècle qu'ils furent victorieux. Après que Ibn Esra, R. Bechaï, Maïmonide, Bedarchi, Joseph Caspi, Lévi ben Gerson, Moïse de Narbonne, bien d'autres encore, — tous ceux qui, fils de Philon et des Alexandrins, voulaient vivifier le Judaïsme par la philosophie étrangère, — eurent disparu; après que Ascher ben Jechiel eut poussé l'assemblée des rabbins de Barcelone à excommunier ceux qui s'occuperaient de science profane; après que R. Schalem de Montpellier eut dénoncé aux dominicains le *More Nebouchim;* après que ce livre, la plus haute expression de la pensée de Maïmonide, eût été brûlé, après cela les Rabbins triomphèrent (1).

(1) La pensée juive eut encore quelques lueurs au quinzième et au seizième siècle. Mais ceux des Juifs qui produisirent avaient, pour la plupart, pris parti dans la lutte entre la philosophie et la religion, ils n'eurent aucune influence sur leurs coreligionnaires, et cela ne prouve rien contre l'esprit inculqué à la masse par

Ils étaient arrivés à leur but. Ils avaient retranché Israël de la communauté des peuples ; ils en avaient fait un solitaire farouche, rebelle à toute loi, hostile à toute fraternité, fermé à toute idée belle, noble ou généreuse ; ils en avaient fait une nation misérable et petite, aigrie par l'isolement, abêtie par une éducation étroite, démoralisée et corrompue par un injustifiable orgueil (1).

Avec cette transformation de l'esprit juif, avec la victoire des docteurs sectaires, coïncide le commencement des persécutions officielles. Jusqu'à cette époque, il n'y avait guère eu que des explosions de haines locales, mais non des vexations systématiques. Avec le triomphe des Rabbanites, on voit naître les ghettos, les expulsions et les massacres commencent. Les Juifs veulent vivre à part : on se sépare d'eux. Ils détestent l'esprit des nations au milieu desquelles ils vivent : les nations les chassent. Ils brûlent le Moré : on brûle le Talmud, et on les brûle eux-mêmes (2).

les rabbins. D'ailleurs, on ne trouve plus guère, dans tout ce temps, que des commentateurs sans importance, des médecins et des traducteurs, et nul grand esprit ne se manifeste. Il faut venir jusqu'à Spinoza pour trouver un juif vraiment capable de hautes pensées, et l'on sait comment la synagogue traita Spinoza.

(1) « L'insolentia Judæorum » dont parlent Agobard, Amolon et les polémistes du moyen âge, ne signifie pas autre chose que l'orgueil des Juifs qui se croient toujours le peuple élu. Cette expression n'a pas le sens que lui confèrent les antisémites modernes, qui sont d'ailleurs d'assez médiocres historiens.

(2) On objectera à cela les dispositions des lois romaines, les prescriptions wisigothiques et celles des conciles ; mais presque toutes ces mesures provinrent principalement du prosélytisme

Il semble que rien ne pouvait agir encore pour séparer complètement les Juifs du reste des hommes,
et pour en faire un objet d'horreur et de réprobation.
Une autre cause vint cependant s'ajouter à celles que
nous venons d'exposer : ce fut l'indomptable et tenace
patriotisme d'Israël.

Certes, tous les peuples furent attachés au sol sur
lequel ils étaient nés. Vaincus, abattus par des conquérants, obligés à l'exil ou à l'esclavage, ils restèrent fidèles au doux souvenir de la cité saccagée ou de
la patrie perdue; mais aucun ne connut la patriotique
exaltation des Juifs. C'est que le Grec dont la ville
était détruite pouvait ailleurs reconstruire le foyer
que bénissaient les ancêtres; le Romain qui s'exilait
amenait avec lui ses pénates : Athènes et Rome
n'étaient pas la mystique patrie que fut Jérusalem.

Jérusalem était la gardienne du tabernacle qui re-
célait les paroles divines; c'était la cité du Temple
unique, le seul lieu du monde où l'on pût efficacement adorer Dieu et lui offrir des sacrifices. Ce ne
fut que tard, fort tard, que des maisons de prière s'é-
levèrent dans d'autres villes de Judée, ou de Grèce,
ou d'Italie; encore, dans ces maisons, se bornait-on
à des lectures de la Loi, à des discussions théologiques, et l'on ne connaissait la pompe de Jéhovah
qu'à Jérusalem, le sanctuaire choisi. Quand, à

juif, et ce n'est qu'à la fin du treizième siècle que l'on sépara ra-
dicalement et officiellement les Juifs des chrétiens, par les
ghettos, par les signes infamants (roue, chapeau, cape, etc.).
V. Ulysse Robert, *Les signes d'infamie au moyen âge* (Paris, 1891).

Alexandrie, on bâtit un temple, il fut considéré comme hérétique; et, en fait, les cérémonies qu'on y célébrait n'avaient aucun sens, car elles n'auraient dû s'accomplir que dans le vrai temple, et saint Chrysostome, après la dispersion des Juifs, après la destruction de leur ville, a pu dire justement : « Les Juifs sacrifient en tous les lieux de la terre, excepté là où le sacrifice est permis et valable, c'est-à-dire à Jérusalem. »

Aussi, pour les Hébreux, l'air de la Palestine est-il le meilleur; il suffit à rendre l'homme savant (1); sa sainteté est si efficace que quiconque demeure hors de ses limites est comme s'il n'avait pas de Dieu (2). Aussi ne faut-il pas vivre ailleurs, et le Talmud excommunie ceux qui mangeront l'agneau pascal dans un pays étranger.

Tous les Juifs de la dispersion envoyaient à Jérusalem l'impôt de la didrachme, pour l'entretien du temple; une fois dans leur vie ils venaient dans la cité sacrée, comme plus tard les Mahométans vinrent à la Mecque; après leur mort ils se faisaient transporter dans la Palestine, et les barques étaient nombreuses qui abordaient à la côte, chargées de petits cercueils, qu'on transportait à dos de chameau.

C'est qu'à Jérusalem seulement, et dans le pays donné par Dieu aux ancêtres, les corps ressusciteraient. Là, ceux qui avaient cru à Iahveh, qui avaient observé sa loi, obéi à sa parole, se réveilleraient aux

(1) Talmud, Bava Bathra, 158, 2.
(2) Talmud, Kethouvoth, 110, 2.

clameurs des ultimes clairons et paraîtraient devant leur Seigneur. Ce n'est que là qu'ils pourraient se relever à l'heure fixée, toute autre terre que celle arrosée par le Jourdain jaune étant une terre vile, pourrie par l'idolâtrie, privée de Dieu.

Quand la patrie fut morte, quand les destins contraires balayèrent Israël par le monde, quand le temple eut péri dans les flammes, et quand des idolâtres occupèrent le sol très saint, les regrets des jours passés se perpétuèrent dans l'âme des Juifs. C'était fini ; ils ne pourraient plus, au jour du pardon, voir le bouc noir emporter dans le désert leurs péchés, ni voir tuer l'agneau pour la nuit de Pâque, ni porter à l'autel leurs offrandes ; et, privés de Jérusalem pendant leur vie, ils n'y seraient pas conduits après leur mort.

Dieu ne devait pas abandonner ses enfants, pensaient les pieux ; et de naïves légendes vinrent soutenir les exilés. Auprès de la tombe des Juifs morts en exil, disait-on, Jéhovah ouvre de longues cavernes, à travers lesquelles leurs cadavres roulent jusqu'en Palestine ; tandis que le païen qui meurt là-bas, près des collines consacrées, sort de la terre d'élection, car il n'est pas digne de rester là où la résurrection se fera.

Et cela ne leur suffisait pas. Ils ne se résignaient pas à n'aller à Jérusalem qu'en pèlerins lamentables, pleurant contre les murs écroulés, à tel point insensibles dans leur douleur que quelques-uns se faisaient écraser par le sabot des chevaux, alors qu'en gémissant ils embrassaient la terre ; ils ne croyaient pas que Dieu, que la ville bienheureuse les avaient abandonnés ; avec Juda Levita, ils s'écriaient : « Sion, as-tu oublié tes malheureux enfants qui gémissent dans l'esclavage ? »

Ils attendaient que leur Seigneur, de sa droite puissante, relevât les murailles tombées ; ils espéraient qu'un prophète, un élu les ramènerait dans la terre promise ; et combien de fois les vit-on, au cours des siècles — eux à qui l'on reproche de trop s'attacher aux biens de ce monde — laisser leur maison, leur fortune, pour suivre un messie fallacieux qui s'offrait à les conduire et leur promettait le retour tant espéré ! Ils furent milliers, ceux qu'entraînèrent après eux Serenus, Moïse de Crète, Alroï, et qui se laissèrent massacrer en l'attente du jour heureux.

Chez les Talmudistes, ces sentiments d'exaltation populaire, ces mystiques héroïsmes se transformèrent. Les docteurs enseignèrent le rétablissement de l'Empire juif, et, pour que Jérusalem naquît de ses ruines, ils voulurent conserver pur le peuple d'Israël, l'empêcher de se mêler, le pénétrer de cette idée que partout il était exilé, au milieu d'ennemis qui le retenaient captif. Ils disaient à leurs élèves : « Ne cultive pas le sol étranger, tu cultiveras bientôt le tien ; ne t'attache à aucune terre, car ainsi tu serais infidèle au souvenir de ta patrie ; ne te soumets à aucun roi, puisque tu n'as de maître que le Seigneur du pays saint, Jéhovah ; ne te disperse pas au sein des nations, tu compromettrais ton salut et tu ne verrais

pas luire le jour de la résurrection; conserve-toi tel
que tu sortis de ta maison, l'heure viendra où tu re-
verras les collines des aïeux, et ces collines seront
alors le centre du monde, du monde qui te sera
soumis. »

Ainsi, tous ces sentiments divers qui avaient jadis
servi à constituer l'hégémonie d'Israël, à maintenir
son caractère de peuple, à lui permettre de se développer avec une très puissante et une très haute ori-
ginalité; toutes ces vertus et tous ces vices qui lui
donnèrent ce spécial esprit et cette physionomie nécessaires pour conserver une nation, qui lui permirent d'atteindre sa grandeur, et plus tard de défendre son indépendance avec une farouche et admirable énergie; tout cela contribua, quand les Juifs
cessèrent de former un Etat, à les enfermer dans le
plus complet, le plus absolu isolement.

Cet isolement a fait leur force, affirment quelques
apologistes. S'ils veulent dire que grâce à lui les
Juifs persistèrent, cela est vrai; mais si l'on considère les conditions dans lesquelles ils restèrent au
rang des peuples, on verra que cet isolement fit leur
faiblesse, et qu'ils survécurent, jusqu'aux temps modernes, comme une légion de parias, de persécutés
et souvent de martyrs. Du reste, ce n'est pas uniquement à leur réclusion qu'ils durent cette persistance
surprenante. Leur exceptionnelle solidarité, due à
leurs malheurs, le mutuel appui qu'ils se donnèrent,
y fut pour beaucoup; et, aujourd'hui encore, alors
qu'en certains pays ils se mêlent à la vie publique,

ayant abandonné leurs dogmes confessionnels, c'est cette solidarité même qui les empêche de se fondre et de disparaître, en leur conférant des apanages auxquels ils ne sont point indifférents.

Ce souci des intérêts mondains, qui marque un côté du caractère hébraïque, ne fut pas sans action sur la conduite des Juifs, surtout quand ils eurent quitté la Palestine; et en les dirigeant dans certaines voies, à l'exclusion de tant d'autres, il provoqua contre eux de plus violentes et surtout de plus directes animosités.

L'âme du Juif est double : elle est mystique et elle est positive. Son mysticisme va des théophanies du désert aux rêveries métaphysiques de la Kabbale; son positivisme, son rationalisme plutôt, se manifeste autant dans les sentences de l'Ecclésiaste que dans les dispositions législatives des rabbins et les controverses dogmatiques des théologiens. Mais si le mysticisme aboutit à un Philon ou à un Spinoza, le rationalisme conduit à l'usurier, au peseur d'or; il fait naître le négociant avide. Il est vrai que parfois les deux états d'esprit se juxtaposent, et l'Israélite, comme cela est arrivé au moyen âge, peut faire deux parts de sa vie : l'une vouée au songe de l'absolu, l'autre au commerce le plus avisé.

De cet amour des Juifs pour l'or, il ne peut être question ici. S'il s'exagéra au point de devenir, pour cette race, à peu près l'unique moteur des actions, s'il engendra un antisémitisme très violent et très âpre, il n'en peut être considéré comme une des causes générales. Il fut, au contraire, le résultat de ces causes mêmes, et nous verrons que c'est en partie l'exclusivisme, le persistant patriotisme et l'orgueil d'Israël, qui le poussa à devenir l'usurier haï du monde entier.

En effet, toutes ces causes que nous venons d'énumérer, si elles sont générales, ne sont pas uniques. Je les ai appelées générales, parce qu'elles dépendent d'un élément fixe : le Juif. Toutefois, le Juif n'est qu'un des facteurs de l'antisémitisme ; il le provoque par sa présence, mais il n'est pas seul à le déterminer. Des nations parmi lesquelles ont vécu les Israélites, des mœurs, des coutumes, de la religion, du gouvernement, de la philosophie même des peup'es au milieu desquels se développa Israël, dépendent les caractères particuliers de l'antisémitisme, caractères qui changent avec les âges et les pays.

Nous allons suivre ces modifications et ces différences de l'antisémitisme au cours des âges, jusqu'à notre époque, ainsi nous verrons si, pour quelques pays du moins, les causes générales que j'ai tenté de déduire persistent encore, et si ce n'est pas ailleurs qu'il nous faudra chercher les raisons de l'antisémitisme moderne.

CHAPITRE II

L'ANTIJUDAÏSME DANS L'ANTIQUITÉ

Les Hyksos. — Aman. — L'antisémitisme dans la société antique.
— En Egypte : Manéthon, Chérémon, Lysimaque. — L'antisémitisme à Alexandrie. — Les Stoïciens : Posidonius, Apollonius Molo. — Appion. Josèphe et Philon : le *Traité contre
les Juifs*, le *Contre Appion* et la *Légation à Caïus*. — Les
Juifs à Rome. — L'antisémitisme romain. — Cicéron élève
d'Appion et le *Pro Flacco*. — Perse, Ovide et Pétrone.—Pline,
Suétone et Juvénal. — Sénèque et les Stoïciens. — Mesures
gouvernementales. — Antisémitisme à Antioche et en Ionie. —
Antisémitisme et antichristianisme.

Les antisémites modernes, qui se cherchent des
aïeux, n'hésitent pas à reporter aux temps de l'antique Egypte les premières manifestations contre les
Juifs. Ils se servent volontiers, pour cela, d'un passage de la Genèse (1) qui dit : « Les Egyptiens ne
pouvaient pas manger avec les Hébreux, parce que

(1) Genèse, XLIII, 32.

c'est à leurs yeux une abomination », et de quelques versets de l'Exode (1), entre autres ceux-ci : « Voilà les enfants d'Israël qui forment un peuple plus nombreux et plus puissant que nous. Allons, montrons-nous habiles à son égard, empêchons qu'il ne s'accroisse. »

Il est certain que les fils de Jacob, entrés dans la terre de Goschèn sous le pharaon pasteur Aphobis, furent regardés par les Egyptiens avec autant de mépris que les Hyksos, leurs frères, ceux que les textes hiéroglyphiques appellent les *lépreux* et qui sont nommés *plaie* et *peste* par quelques inscriptions (2). Ils arrivèrent au moment précis où se manifestait contre les envahisseurs asiatiques, haïs à cause de leurs cruautés, un très vivace sentiment national, qui devait aboutir à la guerre de l'indépendance, à la victoire définitive d'Ahmos Ier et à l'asservissement des Hébreux. Toutefois, et à moins d'être le plus farouche des anti-Juifs, on ne peut voir dans ces turbulences lointaines que les incidents d'une lutte entre conquérants et conquis.

Il n'y a antisémitisme réel que lorsque les Juifs, abandonnant leur patrie, s'installent en colons dans des pays étrangers et se trouvent en contact avec des peuples autochtones ou établis de longue date, peuples de mœurs, de race et de religion opposées à celles des Hébreux.

(1) Exode, ı, 8, 10.
(2) Inscription d'Aahmès, chef des nautoniers, citée par Ledrain : *Hist. du peuple d'Israël*, I, p. 53.

Dès lors, et les antisémites n'ont pas manqué de le faire d'ailleurs, il faudrait voir l'initial antisémitisme dans l'histoire d'Aman et de Mardochée. Cette conception serait plus juste. Bien qu'il soit difficile de s'appuyer sur la réalité historique du livre d'Esther, il est bon de faire remarquer que l'auteur du livre met dans la bouche d'Aman quelques-uns des griefs qu'invoqueront plus tard Tacite et les écrivains latins : « Il y a, dit Aman au roi, dans toutes les provinces de ton royaume, un peuple dispersé et *à part parmi les peuples*, ayant des lois *différentes de celles de tous les peuples et n'observant pas les lois du roi* (1). » Les pamphlétaires du moyen âge, ceux du seizième et du dix-septième siècles, ceux de notre temps ne diront pas autre chose ; et si l'histoire d'Aman est apocryphe, ce qui est infiniment probable, il est incontestable que l'auteur du livre d'Esther a démêlé fort habilement quelques-unes des causes qui, pendant de longs siècles, vouèrent les Juifs à la haine des nations.

Mais il nous faut venir aux temps de l'expansion des Juifs à l'étranger pour pouvoir observer avec certitude cette hostilité qui se manifesta contre eux, et que l'on a nommée de nos jours, par un singulier abus des mots, l'antisémitisme.

.˙.

Certaines traditions rapportent à l'époque de la

(1) Esther, III, 8.

première captivité l'entrée des Juifs dans le monde antique. Tandis que Nabou-Koudour-Oussour emmenait en Babylonie une partie du peuple juif, beaucoup d'Israélites, pour échapper au vainqueur, s'enfuyaient en Egypte, en Tripolitaine, et gagnaient les colonies grecques. Les légendes, même, font remonter à cette période la venue des Juifs en Chine et dans l'Inde.

Toutefois, historiquement, l'exode des Juifs à travers le globe commença au quatrime siècle avant notre ère. Dès 331, Alexandre transporta des Juifs à Alexandrie, Ptolémée en envoya en Cyrénaïque, et, à peu près en même temps, Séleucos en conduisit à Antioche. Quand Jésus naquit, les colonies juives étaient partout florissantes, et c'est parmi elles que le christianisme recruta ses premiers adhérents. Il y en avait en Egypte, en Phénicie, en Syrie, en Cœlesyrie, en Pamphylie, en Cilicie et jusqu'en Bithynie. En Europe, ils s'étaient installés en Thessalie, en Béotie, en Macédoine, dans l'Attique et le Péloponèse. On en trouvait dans les Grandes-Iles, dans l'Eubée, en Crète, à Chypre et à Rome. « Il n'est pas aisé, disait Strabon, de trouver un endroit sur la terre qui n'ait reçu cette race. »

Pourquoi, dans toutes ces contrées, dans toutes ces villes, les Juifs furent-ils haïs? Parce que jamais ils n'entrèrent dans les cités comme citoyens, mais comme privilégiés. Ils voulaient avant tout, quoique ayant abandonné la Palestine, rester Juifs, et leur patrie était toujours Jérusalem, c'est-à-dire la seule ville où l'on pouvait adorer Dieu et sacrifier à son temple. Ils formaient partout des sortes de républiques, reliées à la Judée et à Jérusalem, et de partout ils envoyaient de l'argent, payant au grand-prêtre un impôt spécial, le didrachme, pour l'entretien du temple.

De plus, ils se séparaient des habitants par leurs rites et leurs coutumes; ils considéraient comme impur le sol des peuples étrangers et cherchaient dans chaque ville à se constituer une sorte de territoire sacré. Ils habitaient à part, dans des quartiers spéciaux, s'enfermant eux-mêmes, vivant isolés, s'administrant en vertu de privilèges dont ils étaient jaloux et qui excitaient l'envie de ceux qui les entouraient. Ils se mariaient entre eux et ne recevaient personne chez eux, craignant les souillures. Le mystère dont ils s'entouraient excitait la curiosité et en même temps l'aversion. Leurs rites paraissaient étranges et on les en raillait; comme on les ignorait, on les dénaturait et on les calomniait.

A Alexandrie, ils étaient très nombreux. D'après Philon (1), Alexandrie était divisée en cinq quartiers. Deux étaient habités par les Juifs. Les droits que leur accorda César, et qu'ils gardaient précieusement, étaient gravés sur une colonne. Ils avaient un sénat s'occupant exclusivement des affaires juives et étaient jugés par un ethnarque. Armateurs, commerçants, agriculteurs, la majorité étaient riches; la

---

(1) *In Flaccum.*

somptuosité de leurs monuments et de leur synagogue en témoignait. Les Ptolémée leur donnèrent la
charge de fermier des impôts; ce fut une des causes
de la haine du peuple contre eux. En outre, ils avaient
obtenu le monopole de la navigation sur le Nil, l'entreprise des blés et l'approvisionnement d'Alexandrie, et ils étendaient leur trafic à toutes les provinces du littoral méditerranéen. Ils acquirent ainsi
de grandes richesses; dès lors apparut l'*Invidia
auri Judaïci*, et la colère contre ces étrangers accapareurs, formant une nation dans la nation, grandit.
Des mouvements populaires s'ensuivirent; souvent on
assaillit les Juifs, et Germanicus, entre autres, eut de
la peine à les défendre.

Les Egyptiens se vengeaient d'eux par des railleries cruelles, sur leurs coutumes religieuses, sur leur
horreur du porc. Ils promenèrent une fois dans la ville
un fou, Carabas, orné d'un diadème de papyrus, vêtu
d'une robe royale, et ils le saluèrent du nom de roi
des Juifs.

Dès les premiers Ptolémée, sous Philadelphe, le
grand-prêtre du temple d'Héliopolis, Manéthon, donna
un corps aux haines populaires; il tenait les Juifs
pour les descendants des Hyksos usurpateurs, et disait qu'ils furent chassés, tribu de lépreux, pour leurs
sacrilèges et leur impiété. Chérémon et Lisymaque
répétèrent ces fables.

Mais les Juifs ne furent pas seulement en butte à
l'animosité populaire; ils eurent contre eux les Stoïciens et les Sophistes. Les Juifs, par leur prosély-

tisme, gênaient les Stoïciens; il y avait lutte d'influence entre eux, et, malgré la communauté de leur croyance à l'unité divine, ils étaient opposés les uns aux autres. Les Stoïciens accusaient les Juifs d'irréligion; il est vrai de dire qu'ils connaissaient fort mal la religion juive, si nous nous en rapportons aux dires de Posidonius et d'Apollonius Molon. Les Juifs, disent-ils, refusent d'adorer les dieux; ils ne consentent même pas à s'incliner devant la divinité impériale. Ils ont dans leur sanctuaire une tête d'âne et lui rendent des honneurs; ils sont anthropophages : tous les ans ils engraissent un homme, ils le sacrifient dans un bois, se partagent sa chair, et, sur elle, font serment de haïr les étrangers. « Les Juifs, dit Apollonius Molon, sont ennemis de tous les peuples; ils n'ont rien inventé d'utile et ils sont brutaux. » Et Posidonius ajoutait : « Ils sont les plus méchants de tous les hommes. »

Autant que les Stoïciens, les Sophistes détestaient les Juifs. Mais les causes de leur haine n'étaient plus religieuses; elles étaient plutôt d'ordre littéraire, si je puis dire. Depuis Ptolémée Philadelphe jusqu'au milieu du troisième siècle, les Juifs alexandrins, dans le but de soutenir et de fortifier leur propagande, se livrèrent à un extraordinaire travail de falsification des textes propres à devenir un appui pour leur cause. Des vers d'Eschyle, de Sophocle, d'Euripide, de prétendus oracles d'Orphée conservés dans Aristobule et les *Stromata* de Clément d'Alexandrie, célébraient ainsi le seul Dieu et le sabbat. Des historiens étaient

falsifiés. Bien plus, on leur attribuait des œuvres en-
tières, et c'est ainsi que l'on mit sous le nom d'He-
catée d'Abdère une Histoire des Juifs. La plus importante de ces inventions fut celle des oracles
sybillins, fabriqués de toutes pièces par les Juifs
alexandrins, et qui annonçaient les temps futurs où
adviendrait le règne du Dieu unique. Ils trouvèrent
là toutefois des imitateurs ; car si la sybille commença
à parler au deuxième siècle avant Jésus, les premiers
chrétiens la firent parler aussi. Les Juifs prétendirent même ramener à eux la littérature et la philosophie grecques. Dans un commentaire sur le Pentateuque que nous a conservé Eusèbe (1), Aristobule
s'efforçait à démontrer comment Platon et Aristote
avaient trouvé leurs idées métaphysiques et éthiques
dans une vieille traduction grecque du Pentateuque.

Cette façon de procéder avec leur littérature et leur
philosophie irritait profondément les Grecs, qui, de
leur côté, par vengeance, propageaient sur les Juifs
les fantaisies désobligeantes de Manéthon, et, de plus,
assimilaient leurs légendes aux récits bibliques, à la
grande fureur des Juifs ; ainsi la confusion des langues et le mythe de Zeus enlevant aux animaux leur
langage unique. Les Sophistes, particulièrement
froissés de la conduite des Juifs, parlaient contre eux
dans leur enseignement. Un d'entre eux même,
Appion, écrivit un *Traité contre les Juifs.* Cet Appion
était un singulier personnage : menteur et bavard

---

(1) *Préparation évangélique.*

plus qu'il n'était permis à un rhéteur de l'être, bouffi
de vanité, à tel point que Tibère l'avait appelé *Cym-
balum mundi*. Ses hâbleries étaient célèbres : il affirmait, dit Pline, avoir évoqué Homère au moyen
d'herbes magiques.

Appion répétait, dans son *Traité contre les Juifs*,
les fables de Manéthon qu'avaient déjà redites Che-
remon et Lysimaque ; il y ajoutait ce qu'avaient dit
Posidonius et Apollonius Molon. Selon lui, Moïse
n'était « qu'un séducteur et un enchanteur », et ses
lois n'avaient « rien que de méchant et de dangereux (1). » Quant au sabbat, les Juifs l'appelaient
ainsi à cause d'une maladie, sorte d'ulcère, dont ils
furent affligés dans le désert, maladie que les Egyptiens appelaient *sabbatosim*, c'est-à-dire douleur des
aines.

Philon et Josèphe prirent la défense des Juifs et
combattirent les sophistes et Appion. Dans le *Contre
Appion*, Josèphe est très dur pour son adversaire :
« Appion, dit-il, a une stupidité d'âne et une impu-
dence de chien, qui est un des dieux de sa nation. »
Quant à Philon, s'il parle d'Appion dans la *Légation
à Caïus*, c'est qu'Appion avait été envoyé à Rome
pour combattre les Juifs devant Caligula, et, au
reste, il préfère s'attaquer aux Sophistes en général.
Dans son *Traité de l'Agriculture*, il fait d'eux un portrait fort noir et insinue que Moïse a comparé les
Sophistes à des porcs. Malgré cela, dans ses autres

---

(1) Josèphe, *Contre Appion*, l. II, ch. vi.

écrits, il recommande à ses coreligionnaires de ne point les irriter, pour ne pas provoquer d'émeutes, et d'attendre patiemment leur châtiment, qui arrivera le jour où l'Empire juif, celui du salut, sera établi sur le globe.

On n'écoutait pas les injonctions de Philon, et souvent l'exaspération de part et d'autre fut telle que de terribles séditions éclatèrent à Alexandrie, séditions marquées par le massacre des Juifs qui, d'ailleurs, se défendaient avec vigueur (1).

*
* *

A Rome, les Juifs fondèrent une colonie puissante et riche, aux premières années de l'ère chrétienne. Ils étaient venus dans la cité vers 139 (avant J.-C.), sous le consulat de Popilius Lœnus et de Caïus Calpurnius, s'il faut en croire Valère Maxime (2). Ce qui est certain, c'est qu'en 160 (avant J.-C.) arriva à Rome une ambassade de Judas Macchabée, pour conclure avec la République un traité d'alliance contre les Syriens; en 143 et en 139, autres ambassades (3). Dès ce moment, des Juifs durent s'établir à Rome. Sous Pompée, ils vinrent en nombre, et en 58 leur agglomération était déjà considérable. Très turbulents, très redoutables, ils jouèrent un rôle politique

(1) Philon, *In Flaccum.*
(2) Valère Maxime, 1, 3, 2.
(3) I. Machab viii, 11, 17-32; xii, 1-3; xiv. 16-19, 24. — Josèphe, *Antiquités judaïques*, xii, 10; xiii, 5, 7, 9-Mai., *Script. vet.,* t. III, 3ᵉ partie; p. 9 98.

important. César s'appuya sur eux pendant les guerres civiles et les combla de faveurs; il les exempta même du service militaire. Sous Auguste, on fit retarder pour eux les distributions gratuites de blé quand elles tombaient un samedi. L'Empereur leur donna le droit de recueillir la didrachme pour l'envoyer en Palestine, et il fonda au temple de Jérusalem un sacrifice perpétuel d'un taureau et de deux agneaux. Quand Tibère prit l'Empire, les Juifs étaient 20,000 à Rome, organisés en collèges et en *sodalitates*.

Excepté les Juifs de grande famille, comme les Hérode et les Agrippa, qui se mêlaient à la vie publique, la masse juive vivait très retirée. Le plus grand nombre habitaient dans la partie la plus sale et aussi la plus commerçante de Rome : le Transtévère. On les voyait près la via Portuensis, l'Emporium et le grand Cirque; au champ de Mars et dans Suburre; hors la porte Capène; au bord du ruisseau d'Egérie et proche le bois sacré. Ils faisaient du petit négoce et de la brocante; ceux de la porte Capéne disaient la bonne aventure. Le Juif du ghetto est déjà là.

Les mêmes causes qui avaient agi à Alexandrie agirent à Rome. Là aussi les excessifs privilèges des Juifs,. les richesses de quelques-uns d'entre eux, comme leur luxe inouï et leur ostentation, provoquèrent la haine du peuple. Cependant, d'autres raisons aggravèrent ces dissentiments, raisons plus profondes et plus importantes, car elles étaient des raisons reli-

gieuses; et on peut même affirmer, quelque étrange
que cela paraisse, que le motif de l'antijudaïsme
romain fut un motif religieux.

La religion romaine ne ressemblait en rien au polythéisme admirable et profondément symbolique
des Grecs. Elle était moins mythique que rituelle;
elle consistait en coutumes intimement liées, non
seulement à la vie de tous les jours, mais encore aux
différents actes de la vie publique. Rome faisait corps
avec ses dieux; sa grandeur semblait liée à l'observance rigoureuse des pratiques de la religion nationale; sa gloire était attachée à la piété de ses citoyens, et il semble même que le Romain ait eu,
comme le Juif, cette notion d'un pacte intervenu
entre les divinités et lui, pacte qui devait être de part
et d'autre scrupuleusement exécuté. Quoi qu'il en
soit, le Romain était toujours en face de ses dieux; il
ne quittait son foyer, où ils habitaient, que pour les
retrouver au Forum, sur les voies publiques, au
sénat et aux camps même, où ils veillaient sur la
puissance de Rome. En tout temps, en toute occasion, on sacrifiait; les guerriers et les diplomates se
guidaient d'après les augures, et toute magistrature,
civile ou militaire, tenait du sacerdoce, car le magistrat ne pouvait remplir sa charge que s'il connaissait
les rites et les observances du culte.

C'est ce culte qui, durant des siècles, soutint la
République et l'Empire, et les prescriptions en furent
jalousement gardées; quand elles s'altérèrent, quand
les traditions s'adultérèrent, quand les règles furent

violées, Rome vit pâlir sa gloire et son agonie commença.

Aussi la religion romaine se conserva-t-elle longtemps sans altérations. Certes, Rome connut les cultes étrangers; elle vit les adorateurs d'Isis et d'Osiris, ceux de la grande Mère et ceux de Sabazios; mais si elle admit ces dieux dans son Panthéon, elle ne leur donna pas place dans la religion nationale. Tous ces Orientaux étaient tolérés; on permettait aux citoyens d'en pratiquer les superstitions, à la condition qu'elles ne fussent pas nuisibles; et quand Rome s'aperçut qu'une foi nouvelle pouvait pervertir l'esprit romain, elle fut sans pitié : ainsi lors de la conspiration des Bacchanales ou de l'expulsion des prêtres égyptiens. Rome se gardait de l'esprit étranger; elle craignait les affiliations aux sociétés religieuses; elle redoutait même les philosophes grecs, et le sénat, en 161, sur le rapport du préteur Marcus Pomponius, leur interdit l'accès de la ville.

Dès lors, on peut comprendre les sentiments des Romains vis-à-vis des Juifs. Grecs, Asiates, Egyptiens, Germains ou Gaulois, s'ils amenaient avec eux leurs rites et leurs croyances, ne faisaient pas de difficultés pour s'incliner devant le Mars du Palatin et même devant Jupiter Latiaris. Ils se conformaient aux exigences de la cité, à ses mœurs religieuses, jusqu'à un certain point; en tout cas, ils ne s'opposaient pas à elles. Il en était autrement des Juifs. Ils apportaient une religion aussi rigide, aussi ritualiste, aussi intolérante que la religion romaine. Leur adoration de Iahvé excluait toute autre adoration ; aussi refusaient-ils le serment aux aigles, l'aigle étant le numen de la légion, et par là ils choquaient les autres citoyens. Comme leur foi religieuse se confondait avec l'observance de certaines lois sociales, cette foi, par son adoption, devait entraîner un changement dans l'ordre social. Ainsi inquiétait-elle les Romains en s'établissant chez eux, car les Juifs étaient très préoccupés de faire des prosélytes.

L'esprit prosélytique des Juifs est attesté par tous les historiens, et Philon a eu raison de dire : « Nos coutumes gagnent et convertissent à elles les barbares et les Hellènes, le continent et les îles, l'Orient et l'Occident, l'Europe et l'Asie, la terre entière d'un bout à l'autre. «

D'ailleurs, les peuples antiques, à leur déclin, étaient profondément séduits par le Judaïsme, par son dogme de l'unité divine, par sa morale ; beaucoup aussi d'entre les pauvres gens, étaient attirés par les privilèges accordés aux Juifs. Ces prosélytes étaient divisés en deux grandes catégories : les prosélytes de la justice, qui acceptaient même la circoncision et entraient ainsi dans la société juive, devenant étrangers à leur famille ; et les prosélytes de la porte, qui, sans se soumettre aux pratiques nécessaires pour entrer dans la communauté, se groupaient néanmoins autour d'elle.

Cet embauchage, qui se faisait par persuasion et parfois par violence, les Juifs riches convertissant leurs esclaves, devait provoquer une réaction. Ce fut

cette cause capitale qui, jointe aux causes secondaires dont j'ai parlé : les richesses des Juifs, leur
importance politique, leur situation privilégiée,
amena les manifestations antijudaïques à Rome. La
plupart des écrivains latins et grecs, depuis Cicéron,
témoignent de cet état d'esprit.

Cicéron, qui avait été l'élève d'Apollonius Molon,
avait hérité de ses préjugés; il trouva les Juifs sur
son chemin : ils étaient du parti populaire contre
le parti du sénat, auquel il appartenait. Il les re-
douta, et, par certains passages du *Pro Flacco*, nous
voyons qu'il osait à peine parler d'eux, tant ils étaient
nombreux autour de lui et sur la place publique.
Néanmoins, un jour, il éclate : « Il faut combattre
leurs superstitions barbares », dit-il; il les accuse
d'être une nation « portée au soupçon et à la calomnie », et il ajoute qu'ils « montrent du mépris pour les
splendeurs de la puissance romaine (1) ». Ils étaient,
selon lui, à craindre, ces hommes qui se détachant
de Rome, tournaient les yeux vers la cité lointaine,
cette Jérusalem, et la soutenaient des deniers qu'ils
tiraient de la République. En outre, il leur reprochait
de gagner les citoyens aux rites sabbatiques.

C'est cette dernière accusation qui revient le plus
souvent dans les écrits des polémistes, des poètes et
des historiens; de plus, cette religion juive, qui
charmait ceux qui en avaient pénétré l'essence, rebu-
tait les autres, ceux qui la connaissaient mal et la

_____

(1) *Pro Flacco.*

regardaient comme un amas de rites absurdes et tristes. Les Juifs ne sont qu'une nation superstitieuse, dit Perse (1); leur sabbat est un jour lugubre, ajoute Ovide (2); ils adorent le porc et l'âne, affirme Pétrone (3).

Tacite, si renseigné, répète sur le Judaïsme les fables de Manéthon et de Posidonius. Les Juifs, dit-il, descendent des lépreux, ils honorent la tête d'âne, ils ont des rites infâmes. Puis il précise ses accusations, et ce sont celles des nationalistes, si je puis dire : « Tous ceux qui embrassent leur culte, affirme-t-il, se font circoncire, et la première instruction qu'ils reçoivent est de mépriser les dieux, d'abjurer la patrie, d'oublier père, mère et enfants. » Et il s'irrite en disant : « Les Juifs considèrent comme profane tout ce qui chez nous est considéré comme sacré (4). » Suétone et Juvénal redisent la même chose; c'est le reproche capital : « Ils ont un culte particulier, des lois particulières; ils méprisent les lois romaines (5). » Et c'est encore le grief de Pline : « Ils dédaignent les dieux (6). » C'est celui de Sénèque; mais, chez le philosophe, d'autres motifs interviennent.

Sénèque, Stoïcien, était en rivalité avec les Juifs, comme l'avaient été les Stoïciens à Alexandrie. Il leur reprochait moins leur mépris des dieux que leur

(1) *Sat.*, v.
(2) *Art d'aimer*, i, 75, 76.
(3) *Fragment poét.*
(4) Tacite, *Histoires*, v, 4, 5.
(5) Juvénal, Sat. xiv, 96, 101.
(6) *Hist. nat.*, xiii, 4.

prosélytisme, qui entravait la propagation de la doctrine stoïcienne. Aussi exhale-t-il sa colère : « Les Romains, dit-il avec tristesse, ont adopté le sabbat (1). » Et parlant des Juifs : « Cette abominable nation, conclut-il, est parvenue à répandre ses usages dans le monde entier; les vaincus ont donné des lois aux vainqueurs (2). »

La République et l'Empire pensèrent comme Sénèque : l'une et l'autre, à plusieurs reprises, prirent des mesures pour arrêter le prosélytisme juif. En l'an 22, un sénatus-consulte fut rendu, sous Tibère, contre les superstitions égyptiennes et judaïques; et quatre mille Juifs, nous dit Tacite, furent transportés en Sardaigne. Caligula leur infligea des vexations; il encouragea les agissements de Flaccus en Egypte, et Flaccus, soutenu par l'Empereur, enleva aux Juifs les privilèges que leur avait accordés César; il leur ravit leur synagogue et décréta qu'on les pouvait traiter comme les habitants d'une ville prise. Domitien frappa d'un impôt les Juifs et ceux qui menaient une vie judaïque, espérant par l'application d'une taxe arrêter les conversions, et Antonin le Pieux interdit aux Juifs de circoncire d'autres que leurs fils.

Et l'antijudaïsme ne se manifesta pas seulement à Rome et à Alexandrie; partout où il y eut des Juifs on le vit se produire : à Antioche, où on en fit de grands massacres; dans la Lybie pentapolitaine où, sous Vespasien, le gouverneur Catullus excita la po-

(1) *Epître* xcv.
(2) *De la Superstition*, Fragm. xxxvi.

pulation contre eux ; en Ionie où, sous Auguste, les villes grecques s'entendirent pour obliger les Juifs, soit à renier leur foi, soit à supporter à eux seuls les charges publiques.

Mais il est impossible de parler des persécutions juives sans parler des persécutions chrétiennes. Longtemps Juifs et chrétiens, ces frères ennemis, furent unis dans le même mépris, et les mêmes causes qui avaient fait haïr les Juifs firent haïr les chrétiens. Les disciples du Nazaréen apportaient dans le monde antique les mêmes principes de mort. Si les Juifs disaient de délaisser les dieux, d'abandonner époux et père et enfant et femme pour venir à Jéhovah, Jésus disait aussi : « Je ne suis pas venu unir, mais séparer. » Les chrétiens, pas plus que les Juifs, ne s'inclinaient devant l'aigle, pas plus qu'eux ils ne se prosternaient devant les idoles. Comme les Juifs, les chrétiens connaissaient une autre patrie que Rome, comme eux ils oubliaient leurs devoirs civiques plutôt que leurs devoirs religieux.

Aussi, aux premières années de l'ère chrétienne, on englobait la Synagogue et l'Eglise naissante dans la même réprobation. En même temps qu'on chassait de Rome quelques Juifs, on expulsait « un certain *chrestus* (1) » et ses partisans. Ils se chargèrent mutuellement de démontrer aux hommes qu'on ne les devait pas confondre ; et à peine le christianisme se put-il faire entendre qu'il rejeta à son tour la descendance d'Abraham.

(1) Suétone, *Claude*, 25.

CHAPITRE III

L'ANTIJUDAÏSME DANS L'ANTIQUITÉ CHRÉTIENNE, DEPUIS LA FONDATION DE L'ÉGLISE JUSQU'A CONSTANTIN

L'Eglise et la Synagogue. — Les privilèges juifs et les premiers chrétiens. — L'hostilité juive. — Le patriotisme judaïque. — Le prosélytisme chrétien et les rabbins. — Attaques contre le christianisme. — Les apostats et les malédictions. — Etienne et Jacques. — Les influences juives combattues. — Pagano-christianisme et judéo-christianisme. — Pierre et Paul. — Les hérésies judaïsantes. — Les Ebionites, les Elkasaïtes, les Nazaréens, les Quartodécimans. — La gnose et l'Alexandrinisme juif. — Simon le Magicien, les Nicolaïtes et Cérinthe. — Les premiers écrits apostoliques et les tendances des judaïsants. — Les Epîtres aux Colossiens et aux Ephésiens, les Pastorales, la II° Epître de Pierre, l'Epître de Jude, l'Apocalypse. — La Didaché, l'Epître à Barnabé, les sept Epîtres d'Ignace d'Antioche. — Les Apologistes chrétiens et l'exégèse juive. — La lettre à Diognète. — Le testament des douze Patriarches. — Justin et le *Dialogue avec Tryphon*. — Ariston de Pella et le *Dialogue de Jason avec Papiscus*. — L'expansion chrétienne et le prosélytisme juif. — Les rivalités et les haines; les persécutions; l'affaire de Polycarpe. — Les polémiques. — La Bible, les Septante, la version d'Aquila et les Hexaples. — Origène et le rabbin

Simlaï. — Abbahu de Césarée et le médecin Jacob le Minéen. — Le « Contre Celse » et les railleries juives. — L'antijudaisme théologique. — Tertullien et le *De adversus Judæos*. — Cyprien et les trois livres contre les Juifs. — Minucius Felix, Commodien et Lactance. — Constantin et le triomphe de l'Eglise.

L'Eglise est fille de la Synagogue ; elle est née d'elle ; grâce à elle, elle s'est développée, elle a grandi à l'ombre du temple, et, à peine vagissante, elle s'est opposée à sa mère ; ce qui était naturel, car des principes trop dissemblables les séparaient.

Aux premiers siècles de l'ère chrétienne, aux âges apostoliques, les communautés chrétiennes sortirent des communautés juives, comme une colonie d'abeilles essaimant de la ruche ; elles s'implantèrent sur le même sol.

Jésus n'était pas né que les Juifs avaient bâti leurs maisons de prière dans les villes de l'Orient et de l'Occident ; et nous avons déjà vu leur expansion en Asie Mineure, en Egypte, dans la Cyrénaïque, à Rome, en Grèce, en Espagne. Par leur incessant prosélytisme, par leurs prédications, par l'ascendant moral qu'ils exercèrent sur les peuples au milieu desquels ils vivaient, ils frayèrent la voie au christianisme. Certes, déjà et avant eux, les philosophes étaient arrivés à la conception du Dieu unique, mais l'enseignement des philosophes était restreint ; il n'était pas accessible au menu peuple, à la catégorie des humbles que les métaphysiciens dédaignaient piutôt. Les Juifs parlèrent aux petits, aux faibles ; ils firent germer dans leur âme des idées qui leur avaient été jusqu'alors étrangères. Ils portaient avec eux l'esprit des prophètes, l'esprit de fraternité, de pitié et de révolte aussi, cet esprit qui fit la pitoyable et farouche colère des Jérémie et des Isaïe, et qui aboutit à la douceur tendre d'Hillel, cet esprit qui inspira Jésus.

Toute cette immense classe des prosélytes de la Porte, conquise par les Juifs, cette foule des craignant Dieu, était prête à recevoir la doctrine plus large et plus humanitaire de Jésus, cette doctrine que, dès l'origine, l'Eglise universelle s'appliqua à adultérer, à détourner de son sens. Ces convertis, dont, au premier siècle avant Jésus, le nombre s'accroissait sans cesse, n'avaient pas les préjugés nationaux d'Israël ; ils judaïsaient, mais leurs yeux n'étaient pas tournés vers Jérusalem, et l'on peut dire même que le patriotisme exalté des Juifs arrêtait ou plutôt limitait les conversions. Les Apôtres, ou du moins quelques-uns, séparèrent complètement les préceptes juifs de l'idée restreinte de nationalité ; mais ils s'appuyèrent sur l'œuvre juive déjà accomplie et gagnèrent ainsi à eux les âmes de ceux qui avaient reçu la semence judaïque.

Dans les synagogues prêchèrent les Apôtres. Dans les villes où ils arrivaient, ils allaient droit à la maison de prière, et là ils faisaient leur propagande, ils trouvaient leurs premiers auxiliaires ; puis, à côté de la communauté juive ils fondaient la communauté chrétienne, augmentant le primitif noyau juif de tous ceux des gentils qu'ils convaincaient.

Sans l'existence des colonies juives, le christianisme aurait eu plus d'entraves; il aurait rencontré, à s'établir, plus de difficultés. Je l'ai dit déjà, les privilèges des Juifs dans la société antique étaient considérables; ils avaient des chartes protectrices leur assurant une libre organisation politique et judiciaire, et la facilité de l'exercice de leur culte. Grâce à ces privilèges, les Eglises chrétiennes purent se développer. Pendant longtemps les associations des chrétiens ne se différencièrent pas, aux yeux de l'autorité, des associations juives, les distinctions qui existaient entre les deux religions n'étant pas connues du pouvoir romain. Le christianisme était considéré comme une secte juive; aussi bénéficiait-il des mêmes avantages; il fut non seulement toléré, mais, d'une façon indirecte, protégé par les administrateurs impériaux.

Ainsi donc, d'un côté, et involontairement, les Juifs furent les inconscients auxiliaires du christianisme, tandis que d'autre part ils furent ses ennemis; d'autant plus ses ennemis que les causes d'inimitié étaient nombreuses. On sait que Jésus et sa doctrine recrutèrent leurs premiers adhérents parmi ces provinciaux galiléens si méprisés des hiérosolymites, parce qu'ils avaient subi, plus que tous autres, les influences étrangères. « Que peut-il venir de bon de Nazareth? » disait-on. Ces petites gens de Galilée, quoique très attachés aux coutumes et aux rites judaïques, — à ce point qu'ils étaient plus rigoristes peut-être que les Jérusalémites, — étaient ignorants de la loi, et, comme tels, ils étaient dédaignés par les docteurs orgueilleux de la Judée. Cette déconsidération tomba sur les premiers disciples de Jésus, dont quelques-uns d'ailleurs appartenaient à des classes détestées, celle des publicains, par exemple.

Néanmoins, cette origine des chrétiens primitifs, si elle leur valait la déconsidération des Juifs, n'allait pas jusqu'à exciter leur haine; il fallut à cela des causes plus graves, dont une des premières fut le patriotisme juif.

Le christianisme arrivait en effet, ou tout au moins commençait à se développer, au moment où la nationalité judaïque tentait de s'arracher au joug de Rome. Offensés dans leur sentiment religieux, malmenés par l'administration romaine, les Juifs sentaient s'accroître leur désir de liberté, et leur animosité contre Rome. Des bandes de zélateurs et de sicaires parcouraient les montagnes de Judée, entraient dans les villages et se vengeaient de Rome sur ceux même de leurs frères qui s'inclinaient sous la domination impériale. Or, si les zélateurs et les sicaires frappaient les Sadducéens à cause de leurs complaisances pour les procurateurs romains, ils ne pouvaient ménager les disciples de celui à qui l'on prêtait cette parole : « Rendez à César ce qui est à César. »

Absorbés dans l'attente du prochain règne messianique, les chrétiens de ce temps-là, — je parle des judéo-chrétiens, — étaient des «sans-patrie»; ils ne sentaient plus leur âme s'émouvoir à l'idée de la

Judée libre. Si quelques-uns, comme le voyant de l'Apocalypse, avaient horreur de Rome, ils n'avaient pas au même degré la passion de cette Jérusalem captive que les zélateurs voulaient délivrer; ils étaient des anti-patriotes.

Lorsque la Galilée tout entière se souleva à l'appel de Jean de Gischala, ils se tinrent coi; et quand les Jérusalémites eurent triomphé de Cestius Gallus, les judéo-chrétiens, se désintéressant de l'issue de cette suprême lutte, s'enfuirent de Jérusalem, passèrent le Jourdain et se réfugièrent à Pella. Aux derniers combats que Bar Giora, Jean de Gischala et leurs fidèles livrèrent à la puissance romaine, aux légions aguerries de Vespasien et de Titus, les disciples de Jésus ne prirent pas part; et quand Sion s'écroula dans les flammes, ensevelissant sous ses ruines la nation d'Israël, aucun chrétien ne trouva la mort dans les décombres.

On comprend dès lors comment, dans ces temps exaltés, avant, pendant et après l'insurrection, pouvaient être traités ceux, judéo et pagano-chrétiens, qui disaient avec saint Paul : « Il faut se soumettre à l'autorité de Rome ». Néanmoins, à ces fureurs de patriotes que soulevait l'Eglise naissante, d'autres venaient se joindre : les colères des rabbins contre le prosélytisme chrétien.

A l'origine, les relations des judéo-chrétiens et des Juifs furent assez cordiales. Les partisans des Apôtres et les Apôtres eux-mêmes reconnaissaient la sainteté de l'ancienne loi; ils pratiquaient les rites du

Judaïsme et n'avaient pas encore placé le culte de Jésus à côté de celui du Dieu un. A mesure que se forma le dogme de la divinité du Christ, le fossé se creusa entre l'Eglise et la Synagogue. Le Judaïsme ne pouvait admettre la divinisation d'un homme ; reconnaître quelqu'un comme fils de Dieu, c'était blasphémer ; et comme les judéo-chrétiens n'avaient pas abandonné la communauté juive, ils étaient soumis à sa discipline. C'est ce qui explique les flagellations des Apôtres et des nouveaux convertis, la lapidation d'Etienne et la décapitation de l'Apôtre Jacques.

Après la prise de Jérusalem, après cette tempête qui laissa la Judée dépeuplée, les meilleurs de ses enfants ayant péri dans les combats, ou dans les cirques où ils furent livrés aux bêtes, ou dans les mines de plomb d'Egypte, pendant cette troisième captivité que les Juifs appelèrent l'exil romain, les rapports des judéo-chrétiens et des Juifs se tendirent davantage encore. La patrie morte, Israël se groupait autour de ses docteurs. Jabné, où le Synhédrin était réuni, remplaçait Sion sans la faire oublier, et les vaincus s'attachaient plus étroitement encore à la Loi que commentaient les Sages.

Désormais, ceux qui attaquaient cette Loi, devenue le plus cher patrimoine du Juif, devaient être considérés par lui comme des ennemis plus redoutables encore que ne l'avaient été les Romains. Les docteurs combattirent donc la doctrine chrétienne qui faisaient des prosélytes dans leur troupeau, et leur attitude explique les âpres paroles que les Evangélistes mettent en la bouche de Jésus contre les pharisiens. Ces docteurs — ces *Tanaïm* — défendaient cependant leur foi religieuse ; ils agissaient comme agissent tous les soutiens des religions et des gouvernements consacrés vis-à-vis de ceux qui veulent leur donner assaut, et ils se conduisaient avec aussi peu de logique et d'intelligence. « Les Evangiles doivent être brûlés, dit Rabbi Tarphon, car le paganisme est moins dangereux pour la foi judaïque que les sectes judéo-chrétiennes. J'aimerais mieux chercher un refuge dans un temple païen que dans une assemblée judéo-chrétienne. » Il n'était pas le seul à penser ainsi, et tous les rabbins comprenaient en quel danger le judéo-christianisme mettait le judaïsme. Aussi n'était-ce pas à ceux qui prêchaient aux gentils qu'ils firent sentir d'abord leur colère, mais à ceux qui venaient chercher les brebis dans leur propre bercail ; et s'ils prirent des mesures, ce fut contre leurs apostats.

Quelques modernes interprétateurs du Talmud sont allés chercher dans les discussions et les décisions rabbiniques de cette époque des armes contre les Juifs, les accusant de haïr aveuglément tout ce qui ne portait pas le signe d'Israël ; mais ils ne paraissent pas avoir porté dans leur recherche toute la science et peut-être toute la bonne foi nécessaires.

Le Synhédrin de Jabné réglemente les rapports des Juifs et des *minéens* ; or, les *minéens* ne sont autres que les judéo-chrétiens, les Juifs considérés

comme apostats, comme traîtres à leur Dieu et à la
loi. Ce sont eux qui sont déclarés inférieurs aux Samaritains et aux gentils; c'est avec eux que sont inter-
dits tous rapports. Plus tard seulement, beaucoup
plus tard, ces interdictions s'appliquèrent à la généralité des chrétiens, lorsque les chrétiens devinrent
les persécuteurs, de même que quelques-uns, exaltés
par les souffrances et les humiliations, leur appliquèrent ce qui dans le Talmud était dit des *Goïm*,
c'est-à-dire de ces Hellènes de Césarée et de Palestine, en lutte perpétuelle contre les Juifs.

A l'origine, toutes les défenses talmudiques visent
les judéo-chrétiens. Les *Tanaïm* voulaient préserver
leurs fidèles de la contagion chrétienne; c'est pour
cela que l'on assimila les Evangiles aux livres de
magie, et que Samuel le Jeune, sur l'ordre du patriarche Gamaliel, inséra dans les prières journalières une malédiction contre les judéo-chrétiens,
Birkat Haminim, qui fit dire et fait dire encore à
quelques-uns que les Juifs maudissent Jésus trois
fois par jour.

Mais pendant que les Juifs cherchaient à se séparer des judéo-chrétiens, le grand mouvement qui em-
portait l'Eglise la forçait, de son côté, à repousser
loin d'elle le Judaïsme. Pour conquérir le monde,
pour devenir la foi universelle, il fallait que le christianisme délaissât le particularisme juif, repoussât
les chaînes trop étroites de l'ancienne loi pour pouvoir mieux répandre la nouvelle. Ce fut l'œuvre de
saint Paul, le vrai fondateur de l'Eglise, celui qui

opposa à la restreinte doctrine judéo-chrétienne le principe de la catholicité.

Les luttes, on le sait, furent longues et ardentes, entre ces deux tendances du christianisme naissant que Pierre et Paul symbolisèrent. Toute la prédication apostolique de Paul fut un long combat contre les judaïsants; mais le jour où l'Apôtre déclara que pour venir à Jésus il n'était pas besoin de passer par la synagogue, ni d'accepter le signe de l'antique alliance, la circoncision, ce jour-là, tous les liens qui rattachaient l'Eglise chrétienne à sa mère furent rompus et Jésus gagna les nations.

La résistance des judaïsants, qui voulaient être à Jésus et en même temps observer le sabbat et la Pâque, fut vaine, et vaine aussi leur répugnance à la conversion des gentils. Après les voyages de Paul en Asie Mineure, le catholicisme eut cause gagnée. Derrière l'Apôtre il y eut une armée, et cette armée opposa à l'esprit juif l'esprit hellène et Antioche à Jérusalem.

La grande masse des judéo-chrétiens se détacha de l'étroite doctrine de la petite communauté de Jérusalem, et la ruine de la cité sainte la poussa à douter de l'efficacité de la loi ancienne. Ce fut un bien pour l'Eglise, au point de vue de son développement ultérieur. L'Ebionisme eût été sa mort. S'il eût écouté les Jérusalémites, le christianisme serait devenu simplement une petite secte juive. Pour devenir la foi du monde, il fallait que le christianisme laissât de côté le particularisme juif. En effet, les nouveaux fidèles, les gentils, ne pouvaient pratiquer la religion juive et rester grecs ou romains. En se délivrant des ébionites et des judéo-chrétiens, en rompant les liens qui le rattachaient à sa mère, le christianisme permit aux peuples de venir à lui et de rester eux-mêmes ; au lieu que Pierre et les judaïsants les eussent obligés, en adoptant les coutumes d'Israël, de perdre un peu de leur nationalité et d'accepter celle de leurs convertisseurs.

Aussi, de ce qui fut au début un rameau de l'Eglise orthodoxe, on voit naître dès la fin du premier siècle deux hérésies, l'Ebionisme et l'Elkasaïsme. Elles se formèrent tout naturellement, parce que la grande masse des judéo-chrétiens accepta les idées de Paul et s'agrégea aux pagano-chrétiens ; il ne resta qu'un petit groupe de judaïsants entêtés, et, eux qui avaient aux origines représenté strictement l'orthodoxie, ils devinrent, le jour où l'Eglise adopta une orientation nouvelle, des hérétiques. Néanmoins, leur esprit persista, et nous les retrouverons plus tard dans les Nazaréens et les Quartodecimans ; mais, dès lors, ils étaient les ennemis de la catholicité, et la catholicité se tourna vers eux, ou plutôt elle combattit le Judaïsme dans lequel ils puisaient leur force.

Elle eut même, pour s'assurer la suprématie, à combattre l'esprit juif sous ses deux formes. La première est celle que nous venons de signaler : c'est le positivisme judaïque, hostile à l'anthropomorphisme et à la divinisation des héros ; positivisme qui a, malgré tout, subsisté à travers les siècles, à tel point qu'on pourrait faire l'histoire du courant juif dans l'Eglise chrétienne, histoire qui irait de l'ébionisme primitif au protestantisme, en s'arrêtant aux unitariens et aux ariens, entre autres.

La seconde forme n'est autre que la forme mystique représentée par la gnose alexandrine et asiatique. Les Juifs alexandrins avaient, on le sait, subi l'influence du Platonisme et du Pythagorisme ; Philon fut même le précurseur de Plotin et de Porphyre dans ce renouveau de l'esprit métaphysique. Avec l'aide des doctrines hellènes, les Juifs interprétaient la Bible ; ils scrutaient les mystères qui y étaient contenus ; ils les allégorisaient et les développaient.

Partant religieusement du monothéisme et de l'idée du Dieu personnel, les Juifs d'Alexandrie devaient métaphysiquement arriver au panthéisme, à l'idée de la substance divine, à la doctrine des intermédiaires entre l'absolu et l'homme, c'est-à-dire aux émanations, aux Eons de Valentin ou aux Sephiroths de la Kabbale. Sur ce fond judaïque se superposèrent les apports des religions chaldéennes, persanes, égyptiennes, qui coexistaient à Alexandrie ; et alors furent élaborées ces extraordinaires théogonies gnostiques, si multiples, si variées, si follement mystiques.

Quand le christianisme naquit, la gnose était déjà née ; les évangiles lui apportèrent de nouveaux éléments ; elle spécula sur la vie et la parole de Jésus, comme elle avait déjà spéculé sur l'Ancien Testament ; et lorsque les Apôtres s'adressèrent aux gentils, dès les débuts de leur prédication, ils trouvèrent en face d'eux les gnostiques, et, les premiers, les gnostiques juifs. C'est eux que Pierre rencontra à Samarie sous les traits de Simon le Magicien ; Paul les trouva en face de lui à Colosse, à Ephèse, à Antioche, partout où il porta son évangélisation, et peut-être fut-il en lutte avec Cérinthe (1); Jean lui-même les combattit (2), et dans les Epîtres de l'Apocalypse il s'opposait aux Nicolaïtes qui sont «de la synagogue de Satan. »

Après avoir échappé au danger de se cristalliser en une stérile communauté juive, l'Eglise allait donc être exposée à ce danger nouveau du gnosticisme, qui eût eu pour résultat, s'il avait triomphé, de l'émietter en petites sectes et de briser son unité.

Or, si plus tard le christianisme vit arriver la gnose hellénique, il ne trouva à l'origine, en sa présence, que la gnose juive, c'est-à-dire celles des Nicolaïtes et de Cérinthe, ou de systèmes semblables qui s'édifiaient sur des bases judaïques.

Tous les propagateurs de la religion chrétienne eurent donc à lutter contre cette gnose, et on trouve des traces de cette lutte dans les Epîtres de Paul aux Colossiens et aux Ephésiens, dans les Pastorales, dans la seconde Epître de Pierre, dans l'Epître de Jude et dans l'Apocalypse. Mais on ne se contenta pas de poursuivre l'esprit juif dans la gnose; on poursuivit les tendances judaïsantes à l'intérieur de

(1) S. Irénée, ii, 26.
(2) Apocalypse, ii et iii,

l'Eglise, et les Juifs eux-mêmes, sitôt que l'esprit paulinien eut triomphé sur Pierre.

Dès 182, après l'insurrection de Barkokeba, la séparation des Juifs et des chrétiens fut définitive. En 70, les judéo-chrétiens s'étaient montrés indifférents aux destinées de la nation juive; sous Hadrien, ce fut pire. Tandis que cinq cent mille juifs répondaient au Fils de l'Etoile et que les légions romaines reculaient devant lui; tandis qu'il fallait le meilleur général de l'Empire pour combattre cette poignée de Judéens qui disputaient leur liberté à Rome, et que le dernier et faible espoir d'Israël périssait avec sa dernière citadelle, Bethar, et son dernier libérateur, Barkokeba; tandis que d'épouvantables mesures de répression étaient prises contre les Juifs, qu'on leur interdisait l'exercice de leur culte, qu'on passait la charrue sur le sol où s'était dressée Jérusalem, dont le nom disparaissait; pendant ce temps, les judéo-chrétiens dénonçaient aux gouverneurs de la province ceux des Juifs qui clandestinement pratiquaient leur rite ou se livraient à l'étude de la loi.

D'autre part, pour prévenir les trahisons possibles, Barkokeba et ses soldats avaient fait exécuter pas mal de judéo-chrétiens, et des mesures même avaient été prises pour distinguer les chrétiens des Juifs. Des deux parts l'animosité était donc vive, et le jour où, après 131, l'Eglise de Jérusalem fut devenue helléno-chrétienne, la rupture fut définitive : Juifs et chrétiens étaient pour des siècles ennemis.

D'un côté, les gentils, en entrant dans la chrétient, apportaient avec eux toutes les haines et tous les préjugés grecs et romains contre les Juifs. D'un autre, les judéo-chrétiens, dès qu'ils eurent abandonné la communauté judaïque, devinrent plus acharnés encore que les gentils contre leurs frères d'Israël.

Dans les écrits des Pères apostoliques, nous trouvons reflétés ces divers sentiments, en même temps qu'apparaît le désir de séparer de plus en plus le christianisme du judaïsme ; et à mesure que se développe le dogme de la divinité de Jésus, les Juifs deviennent le peuple abominable des Déicides, ce qu'ils n'avaient pas été à l'origine. La synagogue n'est plus que la *femme jadis féconde*, selon les termes de la *II* *Homélie clémentine ;* et l'on considère que « la loi de Moïse n'a pas été faite pour les Juifs, qui ne l'ont pas comprise ». Ainsi s'exprime l'*Épître de Barnabé*, écrite sous le règne de Nerva (96), et qui réproduisait en grande partie les idées contenues dans le plus ancien des écrits apostoliques, c'est-à-dire la *Didaché* ou *Doctrine des douze Apôtres*, que l'on peut reporter à l'année 90 (1). Quant aux traditions pauliniennes, elles sont répercutées au commencement du deuxième siècle par les sept Epîtres d'Ignace d'Antioche, adressées aux Eglises de Rome, de Magnésie, de Philadelphie, d'Ephèse, de Smyrne, de Tralles, et à l'évêque Polycarpe. Ces sept Epîtres combattent très vivement les docètes judaïsants et tâchent de préserver les fidèles de leurs doctrines.

(1) *Doctrina duodecim Apostolorum*. Ed. Funk, 1887.

Mais, en face des démonstrations hostiles, les Juifs n'étaient pas inactifs, et ils étaient pour le christianisme des adversaires redoutables. C'est sous leurs critiques que le dogme se constitua; ce sont eux qui, par la subtilité de leur exégèse, par la fermeté de leur logique, obligèrent les docteurs chrétiens à préciser leurs arguments. Leur hostilité tourmentait d'ailleurs les théologiens; malgré qu'ils se séparassent du Judaïsme, ils voulaient amener à eux les Juifs; ils croyaient que le triomphe de Jésus ne serait assuré que le jour où Israël reconnaîtrait la puissance du Fils de Dieu; et d'ailleurs cette croyance s'est perpétuée sous différentes formes. Il semble, au cours des âges, que l'Eglise ne sera rassurée sur la légitimité de sa foi que le jour où le peuple dont est sorti son Dieu sera converti au Galiléen. Ce sentiment était encore plus vivace au cœur des premiers Pères qu'il ne put l'être chez Bossuet et les Figuristes du dix-septième siècle qui discutèrent sur le rappel des Juifs. Il fallait donc vaincre l'exégèse juive, et pour cela lui emprunter ses armes, c'est-à-dire la Bible. On essaya de démontrer aux Juifs que les prophéties étaient accomplies, que Jésus était bien celui qu'avaient annoncé Isaïe et David; on chercha même à leur prouver que les doctrines chrétiennes se trouvaient dans l'Ancien Testament, et on tira des démonstrations en faveur de la Trinité des premières paroles de la Genèse, ou de la rencontre d'Abraham avec les trois anges. Au cours des siècles, les défenseurs du Christ et les ennemis des juifs n'employèrent pas d'autre méthode.

A cette œuvre se vouèrent les apologistes, les défenseurs du christianisme, et à leurs préoccupations apologétiques se mêlèrent de violentes inimitiés. Ainsi, la *Lettre à Diognète*, qui nous a été conservée dans les œuvres de saint Justin, et qui fut écrite pour réfuter les erreurs des adversaires des chrétiens, peut être considérée comme un des premiers écrits anti-juifs. L'auteur inconnu de cette courte épître, tout en combattant vivement les idées millénaires, appelle les rites juifs des superstitions. Ce ne sont pas les mêmes mobiles qui poussaient l'écrivain ignoré du *Testament des XII Patriarches*, car il voulait, et il le déclare, convertir les Juifs et les convaincre de l'excellence de la parole du Christ.

Le plus complet des apologistes de cette époque est assurément Justin le philosophe. Son *Dialogue avec Tryphon* peut rester comme le modèle de ce genre de polémique dialoguée, dont nous avons un autre exemple à la même époque dans l'*Altercation de Jason et Papiscus*, du grec Ariston de Pella, dialogue qui fut reproduit au cinquième siècle par Evagrius, dans son *Altercation de Simon et Théophile*. Justin, qui était de Samarie et connaissait bien les Judéens, met dans la bouche de Tryphon, qui n'est autre que le Rabbin Tarphon qui lutta si vivement contre l'évangélisation apostolique, tous les reproches des exégètes juifs, et il tente de le persuader de l'accord de l'Ancien Testament et du Nouveau, essayant de concilier le monothéisme avec la théorie du Messie Verbe incarné. En même temps, répondant aux reproches de Tryphon qui accusait les chrétiens de délaisser la loi mosaïque, il affirme que cette loi a été seulement une loi préparatoire. Justin attaquait d'ailleurs les tendances judaïsantes sous leurs deux formes ; d'un côté le judéo-christianisme, de l'autre l'alexandrinisme qui ne voulait admettre le Verbe que comme une irradiation temporaire de l'être unique. A ses observations, Justin mêlait des avertissements : « Ne blasphémez pas le fils de Dieu, disait-il ; n'écoutez pas docilement les pharisiens, ne vous moquez pas ironiquement du roi d'Israel, comme vous le faites chaque jour », (1) et il répondait aux ironies des Juifs par des sarcasmes contre les rabbins : « Au lieu de vous exposer le sens des prophéties, vos maîtres s'abaissent à des niaiseries ; ils s'inquiètent de savoir pourquoi il est question de chameaux mâles à tel et tel endroit, pourquoi telle quantité de farine pour vos oblations. Ils s'inquiètent religieusement de savoir pourquoi l'on ajoute un alpha au nom primitif d'Abraham, un rau à celui de Sara. Voilà l'objet de leurs études. Quant aux autres choses essentielles et dignes de méditations, ils n'osent vous en parler, ils n'essayent pas de les expliquer ; ils vous défendent de nous entendre quand nous les interprétons (2). »

Ce dernier grief est important, il indique quel caractère avait la lutte pour la conquête des âmes, conquête qu'aurait voulu et que faillit faire le ju-

(1) *Dialogue avec Tryphon*. Migne, Patrologie.
(2) *Dialogue avec Tryphon*.

daïsme et dans laquelle il fut supplanté. Ce deuxième siècle est un des moments les plus considérables de l'histoire de l'Eglise. Le dogme, hésitant au premier siècle, se forme, se précise; Jésus marche vers la divinité, il l'atteint, et sa métaphysique, son culte, sa conception se confondent avec les doctrines judéo-alexandrines, les théories de Philon sur la parole de Dieu, la memra chaldéenne et le logos grec; le Verbe naît, il s'est identifié avec le Galiléen; les apologies de Justin et le quatrième Evangile nous montrent l'œuvre accomplie. Le christianisme est devenu alexandrin, et ses plus ardents soutiens, ses défenseurs, ses orateurs mêmes, sont à cette heure les philosophes chrétiens de l'école d'Alexandrie : Justin, l'Auteur du quatrième évangile, et Clément.

En même temps que cette transformation dogmatique s'opérait, l'idée de l'Eglise universelle se fortifiait. Les petites communautés chrétiennes, détachées des groupements juifs, se liaient entre elles; plus leur nombre croissait, plus ce lien augmentait de force, et cette conception unitaire, catholique, coïncidait avec l'expansion de plus en plus grandissante du christianisme.

Cette expansion ne pouvait s'opérer dans une parfaite quiétude. La prédication chrétienne s'adressait à toutes ces juiveries d'Asie-Mineure, d'Egypte, de Cyrènaïque, d'Italie, dans lesquelles existait un élément peu orthodoxe, l'élément juif hellenisé, que les doctrines chrétiennes cherchaient à s'attacher. De même, les propagandistes parlaient à cette masse

anxieuse des populations qui avait déjà prêté l'oreille
à la parole juive. Les Juifs assistaient à la ruine de
leur influence et peut-être de leurs espérances ; en
tous cas, ils voyaient leurs croyances, leur loi, atta-
quées et combattues par les néophytes ; ils ressentaient contre les chrétiens une colère, que ceux-ci
éprouvaient aussi lorsqu'ils voyaient les entraves
que les docteurs juifs mettaient à leur œuvre. Haine
et fureur étaient donc réciproques, et on ne se contentait pas de fureurs et de haines platoniques. Or,
aux débuts, les Juifs étaient, officiellement, en meilleure situation que les chrétiens. Les agglomérations
chrétiennes ne bénéficiaient pas comme les groupes
juifs de la reconnaissance légale, on les considérait
comme étant en opposition avec la loi, et un danger
pour l'empire. De là à les maltraiter il n'y avait pas
loin, et ainsi s'explique la période de souffrance que
l'Eglise eut à traverser. Elle ne pouvait dans ces
mauvais jours compter sur le secours de sa rivale la
synagogue, et même en certains endroits où les luttes
entre Juifs et chrétiens avaient pris un caractère aigu,
les Juifs reconnus par la législation romaine, en possession de droits acquis, purent se mêler aux citoyens
des villes qui traînaient les chrétiens devant les
tribunaux. A Antioche, par exemple, où de tous
temps l'animosité avait été des plus violentes entre
les sectateurs des deux confessions, il est infiniment probable que les Juifs réclamèrent, comme les
païens, le jugement et l'exécution de Polycarpe. On
assura même, par la suite, qu'ils se montrèrent les

plus acharnés à alimenter le bûcher de l'évêque.

Cependant le combat ne se manifestait pas partout d'une façon aussi sanglante. On polémiquait toujours avec vivacité, et, il faut le dire, non à armes égales. L'arsenal était la Bible, mais les docteurs chrétiens la connaissaient mal. Ils ignoraient l'hébreu et se servaient de la version des Septante, qu'ils interprétaient d'une façon fort libre, allant même jusqu'à invoquer à l'appui de leur dogme des passages introduits dans les Septante par des faussaires pour les besoins de la cause. Les Juifs de langue grecque n'hésitaient pas à en faire autant, de telle sorte que cette traduction des Septante, déjà mauvaise, hérissée de contre-sens, était devenue propre à tout. Les premiers, les Juifs voulurent mettre entre les mains de leurs fidèles un texte épuré, c'est ce qui donna naissance à la traduction grecque, scrupuleuse et littérale du prosélyte Aquilas, l'ami et le disciple de Rabbi Akiba. Ce n'est que plus tard que les chrétiens éprouvèrent le même besoin, et Origène donna ses Hexaples, dans lesquels se trouvait d'ailleurs la version d'Aquilas.

C'était une nécessité pour les apologistes chrétiens qui se trouvaient, en face des rabbanites, dans un sensible état d'infériorité, et Origène l'avait senti dans sa discussion sur la Trinité avec Rabbi Simlaï. Ces discussions entre docteurs juifs et docteurs chrétiens n'étaient pas rares, et on vit entre autres à Césarée, le rabbin Abbahu disputer avec le médecin Jacob le Minéen, sur l'Ascension.

Ces controverses, qui se sont perpétuées pendant de longs siècles, n'étaient pas toujours courtoises. A côté des légendes touchantes sur Jésus, s'étaient élaborées des légendes scandaleuses. Pour abaisser leurs ennemis, les Juifs avaient attaqué celui dont ils faisaient leur dieu, et à la déification de Jésus, ils opposaient les histoires du soldat Pantherus, de Marie répudiée, histoires dont s'emparaient les philosophes hostiles au christianisme, et qu'Origène, dans le *Contre Celse*, réfuta, répondant aux injures par des injures.

Il naissait au milieu de ces batailles, ce que j'appellerai un anti-judaïsme théologique, anti-judaïsme purement idéologique, et qui consistait à repousser comme mauvais, ou sans valeur, tout ce qui venait d'Israël. De ce sentiment, Tertullien, dans son *De Adversus Judæos*, nous porte témoignage. En cette œuvre, le fougueux Africain attaque la circoncision qui, dit-il, ne confère pas le salut, mais fut un simple signe pour qu'Israël soit marqué, lui qui va toujours à l'idolâtrie, quand viendra le Messie qui remplacera la circoncision charnelle par la circoncision spirituelle; il combat le sabbat, sabbat temporel auquel il oppose le sabbat éternel.

Mais à cet anti-judaïsme spécial, que nous retrouvons dans l'*Octavius* de Minucius Felix, dans le *De Catholicæ Ecclesiæ unitate* de Cyprien de Carthage, dans les *Instructiones adversus gentium deos* du poète Commodien, et dans les *Divinæ Institutiones* de Lactance, se mêlait le désir de convaincre les Juifs de

la vérité de la religion chrétienne, de la réalité
de ses croyances, de ses dogmes et de ses principes,
et par conséquent l'ambition de faire des prosélytes parmi eux. Il se confondait avec les efforts
que faisait l'Eglise pour arriver à l'universalité, et
ne pouvait être, pendant les trois premiers siècles,
que théorique. Avec Constantin et le triomphe de
l'Eglise, nous allons voir comment se transforma et
se précisa cet antijudaïsme.

CHAPITRE IV

L'ANTISÉMITISME DEPUIS CONSTANTIN JUSQU'AU HUITIÈME SIÈCLE

L'Eglise triomphante. — La décadence du Judaïsme. — La Pâque et les hérésies judaïsantes. — La Judaïsation. — Le Concile de Nicée. — L'antijudaïsme théologique se transforme. — La fin des Apologies. — Antijudaïsme des Pères et du clergé. — Les Insultes. — Hosius, le pape Sylvestre, Eusèbe de Césarée, Grégoire de Nysse et saint Augustin. — Saint Ambroise, saint Jérôme et saint Cyrille de Jérusalem. — Saint Jean Chrysostome. — Les écrivains ecclésiastiques. — L'édit de Milan et les Juifs. — Prosélytisme juif et prosélytisme chrétien. — Les Juifs, l'Eglise et les empereurs chrétiens. — Action de l'Eglise sur la législation impériale. — Les lois romaines. — L s vexations contre les Juifs. — Les mouvements populaires. — La défense des Juifs, leurs révoltes. — Isaac de Sepphoris et Natrona. — Benjamin de Tibériade et la Conquête de la Palestine. — Julien l'Apostat et la nationalité juive. — Les Juifs parmi les peuples. — Généralisation de l'antijudaïsme. — En Perse. — Les mages, les docteurs juifs et les académies juives. — En Arabie. — L'influence des Juifs dans le Yemen. — La victoire

du Mahométisme et les persécutions contre les Juifs. — L'Espagne et les lois wisigothiques. — Les Burgondes. — Les Francs
et la législation romaine. — Le droit canonique, les conciles et
le Judaïsme. — La situation des Juifs, leur attitude. — Le
Catholicisme.

Pendant trois siècles, l'Eglise avait eu à lutter
contre tous ceux qui liaient la grandeur de Rome au
culte séculaire des Dieux. Toutefois, la résistance du
pouvoir, celle des pontifes, celle des philosophes,
n'avaient pu arrêter sa marche ; les persécutions, les
haines, les colères avaient accru sa puissance de
propagande ; d'ailleurs elle avait su s'adresser à ceux
dont l'esprit était trouble, dont la conscience vacillait
et à qui elle apportait une idée et cette certitude morale qui leur manquait. De plus, à cette heure où,
trop vaste, l'Empire romain craquait de toutes parts,
alors que Rome ayant abdiqué tout pouvoir et toute
autorité, recevait ses Césars de la main des légions,
et que de tous les coins des provinces surgissaient
des compétiteurs à la pourpre, l'Eglise catholique
donnait à ce monde expirant une unité qu'il cherchait.

Mais, si elle lui donnait une unité intellectuelle,
elle ruinait en même temps ses institutions, ses coutumes et ses mœurs. En effet, à Rome et dans l'Empire, les fonctions publiques étaient en même temps
civiles et religieuses, le magistrat, le procurateur, le
dux étaient aussi des prêtres, et nul acte public ne
s'accomplissait sans rite ; le gouvernement était en
quelque sorte théocratique, et il finit par se symbo-

liser entièrement dans le culte des Empereurs. Tous ceux qui voulaient se soustraire à ce culte étaient considérés comme des ennemis de César et de l'Empire, on les tenait pour mauvais citoyens. Ces sentiments expliquent l'animosité romaine contre les religions orientales et contre les Juifs, ils expliquent les mesures prises contre les sectateurs de Iahvé, et mieux encore ils font comprendre les rigueurs qui furent exercées contre les adorateurs de Mithra, de Sabazios et surtout contre les chrétiens, car ceux-là n'étaient pas des étrangers, comme les Juifs, mais des citoyens rebelles.

Aussi, c'est grâce à des motifs politiques que le christianisme triompha, et encore dut-il, pour affermir sa victoire et pour dominer, adopter beaucoup des pratiques cérémonielles de la Rome ancienne. Lorsque les chrétiens eurent accru leur nombre, lorsqu'ils formèrent un parti considérable, ils furent sauvés et virent luire l'aurore de la victoire, car les prétendants au trône purent s'appuyer sur eux et les faire servir à consolider leur autorité. C'est ce qui arriva pour Constantin, c'est ce que Constance peut-être avait prévu, alors qu'il commandait les légions gauloises. L'Eglise victorieuse hérita de Rome. Elle hérita aussi de sa morgue, de son exclusivisme, de son orgueil et, sans transition presque, de persécutée elle devint persécutrice, disposant à son tour du pouvoir qui l'avait combattue, prenant en main les faisceaux consulaires et la hache et dirigeant les légionnaires.

En même temps que Jésus s'emparait de la ville superbe et qu'ainsi commençait son règne universel, le judaïsme agonisait en Palestine; les docteurs de Tibériade étaient impuissants à retenir auprès d'eux les jeunes Judéens, et « l'illustre, très glorieux, très respecté » patriarche n'avait plus que l'ombre d'une autorité. C'est en Babylonie que florissaient les écoles juives, c'est là qu'était le centre de la vie intellectuelle d'Israel, mais partout encore où le christianisme portait son influence, il avait à compter avec l'influence du judaïsme, et à la combattre, bien qu'à dater de la fin du troisième siècle elle ait peu d'importance, au moins d'une façon directe. A cette heure, en effet, les hérésies judaïsantes proprement dites s'éteignaient. Ces Nazaréens, ces chrétiens circoncis, attachés à la loi ancienne dont parlent saint Jérôme et saint Epiphane, n'étaient plus qu'une poignée de doux croyants réfugiés à Berée (Alep), à Kokabé dans la Batanée, et à Pella dans la Décapole. Ils parlaient le syro-chaldaïque, et, débris de la primitive église de Jérusalem, ils n'exerçaient plus aucune action, noyés qu'ils étaient au milieu des églises de langue grecque.

Mais, si l'Ebionisme se mourait on judaïsait quand même; les chrétiens fréquentaient les synagogues, ils célébraient les fêtes juives et les querelles au sujet de la Pâque n'étaient pas closes. Une grande partie des églises d'Orient s'obstinaient à la célébrer en même temps que les Juifs. Il fallut le concile de Nicée pour affranchir le christianisme de cette dernière et faible attache qui le liait encore à son berceau. Après le Synode, tout fut fini, du moins officiellement et au point de vue de l'orthodoxie entre l'Eglise et le Temple, mais il fallut encore d'autres décisions conciliaires pour empêcher les fidèles de se conformer à l'ancien usage, et ce ne fut qu'en 341 que s'effectua l'unité de célébration de la Pâque, lorsque le Concile d'Antioche eut excommunié les Quartodécimans.

Quand l'Eglise fut armée, l'antijudaïsme se transforma. Simplement théologique au début, fait de discussions et de controverses, il se précisa, s'aggrava, devint plus âpre et plus dur. A côté des écrits, on vit paraître les lois, avec les lois se produisirent les manifestations populaires. Encore les écrits se modifièrent-ils. Pendant les siècles de persécution, l'apologétique avait fleuri, et toute une littérature était née du besoin qu'éprouvaient les chrétiens de convaincre leurs adversaires. Ils s'adressaient soit aux Juifs, soit aux païens, soit aux empereurs, et tous : Justin, Athénagore, Tatien, Ariston de Pella, Meliton s'efforçaient de prouver à César que leurs doctrines étaient sans danger pour la chose publique, qu'ils pouvaient, sans sacrifier aux Dieux, être de bons sujets, d'une obéissance égale et d'une moralité supérieure à celle des païens. En outre, ils démontraient aux Juifs qu'ils étaient, eux chrétiens, les seuls fidèles à la tradition, qu'ils accomplissaient les prophéties et que les moindres détails de leurs dogmes étaient prévus et annoncés par les écritures. Vainqueur, le christianisme n'eut plus besoin d'apologètes : César était désormais convaincu et Cyrille d'Alexandrie qui écrivait un ouvrage contre Julien l'Apostat fut le dernier des apologètes. Quant à Israel, si l'on persista, jusqu'à nos jours même, à lui montrer son entêtement, on le fit d'une façon moins insidieuse et moins persuasive, on lui parla en maître, et dès le milieu du cinquième siècle, les apologies proprement dites cessent, pour ne reparaître que plus tard transformées et modifiées.

On n'essaya plus uniquement de ramener les Juifs au Christ ; d'ailleurs, quelques années d'efforts avaient pu montrer aux théologiens la vanité de leur œuvre et combien peu leurs raisonnements, basés le plus souvent sur une exégèse fantaisiste ou quelques contre-sens de la traduction alexandrine de la Bible, persuadaient ces endurcis qui écoutaient plutôt leurs docteurs, et tenaient davantage à leur foi à mesure qu'elle était plus honnie. Aux arguments, on mêla les insultes, on vit moins dans le juif le chrétien possible que le déicide sans remords ; on injuria ces hommes dont la persistance choquait et qui, par leur unique présence, empêchaient le triomphe de l'Eglise d'être complet. On s'efforça d'oublier l'origine judaïque de Jésus, celle des apôtres, et que c'était à l'ombre de la synagogue que le christianisme avait grandi, et cet oubli s'est perpétué, et maintenant encore, dans la chrétienté tout entière, qui donc voudrait reconnaître qu'il se courbe devant un pauvre Juif et une humble Juive de Galilée ?

Les pères, les évêques, les prêtres qui avaient à combattre les Juifs, les traitaient fort mal. Hosius, en Espagne, le pape Sylvestre, Paul, évêque de Constantinople, Eusèbe de Césarée (1), les injurient; ils les appellent « secte perverse, dangereuse et criminelle ».

Quelques-uns, comme Grégoire de Nysse (2), restent sur le terrain dogmatique et reprochent simplement aux Juifs d'être des incrédules, qui refusent d'accepter le témoignage de Moïse et des prophètes sur la trinité et l'incarnation. Saint Augustin (3) est plus violent; irrité par les objections des talmudistes, il les appelle falsificateurs et affirme qu'on ne doit pas chercher la religion dans l'aveuglement des Juifs, le judaïsme ne pouvant servir que comme terme de comparaison pour démontrer la beauté du christianisme. Saint Ambroise (4) les attaquait d'un autre côté, il reprenait les arguments de l'antiquité, ces arguments qui avaient servi contre les premiers chrétiens et il accusait les Juifs de mépriser les lois romaines. Saint Jérôme (5) assurait que l'esprit immonde avait saisi les Juifs, et lui qui avait appris l'hébreu à l'école des rabbins il disait, songeant sans doute à la malédiction des Minéens dont il dénaturait le sens : « Il faut haïr les Juifs qui, chaque jour, insultent

(1) *Demonstratio evangelica.*
(2) *Testimonia adversus Judæos ex vetere Testamento*, Migne, *P. G.*, XLVI.
(3) *Oratio adversus Judæis*, Migne, *P. L.*, XLII.
(4) De Tobia. Migne, *P. L.*, XIV.
(5) Ep. CLI. Quæst. 10, Migne, *P. L.*, XXII.

Jésus-Christ dans leurs synagogues » ; et saint Cyrille de Jérusalem (1) injuriait les patriarches juifs, prétendant qu'ils étaient de basse race.

Mais nous trouvons ces procédés théologiques et polémiques réunis dans les six sermons prononcés à Antioche par saint Jean Chrysostome (2) contre les Juifs ; l'analyse de ces homélies nous permettra de nous rendre compte des procédés de discussion et aussi de la situation réciproque des Chrétiens et des Juifs, et des rapports existant entre eux.

Les Juifs, dit Chrysostome dans le premier de ses sermons, sont des ignorants qui ne comprennent pas leur loi et par conséquent sont des impies. Ils sont des misérables, des chiens, des cervelles obstinées, leur peuple est semblable à un troupeau de brutes, de bêtes féroces. Ils ont repoussé Christ, donc ils ne sont aptes qu'au mal. Leurs synagogues sont comparables à des lieux de spectacle, ce sont des cavernes de brigands, la demeure de Satan. Obligé qu'il est de reconnaître que les Juifs n'ignorent pas le Père, il ajoute que cela est peu, puisqu'ils ont crucifié le Fils, qu'ils repoussent l'Esprit et que leur âme est habitée par le démon. Aussi, faut-il se défier d'eux, il faut prendre garde à la *Maladie Juive*. Et Chrysostome apostrophe ses fidèles : Ne fréquentez pas les synagogues, crie-t-il, ne suivez pas le sabbat, les jeûnes et les autres rites juifs. Si vous rencontrez des judaïsants, avertissez-les du péril, car vous êtes

(1) Ep. cLi. Quaest 10, Migne, *P. G.*, XXXIII.
(2) *Adversus Judœis*, Migne, *P. G.*, XLVIII.

l'armée du Christ, ne vous laissez pas détourner, ce serait de la démence extrême. Que retirerez-vous de ce repaire d'hommes qui nient Moïse et les prophètes? Si les doctrines juives excitent votre admiration, vous devez trouver fausses les doctrines chrétiennes.

Le second sermon renouvelle encore ces diatribes, il atteste les soucis que l'influence juive causait à Chrysostome. « Nos brebis, clame-t-il, sont entourées par les loups juifs », et il répète : Fuyez-les, fuyez leurs impiétés, ce ne sont pas d'insignifiantes controverses qui nous séparent d'eux, mais bien la mort du Christ. Si vous pensez que le Judaïsme est le vrai, laissez l'Église, sinon quittez le Judaïsme. Ne savez-vous pas que les Juifs sacrifient en tous les endroits de la terre, excepté au seul endroit où le sacrifice est valable, c'est-à-dire à Jérusalem; ignorez-vous que là seulement ils peuvent célébrer la Pâque, ainsi que le dit la loi (1) ; ne vous conformez donc pas à leur Pâque illusoire.

Les quatre autres sermons sont plus théologiques. Chrysostome s'emparant des invectives des prophètes, traite bien les Juifs de voleurs, d'impurs, de débauchés, de rapaces, d'avares, d'artisans de ruses, d'oppresseurs des pauvres qui ont mis le comble à leurs crimes en immolant Jésus, mais il ne se borne pas à cela. Il donne des arguments pour combattre les controverses qui devaient être très actives à Antioche. Il fait l'apologie de l'Église, il montre

(1) *Deutéronome*, xii.

qu'Israël est dispersé à cause de la mort du Christ ; il tire des prophètes, des récits bibliques, les preuves de la divinité de Jésus, et il recommande à ses ouailles de ne pas accourir aux sermons de ces Juifs qui appellent la croix une abomination, et dont la religion est nulle et inutile pour ceux qui connaissent la vraie foi. En un mot, termine-t-il c'est une chose absurde de frayer avec les hommes qui ont si indignement traité Dieu, et d'adorer en même temps le Crucifié.

Ces homélies de Chrysostome sont caractéristiques et précieuses. On y trouve toute la tactique que les prédicateurs chrétiens emploieront pendant des siècles, ce mélange de raisonnements et d'apostrophes, de persuation et d'injures qui est resté le propre de la prédication antijuive. On saisit surtout le rôle du clergé dans le développement de l'antijudaïsme, judaïsme religieux d'abord, car l'antijudaïsme social n'est venu que plus tard dans la société chrétienne. En lisant ces sermons, on a un très animé et très vivant tableau des rapports du judaïsme et du christianisme au quatrième siècle, rapports qui ont persisté longtemps encore, jusqu'au neuvième siècle environ.

Les Juifs n'étaient pas encore arrivés à cette conception exclusive de leur personnalité et de leur nationalité qui fut l'œuvre des talmudistes. Leur manière de vivre, au point de vue extérieur, n'était pas différente de celle des peuples au milieu desquels ils vivaient ; ils se mêlaient à la vie publique, et cela partout, en Asie-Mineure comme en Italie, en Gaule comme en Espagne. En contact perpétuel avec les chrétiens, ils agissaient sur eux, et ne s'étant pas encore confinés dans cet isolement farouche que plus tard leurs docteurs préconisèrent, ils attiraient à leur culte beaucoup d'indécis et d'irrésolus. Leur ardeur prosélytique n'était pas morte, ils ne se rendaient pas compte qu'ils avaient définitivement perdu l'empire moral du monde et ils persistaient à lutter. Ils incitaient païens et chrétiens à judaïser, et ils trouvaient des adhérents, au besoin même ils en faisaient par force et n'hésitaient pas à circoncire leurs esclaves. Ils étaient les seuls ennemis que l'Église pouvait trouver en face d'elle, car le paganisme s'éteignait doucement, ne laissant plus en les âmes que des survivances légendaires, survivances qui ne sont pas mortes même de nos jours. S'il s'opposait encore par la voix de ses derniers philosophes et de ses derniers poètes à la diffusion du christianisme, il ne cherchait plus, à partir du quatrième siècle, à gagner à lui ceux que Jésus tenait en ses liens. Les Juifs, eux, n'avaient pas abdiqué ; ils estimaient, au même titre que les chrétiens, être en possession de la vraie religion, et aux yeux du peuple leur affirmation avait tout l'attrait qui émane des convictions inébranlables. Au matin de son triomphe, l'Église n'avait pas cet ascendant universel qu'elle eut plus tard, elle était faible encore, bien que puissante, mais ceux qui la dirigeaient aspiraient à cette universalité, et ils devaient logiquement considérer les

Juifs comme leurs pires adversaires, ils devaient tout faire pour affaiblir leur propagande et leur prosélytisme. Les Pères suivirent d'ailleurs en cela une tradition séculaire; sur ce point du combat on les trouve unanimes, et ils soṇ légion ceụx qui, théologiens, historiens ou écrivains, pensent et écrivent sur les Juifs comme Chrysostome : Épiphane, Diodore de Tarse, Théodore de Mopsueste, Théodoret de Cyr, Cosmas Indicapleuste, Athanase le Sinaïte, Synésius, parmi les Grecs; Hilaire de Poitiers, Prudentius, Paul Orose, Sulpice Sévère, Gennadius, Venantius Fortunatus, Isidore de Séville parmi les Latins.

Toutefois, après l'édit de Milan, l'antijudaïsme ne pouvait plus se borner à des disputes oratoires ou écrites, et il n'était plus question de querelle entre deux sectes également détestées ou méprisées. Avant sa conversion, Constantin, qui ne voulait pas d'abord accorder des priviléges aux seuls chrétiens, avait reconnu, par l'édit de tolérance, le droit pour chacun de pratiquer la religion qu'il avait acceptée. Les Juifs étaient ainsi mis sur le même pied que les chrétiens; les pontifes païens, les prêtres de Jésus, les patriarches et docteurs d'Israël jouissaient des mêmes faveurs et étaient exemptés des charges municipales. Mais en 323, après la défaite et la mort de Licinius qui régnait en Orient, Constantin, vainqueur et maître de l'Empire, soutenu par tous les chrétiens de ses états, les traita en favorisés. Il en fit ses grands dignitaires, ses conseillers, ses généraux, et désormais l'Église disposa, pour asseoir sa domination, de la puissance

impériale. Le premier usage qu'elle fit de cette autorité fut de poursuivre ceux qui lui étaient hostiles :
elle trouva Constantin tout disposé à la servir. D'une
part, l'empereur interdit la divination, ferma les
temples, prohiba les sacrifices, fit fondre même, pour
embellir les églises, les statues d'or et d'argent des
Dieux ; d'autre part, il consentit à réprimer le prosélytisme juif et remit en vigueur une ancienne loi
romaine qui défendait aux Juifs de circoncire leurs
esclaves ; en même temps, il leur enleva une grande
partie des privilèges qu'ils possédaient, et leur ferma
l'entrée de Jérusalem, ne les autorisant à entrer dans
la ville que le jour anniversaire de la destruction du
temple et contre un tribut payé en argent. Ainsi, en
aggravant les charges qui pesaient sur les Juifs,
Constantin favorisait le prosélytisme chrétien, et les
prédicateurs ne manquaient pas d'exposer aux Israélites les avantages qu'apportait le baptême. Pour
encourager même les hésitants, ceux qui, craignant
la vengeance de leurs coreligionnaires, se gardaient
de l'apostasie par crainte des mauvais traitements,
l'empereur promulgua une loi qui condamnait au feu
les Juifs qui poursuivaient leurs apostats à coups de
pierres (1).

Cependant malgré son animosité, factice peut-être
contre les Juifs, car on ne sait s'il faut accepter
comme véridique la lettre qu'Eusèbe lui attribue (2),
et dont les termes sont très violents, Constantin prit

(1) *Codex Justinianus*, l. I, tit. VIII, 3.
(2) Eusèbe, *Vita Constantini*, III, 18, 20.

soin de les protéger contre les coups que leur prodi-
guaient leurs propres renégats. Avec ses successeurs, de semb'ables ménagements ne furent plus
gardés. L'influence de l'Église sur les empereurs fut
toute-puissante. La religion catholique devint religion d'état, le culte chrétien fut le culte officiel,
l'importance des évêques s'accrut de jour en jour
ainsi que leur prépondérance. Ils firent passer dans
l'âme des souverains les sentiments qui les ani-
maient et si leur antijudaïsme se manifesta par des
écrits, l'antijudaïsme impérial se manifesta par des
lois. Ces lois, le clergé les inspira, non-seulement
d'ailleurs contre les Juifs, mais aussi contre les
hérétiques. Cela est tellement vrai que, pendant ce
quatrième siècle fertile en hérésies, les orthodoxes
furent inquiétés parfois, lorsque les théologiens héré-
siaques conduisirent les Empereurs.

De ces lois, édictées toutes du quatrième au septième siècle, la plupart sont dirigées contre le prosélytisme juif. On renouvelle les défenses faites à
ceux qui circoncisent des chrétiens (1), on condamne
les contrevenants à l'exil perpétuel et à la confiscation
des biens. On défend aux Juifs d'avoir des esclaves
chrétiens (2); on leur interdit d'épouser des femmes
chrétiennes, comme aux Juives d'épouser des chrétiens et on assimile de telles unions aux crimes d'adul-
tère (3). D'autres lois favorisent la propagande et le

_____

(1) *Codex Justinianus*, l. I, tit. ix, 16.
(2) *Code Théodosien*, l. XVI, tit. ix, 3, 4 et 5.
(3) *Codex Justinianus*, l. I, tit. ix, 6.

prosélytisme parmi les Juifs, soit directement, en protégeant les apostats (1) et en empêchant les Juifs de déshériter leurs fils et petits-fils convertis (2), soit indirectement et au moyen de mesures vexatoires. Ces mesures vexatoires consistèrent d'abord à restreindre les privilèges des Juifs. On décida que l'argent qui était envoyé en Palestine par les Israélites serait versé dans le trésor impérial (3); on leur défendit d'exercer les fonctions publiques (4); on leur imposa les charges curiales, si dures et si oppressives (5); on leur enleva à peu près leurs tribunaux spéciaux (6). Les vexations ne se bornèrent pas à cela; on tracassa même les Juifs dans l'exercice de leur culte; on réglementa leur façon d'observer le sabbat (7), on les obligea à ne pas célébrer leur Pâque avant les Pâques chrétiennes, et Justinien alla jusqu'à les contraindre à ne pas réciter la prière journalière, le *Schema*, qui proclamait le Dieu un contre la Trinité.

Encore, et malgré la bienveillance impériale, l'Eglise n'avait pas été absolument libre de ses mouvements sous Constantin. En dépit des restrictions

(1) *Code Théodosien*, l. XVI, tit. viii, 5.
(2) *Code Théodosien*, l. XVI, tit. viii, 28.
(3) *Codex Justinianus*, l. I, tit. IX, 17, et *Cod. Théodos*, l. XVI, tit. viii, 14.
(4) *Codex Justinianus*, l. I, tit. ix, 18.
(5) Justinien, *Novelle* 45.
(6) *Codex Justinianus*, l. I, tit. ix, 15.
(7) *Codex Justinianus*, l. I, tit. ix, 13, et *Cod. Théod.*, l. VIII, tit. ix, 8.

que le souverain avait mises à la liberté religieuse
des païens et des Juifs, il avait été obligé à de certains ménagements; les adorateurs des Dieux étaient
nombreux encore sous son règne, et il n'osait pas
provoquer des émeutes dangereuses. Les Juifs béné-
ficièrent, jusqu'à un certain point de ces hésitations.
Avec Constance tout changea. Constantin, baptisé
seulement au lit de mort par Eusèbe de Nicomédie,
avait été un politique et un sceptique qui s'était servi
du christianisme comme d'un instrument; Constance
fut un orthodoxe, un orthodoxe intolérant et fanatique comme le clergé et les moines de son temps.
Avec lui, l'Eglise devint dominatrice, et son pouvoir s'exerça dès lors, en grande partie, par la vengeance, elle eut à cœur, semble-t-il, de faire chère-
ment payer à ses persécuteurs d'antan tout ce qu'elle
avait souffert. Sitôt armée, elle oublia ses plus élémentaires principes, et elle dirigea contre ses adversaires le bras séculier. Les païens et les Juifs furent
poursuivis avec la plus dure âpreté; ceux qui sacrifiaient à Zeus comme ceux qui adoraient Jehovah se
virent maltraités, et l'antijudaïsme marcha de concert avec l'antipaganisme.

Les docteurs juifs de Judée furent exilés, on les
menaça de mort s'ils persistaient à donner leur enseignement, on les obligea à abandonner Tibériade,
et même à fuir la Palestine, tandis que dans toutes
les provinces de l'Empire on leur déniait leurs droits
de citoyens romains. Aux lois, s'ajoutèrent des tra-
casseries nombreuses. Pendant le séjour en Judée des

légions romaines qui allaient combattre le roi des Perses, Schabur II, les Juifs furent traités comme les habitants d'un pays conquis. On les soumit à de durs impôts, on les força à payer la taxe judaïque, ainsi que des patentes et des amendes nouvelles, on les contraignit à cuire le pain pour les soldats pendant les jours de sabbat et de fêtes.

Durant ce temps, par les villes, les moines et les évêques parlaient contre les païens et les Juifs, ils surexcitaient contre eux les populations chrétiennes, et ils conduisaient des bandes fanatiques à l'assaut des temples et des synagogues. Sous Théodose Iᵉʳ, sous Arcadius, on brûle des synagogues à Rome et à Callinicus en Mésopotamie. Sous Théodose II, à Alexandrie, saint Cyrille ameute la foule, les anachorètes entrent dans la ville, ils massacrent ceux des Juifs et des païens qu'ils rencontrent, ils tuent Hypathie, ils saccagent les synagogues, ils incendient les bibliothèques, ils chassent tout ce qui n'est pas chrétien, malgré les efforts du préfet Oreste que l'empereur désavoue. A Imnestar, près d'Antioche, l'ascète Siméon accomplit la même œuvre et sous Zénon, des scènes semblables se reproduisent à Antioche. Une furie de destruction s'empare des chrétiens, on dirait qu'ils veulent anéantir jusqu'au souvenir du vieux monde pour préparer le doux règne du Christ.

Les Juifs cependant ne restaient pas impassibles en face de leurs ennemis, ils n'avaient point acquis encore cette opiniâtre et touchante résignation qui les caractérisa plus tard.

Aux discours véhéments des prêtres, ils répliquaient par des discours, aux actes ils répondaient par des actes ; au prosélytisme chrétien qui s'exerçait parmi eux, ils opposaient leur prosélytisme et vouaient aux malédictions leurs apostats. Les prédications les plus violentes retentissaient dans les synagogues. Les prédicateurs Juifs tonnaient contre Edom, c'est-à-dire contre Rome, la Rome des Césars devenue la Rome de Jésus, qui violait les consciences après avoir violé la nationalité. Ils ne se bornaient pas à des lieux communs oratoires, ils excitaient leurs frères à la révolte. Pendant que Gallus, neveu de Constance gouvernait les provinces orientales, Isaac de Sepphoris soulevait les Judéens, il était aidé dans ses entreprises par un homme intrépide, Natrona, que les Romains nommaient Patricius. « Natrona, criait Isaac, nous délivrera d'Edom comme Mardochée et Esther nous ont délivrés des Mèdes, comme les Hasmonéens nous ont libérés des Grecs. » Les Juifs prirent les armes, mais ils furent durement réprimés par Gallus et son général Ursicinus. On égorgea les femmes, les vieillards et les enfants, Tibériade et Lydda furent à demi détruites, Sépphoris fut rasée, et les souterrains de Tibériade s'emplirent de fugitifs qui s'y tinrent cachés pendant des mois pour échapper aux recherches et à la mort.

Sous le règne de Phocas, les Juifs d'Antioche, las des persécutions, des avanies et des massacres, se ruèrent un jour contre les chrétiens, massacrèrent le patriarche Anastase le Sinaïte et régnèrent en maîtres dans la ville. Phocas envoya contre eux une armée que commandait Kotys, les Juifs repoussèrent d'abord les légions impériales, mais impuissants à lutter contre les troupes plus considérables qui furent conduites à Antioche, ils furent réduits à se soumettre, à se laisser égorger, mutiler ou exiler. Toutefois leur soumission n'était qu'apparente; ils attendaient une occasion de lutter encore: elle se présenta. Lorsque Kosru II, roi de Perse, pour venger son gendre Maurice, dont Phocas avait usurpé le trône, marcha contre l'empire byzantin, les Juifs se joignirent à lui. Scharbazar envahit l'Asie Mineure, malgré les propositions pacifiques d'Héraclius qui venait de détrôner Phocas, et il vit venir sous ses armes les Juifs guerriers de Galilée. Benjamin de Tibériade fut l'âme de la révolte, c'est lui qui arma les rebelles, lui qui les guida. Les Juifs voulaient reconquérir la Palestine, la rendre à sa pureté que le culte chrétien avait pour eux souillée. Ils brulèrent les églises, saccagèrent Jérusalem, détruisirent les couvents, et, soulevant sur leur passage tous leurs coreligionnaires, attirant à eux les Israélites de Damas, du sud de la Palestine, de l'île de Chypre, ils vinrent même assiéger Tyr, dont ils durent lever le siège. Ils occupèrent durant quatorze ans la Judée en maîtres, tandis que les chrétiens palestiniens se convertissaient en masse au Judaïsme. Héraclius les détacha des Perses, qui avaient manqué à leurs promesses en ne rendant pas à leurs alliés la cité sainte, Jérusalem; il s'entendit avec Benjamin de Tibériade, promettant aux Juifs

5.

l'impunité et d'autres avantages ; mais lorsque l'empereur eut reconquis ses provinces sur Kosru, il fit, à
l'instigation des moines et du patriarche Modeste,
massacrer ceux qu'il avait accueillis. Comme il avait
fait serment aux Juifs de ne les point inquiéter, Modeste le délia de ce serment, et institua, par compensation sans doute, un jeûne que les Maronites et les
Coptes observèrent longtemps.

Mais les Juifs de Judée n'étaient qu'une poignée
et leur histoire en Palestine était close. Lorsque Julien l'Apostat, qui avait aboli les lois restrictives de
Constantin et de Constance contre les Juifs, voulut
reconstruire le temple de Jérusalèm, les communautés israélites étrangères restèrent sourdes à l'appel
impérial : elles s'étaient détachées de la cause nationale, du moins d'une façon immédiate. Pour tous les
Juifs de ce temps, la reconstitution du royaume de
Juda était liée à l'avènement du Messie et ils ne pouvaient l'espérer d'un philosophe couronné ; ils n'a-
vaient qu'à attendre le roi du ciel qui leur était pro-
mis et ces sentiments persistèrent durant des siècles.
Quand Gamaliel VI, le dernier patriarche, mourut, le
fantôme de la royauté et de la nationalité juive, fantôme qui subsistait encore, disparut et il n'y eut plus
pour Israël, qu'un chef de l'exil, l'Exilarque
de Babylonie qui disparut au onzième siècle. D'ailleurs, les Juifs répandus dans le monde, constitués
en puissantes et riches communautés, s'étaient créés
de multiples patries d'intérêts, et ces intérêts les
liaient au sol qu'ils occupaient. Ils ne les attachaient

pas cependant complètement, car leur religion sociale les maintenait quand même dans un fâcheux isolement et, mêlés à tous les peuples, ils subissaient partout où des religions précises et dogmatiques s'établissaient, les conséquences de leur opposition confessionnelle. Aussi voyons-nous l'antijudaïsme fleurir non seulement dans les contrées catholiques, mais aussi en Perse et en Arabie.

En Perse, en Babylonie, les Juifs étaient établis depuis la captivité; après la ruine de Jérusalem beaucoup encore se réfugièrent en cet admirable et fertile pays, où des terres arables leur furent distribuées et où ils vécurent heureux sous la bienveillante autorité des Arsacides. Ils fondèrent des écoles à Sora, à Néhardéa et à Pumbaditha, et firent de nombreux prosélytes. Mais, au milieu du troisième siècle, la dynastie des Arsacides, très impopulaires, tomba avec Artaban, et Ardéchir fonda la dynastie des Sassanides. C'était un mouvement national et religieux. Les Néo-Perses, les Guèbres, détestaient les Arsacides hellénisants qui avaient délaissé le culte du feu. Le triomphe d'Ardéchir fut le triomphe des Mages, qui sévirent durement contre les Hellénisants, les chrétiens d'Edesse et les Juifs, car, en Perse, l'antijudaïsme des Mages fut lié à l'antichristianisme, et les frères ennemis furent persécutés simultanément, quoique les Juifs, plus nombreux, plus puissants et plus redoutables aient eu plus particulièrement à souffrir pendant ces périodes de trouble. Du reste, ces persécutions ne furent jamais de très longue du-

rée. Tourmentés à la fin du troisième siècle par Schabur II qui avait amené d'Arménie à Ispahan
70,000 prisonniers juifs, les Israélites restèrent de
longues années sans être inquiétés, mais au cinquième et au sixième siècles, sous Yesdigerd II, sous
Phéroces et sous Kavadh, des mesures de restriction
furent prises, à l'instigation des Mages. On interdit
aux Juifs de célébrer le sabbat; on ferma les écoles,
on supprima les tribunaux juifs. Pendant le règne
de Kavadh, Mazdak le Mage fut le promoteur de ces
vexations. Fondateur de la secte des Zendik, Mazdak prêchait le communisme et faisait dépouiller
Juifs et chrétiens de leurs femmes et de leurs biens.
Sous la conduite de l'exilarque Mar Zutra II, les Juifs
se révoltèrent et les chroniques persanes rapportent
qu'ils vainquirent les partisans du mage et fondèrent
un état dont la capitale fut Mahuza, ville peuplée de
Perses convertis au judaïsme. Cet état subsista sept
ans, jusqu'à la mort de Mar Zutra, qui fut vaincu et
tué.

Dès lors, les Juifs connurent en Perse des alternatives de paix et de trouble, heureux sous Kosroës
Nuschirvan et sous Kosru II, malheureux sous Hor-
misdas IV, jusqu'au jour où, lassés de cette situation
précaire, ils aidèrent, de concert avec les chrétiens
du royaume Sassanide, Omar à s'emparer du trône
de Perse, servant ainsi au triomphe de Mahomet et
des Arabes.

Cependant, les Juifs n'avaient pas eu à se réjouir
du joug musulman. Leur établissement dans l'Ara-

bie, si on fait abstraction des légendes qui les font arriver dès Josué ou dès Saül, doit remonter au temps de la captivité, à la destruction du premier temple. Le noyau primitif fut augmenté par les fugitifs de Judée qui gagnèrent l'Arabie au moment où Rome conquérait la Palestine. Au commencement de l'ère chrétienne, il y avait en Arabie quatre tribus juives, dont le centre était Médine.

Les Juifs firent la conquête morale et intellectuelle des Arabes, ils les convertirent au judaïsme, ou tout au moins leur en firent adopter les rites. Les affinités des deux peuples rendaient la chose facile d'autant que, dans le Yémen, les Juifs avaient, à leur tour, accepté les mœurs arabes, mœurs peu différentes de celles des Israélites d'antan. Ils étaient agriculteurs pasteurs et guerriers, pillards aussi, et poètes. Divisés en petits groupes, luttant entre eux et prenant partie dans les querelles qui partageaient les tribus arabes, ils fondaient en même temps des écoles à Yatrib, élevaient des temples et propageaient leur religion jusque chez les Himyarites, avec qui les commerçants de leur nation entretenaient des relations. Au sixième siècle, sous le règne de Zorah-Dhou-Nowas, le Yémen entier était Juif. Avec la conversion au christianisme d'une tribu arabe de Nedjran, les difficultés commencèrent, mais elles furent de courte durée, car la propagande chrétienne fut arrêtée court en Arabie par Mahomet. Mahomet fut nourri de l'esprit Juif; en fuyant la Mecque où sa prédication avait soulevé contre lui les Arabes fidèles aux

vieilles traditions, il se réfugia à Médine, la cité
juive, et, comme les apôtres trouvant leurs premiers adhérents parmi les prosélytes hellènes, il
trouva ses premiers disciples parmi les Arabes judaïsants. Aussi les mêmes causes religieuses, provo-
quèrent-elles la haine de Mahomet et celle de Paul.
Les Juifs se montrèrent rebelles à la prédication
du prophète, ils l'accablèrent de railleries et Mahomet qui jusqu'alors avait été disposé à entrer
en composition avec eux les répudia violemment,
écrivant une Soura célèbre, la Soura de la Vache,
dans laquelle il les invectivait cruellement. Mais
lorsque le prophète eut rassemblé autour de lui une
armée de partisans, il ne se borna pas aux injures,
il marcha contre les tribus juives, les vainquit et ordonna de ne pas prendre pour amis « les chrétiens et
les Juifs ». Tous les Juifs se soulevèrent et s'allièrent
avec ceux des Arabes qui repoussaient les doctrines
nouvelles, mais l'extension du mahométisme triompha d'eux. A la mort de Mahomet ils étaient très
affaiblis ; Omar acheva l'œuvre. Il chassa de Khaïbar
et de Whadi-l-Kora les dernières tribus juives,
ainsi que les chrétiens de Nedjran, car chrétiens et
Juifs polluaient le sol sacré de l'Islam.

Mais partout où Omar porta ses armes, les Juifs,
opprimés en vertu de cette affinité qui les liait
quand même aux Arabes, favorisèrent le second Kalife, qui s'empara de la Perse et de la Palestine.
Omar imposa de sévères lois aux Juifs qui l'avaient
secondé ; il les soumit à une législation très restric-

tive, leur défendant de construire de nouvelles synagogues, les obligeant à porter un vêtement d'une couleur spéciale, leur interdisant de monter à cheval, les assujettissant à un impôt personnel et à un impôt foncier. Il en fit de même pour les chrétiens. Néanmoins, les Juifs jouirent sous l'autorité des Arabes d'une plus grande liberté que sous la domination chrétienne. La législation d'Omar ne fut pas rigoureusement observée d'une part ; de l'autre la masse musulmane, malgré la différence des religions, et en laissant de côté quelques manifestations de fanatisme, se montra pour eux très bienveillante. Aussi verrons-nous plus tard, lors de l'expansion islamique, les Arabes, être acclamés comme des libérateurs par tous les Juifs de l'Occident.

La condition des Juifs occidentaux depuis l'écroulement du fragile empire romain et la ruée des barbares sur le vieux monde fut soumise à toutes les vicissitudes. Les Césars, ces pauvres Césars qui s'appelaient Olybrius, Glycérius, Julius Nepos et Romulus Augustule, tombèrent, mais les lois romaines persistèrent; et si pendant de courtes périodes elles ne furent pas appliquées aux Juifs, elles restèrent toujours vivantes, et les souverains germains purent à leur gré s'en servir.

Du cinquième au huitième siècle le bonheur ou le malheur des Juifs dépendit uniquement de causes religieuses qui leur étaient extérieures, et leur histoire parmi ceux qu'on appelait les barbares, est liée à l'histoire de l'Arianisme, à son triomphe et à ses défaites. Tant que les doctrines ariennes prédominèrent, les Juifs vécurent dans un relatif état de bien-être, car le clergé et même le gouvernement hérétique, luttaient contre l'orthodoxie et se souciaient assez peu des israélites, qui n'étaient pas pour eux les ennemis qu'il fallait réduire. Théodoric fit exception cependant. A peine l'empire Ostrogoth était-il assis, que le roi, poussé peut-être par Cassiodore son ministre, qui paraît avoir eu fort peu de sympathie pour les Juifs — il les qualifiait de scorpions, d'ânes sauvages, de chiens, de licornes — défendit aux Juifs de construire des synagogues et essaya de les convertir. Mais, malgré cela, il les protégea contre les agressions populaires, et obligea le sénat de Rome à faire rebâtir les synagogues, que la foule catholique, insurgée contre l'Arien Théodoric, avait incendiées.

D'ailleurs, en Italie, sous la domination byzantine, si tracassière pour eux, ou sous la domination lombarde plus indifférente, car les Lombards ariens et païens ignoraient à peu près l'existence d'Israël, les Juifs furent sauvegardés des colères et des rages convertisseuses du bas clergé et de ses ouailles, par la bienveillance de l'autorité pontificale qui, à de rares exceptions près, semble, à dater du moment où s'accroît sa puissance, vouloir conserver la synagogue comme un vivant témoignage de sa victoire.

En Espagne, la situation des Juifs fut tout autre. De temps immémorial ils habitaient la péninsule, ou ils s'étaient établis librement; leur nombre s'était accru sous Vespasien, Titus et Hadrien, pendant les guerres judéennes et après la dispersion ; ils possédaient de grands biens, étaient riches, puissants, honorés, et avaient pris une grande influence sur la population au milieu de laquelle ils vivaient. L'impression même que les peuples d'Espagne reçurent du judaïsme persista pendant des siècles, et cette terre fut la dernière qui vit encore une fois le combat, à armes presque égales, entre l'esprit juif et l'esprit chrétien. A plusieurs reprises l'Espagne faillit être juive, et c'est faire l'histoire de ce pays, jusqu'au quinzième siècle, que de faire l'histoire de ses Juifs, car ils furent mêlés à sa littérature, à son développement intellectuel, national, moral et économique, de la plus intime et de la plus remarquable façon. Contre les tendances, contre le prosélytisme juifs, l'Eglise combattit dès son premier établissement en Espagne, et elle ne les extirpa complètement — et encore! — qu'après douze siècles de lutte.

Jusqu'au sixième siècle, les Juifs espagnols jouirent du plus parfait bonheur. Ils furent heureux comme en Babylonie, et en Espagne ils retrouvèrent une autre patrie. Les lois romaines ne les atteignirent pas là, et les prescriptions ecclésiastiques du concile d'Elvire (1), qui interdisaient aux chrétiens d'avoir des rapports avec eux, restèrent lettre morte.

Leur état ne fut pas modifié par la conquête visigothique, et les Visigoths ariens se bornèrent à persécuter les catholiques. Les juifs jouirent des mêmes

(1) Au quatrième siècle.

droits civils et politiques que les conquérants, d'ailleurs ils entrèrent dans leurs armées et ce furent des troupes juives qui gardèrent les frontières pyrénéennes. Avec la conversion du roi Reccared, tout changea ; le clergé triomphant accabla les Juifs de persécutions et de vexations, et dès cette heure (589) commença pour eux une précaire existence. Ils furent soumis à une législation tatillonne et dure, législation progressivement édictée par les rois Visigoths, et préparée par les nombreux conciles qui, pendant cette période, furent tenus en Espagne. Ces lois successives se trouvent toutes dans l'édit publié par Receswinth (652) ; elles furent remises en vigueur et aggravées par Erwig qui les fit approuver par le douzième concile de Tolède (680), (1). On défendait aux Juifs de pratiquer la circoncision, d'établir des différences entre les mets, d'épouser leurs parents jusqu'à la sixième génération, de lire des livres condamnés par la foi chrétienne. On ne leur permettait pas de témoigner contre les chrétiens, ni d'intenter contre eux une action judiciaire, ni d'exercer un emploi civil quelconque. Ces lois, qui avaient été constituées peu à peu, ne furent pas toujours appliquées par les seigneurs visigoths qui vivaient dans une certaine indépendance, mais le clergé redoubla d'efforts pour obtenir leur stricte observance. Le but des évêques et des dignitaires de l'Eglise était d'obtenir la conversion des Juifs et de tuer en Espa-

_____

(1) *Leges, Visigoth.* L. XII, tit. ıı, 5.

gne l'esprit judaïque, l'autorité séculière leur prêta son appui. A plusieurs reprises, les Juifs furent obligés de choisir entre l'exil et le baptême; c'est de cette époque que date la formation de cette classe des Marranes, des chrétiens judaïsants, que plus tard l'Inquisition dispersa. Jusqu'au huitième siècle, les Juifs espagnols vécurent dans cet état d'incertitude et de détresse, ne comptant que sur la bienveillance passagère de quelques rois, comme Swintila et Wamba. Ce fut Tarik, le conquérant mahométan, qui les libéra, en détruisant l'empire visigothique, avec l'aide des Juifs exilés qui rentrèrent dans son armée, et l'appui des Juifs restés en Espagne. Après la bataille de Xerès et la défaite de Roderic (711), les Juifs respirèrent.

A peu près à la même époque, une ère meilleure s'ouvrait pour eux en France. Ils avaient fondé des colonies en Gaule au temps de la République Romaine ou de César, et ils avaient prospéré, bénéficiant de leur état de citoyens romains. Quand arrivèrent les Burgondes et les Francs, leur situation ne fut pas changée et les envahisseurs ne les traitèrent pas autrement que les Gaulois. Leur histoire suivit les mêmes fluctuations et les mêmes rythmes qu'en Italie et en Espagne. Libres sous la domination païenne ou arienne, ils furent opprimés sitôt que l'orthodoxie domina. Sigismond, roi des Burgondes, édicta contre eux des lois dès sa conversion au catholicisme, et ses successeurs les confirmèrent (1). Quant aux Francs,

(1) *Lex Burgundionum*, tit. xv, 1, 2, 3.

qui ignoraient l'existence des Juifs, ils se laissèrent
uniquement guider par les évêques et, après Clovis,
ils commencèrent tout naturellement à appliquer aux
Juifs les dispositions du code théodosien. Ces dispositions furent aggravées et compliquées par l'autorité
ecclésiastique qui laissa au pouvoir séculier le soin
d'exécuter et de faire observer ses décisions. Du
cinquième au huitième siècle la partie du droit canonique relative aux Juifs s'élabora en Gaule. Ce furent
les conciles qui formulèrent les lois que corrobo-
rèrent par leurs édits les rois mérovingiens.

Toute la préoccupation de l'Eglise, pendant ces
trois siècles, semble avoir été de séparer les Juifs
des chrétiens, d'empêcher la judaïsation de ses fidèles, et d'arrêter le prosélytisme israélite. Cette législation qui, au huitième siècle, était devenue extrêmement sévère pour les Juifs et pour les judaïsants,
ne s'est pas établie d'un seul coup ; au début, dès le
concile de Vannes de 465, les synodes se bornent à
des défenses platoniques. Le clergé ne disposant à
cette époque que d'une très mince autorité, ne pouvait décréter des châtiments, et ce n'est qu'à partir du
sixième siècle que, grâce à l'appui des chefs francs,
il put instituer une pénalité progressive, applicable
d'abord aux seuls clercs qui contrevenaient aux
décisions conciliaires, puis aux laïques. Mais ces
peines canoniques qui comprenaient l'excommunication et parfois, pour les prêtres, la bastonnade, ne
visaient que les fidèles ; quant aux Juifs, les synodes
ne prenaient contre eux aucune mesure afflictive,

c'est ce qui a permis à beaucoup d'établir victorieusement, en apparence, la bienveillance de l'Eglise vis-à-vis des Juifs (1).

Il n'en est rien cependant. Il ne faut pas oublier en effet que l'Eglise n'avait pas le droit de légiférer civilement, mais les règlements synodaux, les interdictions et les défenses ecclésiastiques, les considérants dont ils étaient accompagnés, avaient une influence énorme sur les autorités politiques ; de plus l'épiscopat exerçait sur les rois mérovingiens ou visigoths une directe et manifeste influence, et l'on peut affirmer que Childebert ou Clotaire II, par exemple, ou Receswinth, donnèrent une sanction aux décrets ecclésiastiques, et que leurs édits furent publiés à l'instigation des évêques.

Du reste le clergé ne se bornait pas à influencer les proclamateurs des mesures légales, c'est lui qui, perpétuellement, excitait contre les Juifs des populations dont l'orthodoxie n'était pas très intolérante. C'est sous la conduite de ses prêtres que la foule se ruait contre les synagogues et qu'elle mettait les Juifs dans l'alternative du massacre, de l'exil ou du baptême.

Toutefois, il ne faudrait pas se représenter l'état

(1) Les Conciles se bornent à ordonner le baptême des enfants issus d'unions mixtes, ainsi que la dissolution du mariage, si le conjoint juif ne se convertit pas. En outre ils déclarent que tout Juif qui tentera de convertir ses esclaves, perdra ces esclaves qui deviendront la propriété du fisc. (Conciles d'Orléans, 533; de Tolède, 589; de Chalcédoine, 541; de Macon, 581; de Reims, 625, etc., etc.

des Juifs à cette époque comme très misérable. Du côté juif, comme du côté chrétien, on observe un mélange de tolérance et d'intolérance qui s'explique, soit par le mutuel désir de faire des prosélytes, soit même par une certaine bienveillance religieuse réciproque. Les Juifs se mêlaient à la vie publique, les chrétiens mangeaient à leur table (1), ils s'unissaient entre eux (2), ils prenaient part aux deuils et aux réjouissances comme aux luttes des partis. Ainsi les voit-on à Arles se liguer avec le parti visigoth contre l'évêque Césaire (3) et plus tard suivre les funérailles du même evêque en criant : *Væ! væ!* Ils étaient les clients des grands seigneurs (comme en témoignent deux lettres de Sidoine Apollinaire) (4), et ceux-ci les aidaient à se soustraire aux ordonnances vexatoires. En beaucoup de régions, les clercs les fréquentaient et de même que bien des chrétiens venaient dans les synagogues, des Juifs assistaient aux offices catholiques pendant la durée de la messe des catéchumènes. Ils résistaient autant que possible aux efforts faits pour les convertir, efforts nombreux, parfois accompagnés de violences, malgré les recommandations de quelques papes (5), et ils con-

---

(1) Concile de Vannes (465), canon xii ; Concile d'Epaones (517), canon xv ; Concile de Macon (581), canon xv, etc.

(2) 2ᵉ Concile d'Orléans (533), canon xix ; Concile de Clermont (535), canon vi.

(3) *Vie de saint Césaire*, Migne. *Patrologie latine*, t LXVII.

(4) Sidoine Apollinaire, l. III, ép. iv, et l. IV, ép. v.

(5) Frédégaire (*Chronique*, XV) et Aimoin (*Chroniqua Moissiacensis*, XLV) rapportent que, à l'instigation de l'empereur

troversaient hardiment avec les théologiens qui tentaient de les persuader par les mêmes moyens qu'employèrent les Pères des âges précédents. Nous reparlerons de ces controverses et de ces écrits lorsque nous étudierons la littérature antijuive.

Ainsi, comme on a pu le voir, durant les sept premiers siècles de l'ère chrétienne, l'antijudaïsme eut des causes exclusivement religieuses, et il fut à peu près uniquement dirigé par le clergé. Les excès populaires, la répression législative, ne doivent pas faire illusion, car jamais ils ne furent spontanés, et leurs inspirateurs furent toujours des évêques, des prêtres ou des moines. Ce n'est qu'à partir du huitième siècle que des causes sociales vinrent s'ajouter aux causes religieuses, c'est après le huitième siècle aussi que commencèrent les véritables persécutions. Elles coïncidèrent avec l'universalisation du catholicisme, la constitution de la féodalité et aussi avec le

Héraclius, Dagobert donna le choix aux juifs entre la mort l'exil ou le baptême (*Gesta Dagoberti*, XXIV). La même chose est rapportée du roi Visigoth Sisebut (*Appendice* à la *chronique* de l'évêque Marius, ann. 588; Dom Bouquet, t. II, p. 19). Chilpéric obligea beaucoup de Juifs à se faire baptiser (Grégoire de Tours, H. F., l. VI, ch. xvii). L'évêque Avitus contraignit les Juifs de Clermont à abjurer ou à quitter la ville. (Grégoire de Tours, H. F. L. V., ch. xi). D'autres évêques employaient la force, et il fallut l'intervention du pape saint Grégoire pour faire cesser ou du moins pour modérer leur zèle. «Les Juifs ne doivent pas être baptisés par la violence, mais amenés par la douceur», dit-il dans des lettres adressées à Virgile évêque d'Arles, à Théodore évêque de Marseille et à Paschasius, évêque de Naples (*Regesta Pontificum Romanorum*, édit. Jaffé, n° 1115 et 1879). Mais l'autorité du pape ne fut pas toujours efficace.

changement intellectuel et moral des Juifs, changement dû, en majeure partie, à l'action des talmudistes et à l'exagération des sentiments d'exclusivisme des Juifs. Nous allons maintenant assister à
cette transformation nouvelle de l'antijudaïsme.

CHAPITRE V

L'ANTIJUDAÏSME DU HUITIÈME SIÈCLE A LA RÉFORME

Expansion du christianisme. — Diffusion des Juifs parmi les nations. — Constitution des nationalités. — Le rôle des Juifs dans
la Société. — Les Juifs et le commerce. — L'or et les Juifs. —
L'amour de l'or et du négoce acquis par les Juifs. — Le Juif
colon et émigrant. — L'Eglise et l'usure. — Naissance du patronat et du salariat. — Transformation de la propriété. —
— La révolution économique et la recherche de l'or. — L'instinct de la domination. — L'or et l'exclusivisme juif. — Maïmonide et l'obscurantisme. — Salomon de Montpellier. — Ben-
Adret, Asher ben Yéhiel et Jacob Tibbon. — Le Moré Neboukhim. — Abaissement intellectuel et moral des Juifs. — Le
Talmud. — Influence de cet abaissement sur la condition sociale des Juifs. — Transformation de l'antijudaïsme. — Les
causes sociales, les causes religieuses, leur combinaison. — Le
peuple et les Juifs. — Les Pastoureaux, les Jacques et les Armleder. — Les rois et les Juifs. — Les moines et l'antijudaïsme.
Pierre de Cluny, Jean de Capistrano et Bernardin de Feltre. —
L'Eglise et l'antijudaïsme théologique. — Christianisme et
mahométisme. — Les Albigeois, les Hérétiques d'Orléans, les
Pasagiens. — Les hérésies et la judaïsation. — Les Hussites. —
L'Inquisition. — La bourgeoisie et les Juifs. — La législation

6

ecclésiastique et la législation civile contre les Juifs. — Les controverses et la condamnation du Talmud. — Les vexations. — Les expulsions. — Les massacres. — La situation des Juifs et celle du peuple. — La relativité des souffrances juives. — La Réforme et la Renaissance.

Au huitième siècle, l'Eglise achève de se constituer. La période des grandes crises doctrinales est close, le dogme s'assied et les hérésies ne le mettront plus en échec jusqu'à la Réforme ; la primauté pontificale s'affirme, l'organisation du clergé est désormais solide, le culte et la liturgie s'unifient, la discipline et le droit canonique se fixent, la propriété ecclésiastique s'accroît, la dîme s'établit, la constitution fédérale de l'Eglise, — divisée en circonscriptions assez autonomes, — disparaît, le mouvement centralisateur au profit de Rome se dessine. Lorsque les Carolingiens eurent constitué le domaine temporel des papes, ce mouvement aboutit et l'église latine, fortement hiérarchisée, fut, en peu de temps, relativement, aussi centralisée que jadis l'Empire romain auquel son autorité universelle s'était ainsi substituée. En même temps le christianisme s'étendit encore et conquit les barbares. Les missionnaires anglo-saxons donnèrent l'exemple, depuis saint Boniface et saint Willibrord ; ils furent suivis. L'Evangile fut prêché chez les Alamans et les Frisons, les Saxons et les Scandinaves, les Bohèmes et les Hongrois, les Russes et les Wendes, les Poméraniens et les Prussiens, les Lithuaniens et les Finnois. A la fin du treizième siècle, l'œuvre était accomplie : l'Europe était chrétienne.

A mesure que le christianisme se répandit, les Juifs, à sa suite, s'établirent. Au neuvième siècle ils vinrent de France en Allemagne et de là pénètrèrent en Bohême, en Hongrie et en Pologne, où ils se rencontrèrent avec un autre flot juif, celui qui arrivait par le Caucase, en convertissant sur sa route quelques peuplades tartares. Au douzième siècle, ils s'installèrent en Angleterre et en Belgique, et dans tous les pays, ils fondèrent leurs synagogues, ils organisèrent leurs communautés, à cette heure décisive où les nationalités sortaient du chaos, où les états se formaient et se consolidaient. Ils restèrent en dehors de ces grandes agitations, au milieu desquelles les races conquérantes et conquises s'amalgamaient et se liaient entre elles, et, au sein de ces combinaisons tumultueuses, ils demeurèrent en spectateurs, étrangers et hostiles aux fusions : tel un peuple éternel regardant surgir de nouveaux peuples. Toutefois, leur rôle ne fut pas nul, certes ; ils furent un des ferments actifs de ces sociétés en formation.

En quelques pays, comme en Espagne, leur histoire est à tel point liée à celle de la péninsule, qu'on ne peut sans eux concevoir et apprécier le développement de la nation espagnole. Mais si, par la masse de leurs conversions dans cette contrée, par l'appui que tour à tour ils apportèrent aux différents maîtres qui en détinrent le sol, ils agirent sur sa constitution, ils le firent en cherchant à ramener à

eux ceux au milieu desquels ils pénétraient et non
en se laissant absorber. Cependant, l'histoire des
Marranes espagnols est exceptionnelle. Partout ailleurs, nous allons le voir, les Juifs jouèrent le rôle
d'agents économiques ; ils ne créèrent pas un état
social, mais ils aidèrent d'une certaine façon à son
établissement, et pourtant ils ne purent être traités
avec bienveillance au milieu de ces organismes à la
formation desquels ils contribuèrent. Il y eut à cela
un empêchement capital. Tous les États du moyen
âge furent pétris par l'Eglise ; dans leur essence,
dans leur être, ils furent pénétrés des idées et des
doctrines du catholicisme ; c'est la religion chrétienne qui donna aux multiples peuplades qui s'agré-
gèrent en nationalités, l'unité qui leur manquait. Or
les Juifs, qui représentaient des dogmes contraires,
ne pouvaient que s'opposer, soit par leur prosélytisme, soit même par leur seule présence, au mouvement général. Comme c'est l'Eglise qui mena ce
mouvement, c'est de l'Eglise que partit l'antijudaïsme, théorique et législatif, anti-judaïsme que
les gouvernements et les peuples partagèrent et que
d'autres causes vinrent aggraver. Ces causes, l'état
social et religieux et les Juifs eux-mêmes les firent
naître ; mais elles restèrent toujours subordonnées
à ces raisons essentielles, qui peuvent se ramener à l'opposition, déjà séculaire, de l'esprit chrétien et de l'esprit juif, de la religion catholique,
universelle et internationale si l'on peut dire, et de
la religion juive particulariste et étroite. Ce fut au

fond, et en tenant compte des changements opérés, la même situation que dans l'antiquité païenne. Par le seul fait qu'ils niaient la divinité du Christ, les Juifs se posaient en ennemis de l'ordre social, puisque cet ordre social était fondé sur le christianisme, de même que jadis, à Rome, ils avaient été, avec les chrétiens eux-mêmes, les ennemis d'un autre ordre social. Au milieu de l'écroulement du vieux monde, au milieu des transformations radicales qui s'étaient produites, ce peuple ubiquiste des Juifs n'avait pas varié ; il avait prétendu garder, comme toujours, ses mœurs, ses coutumes, ses habitudes et en même temps participer à tous les avantages que conféraient les états à leurs membres ou à leurs sujets. Or tous ces états, très hétérogènes aux débuts, s'homogénéïsaient; ils marchaient vers une unité de plus en plus grande ; ils aspiraient dès le moyen âge à cette centralisation à laquelle ils arrivèrent plus tard. Ils étaient donc amenés à combattre les éléments étrangers, étrangers nationalement et dogmatiquement, soit que ces éléments vinssent du dehors, comme les Arabes, soit qu'ils subsistassent au dedans comme les Juifs. A ce moment de l'histoire le combat national et le combat confessionnel se confondent. Avec la barbarie persistante du régime féodal, ce combat ne pouvait être qu'atroce, d'autant plus qu'il était instinctif plutôt que rationnel, surtout de la part du peuple, car l'Eglise ou du moins la papauté et les synodes procédèrent par raisonnement. Etant donnés ces principes généraux, nous allons voir comment ils agirent et de quelle façon ils influèrent sur les manifestations spéciales et particulières de l'anti-judaïsme. Pour cela il nous faut parler du rôle commercial et financier des Juifs, de leur action et de leur esprit.

C'est vers la fin du huitième siècle que se développa l'activité des Juifs occidentaux. Protégés en Espagne par les Kalifes, soutenus par Charlemagne qui laissa tomber en désuétude les lois mérovingiennes, ils étendirent leur commerce qui jusqu'alors avait consisté surtout dans la vente des esclaves. Ils étaient d'ailleurs pour cela dans des conditions particulièrement favorables. Leurs communautés étaient en rapports constants, elles étaient unies par le lien religieux qui les rattachait toutes au centre théologique de la Babylonie, dont elles se considérèrent comme dépendantes jusqu'au déclin de l'exilarcat ; ainsi acquirent-elles de très grandes facilités pour le commerce d'exportation dans lequel elles amassèrent des richesses considérables, si nous en croyons les diatribes d'Agobard (1) et plus tard celles de Rigord (2), qui, si elles exagèrent la fortune des Juifs, ne doivent pourtant pas être absolument rejetées comme indignes de créance (3). Sur cette richesse des Juifs, surtout en France et en Espagne, jusqu'au quator-

---

(1) *De Insolentia Judæorum (Patrologie Latine*, t. CIV.)
(2) *Gesta Philippi Augusti.*
(3) Sur la situation des Juifs méridionaux au temps de Philippe-le-Bel, voir Siméon Luce, *Catalogue des documents du Trésor des Chartes (Revue des Études juives*, t, I, nº 3.)

zième siècle, nous avons d'ailleurs les témoignages des chroniqueurs et ceux des Juifs eux-mêmes, dont plusieurs reprochaient à leurs coreligionnaires de se préoccuper des biens de ce monde beaucoup plus que du culte de Jehovah. « Au lieu de calculer la valeur numérique du nom de Dieu, disait Aboulafia le kabbaliste, les Juifs aiment mieux supputer leurs richesses ».

A mesure qu'on avance on voit, en effet, grandir chez les Juifs cette préoccupation de la richesse, et se concentrer toute leur activité pratique dans un commerce spécial : je veux parler du commerce de l'or. Ici, il est besoin d'insister. On a dit souvent, on répète encore, que ce sont les sociétés chrétiennes qui ont contraint les Juifs à cette fonction de prêteur et d'usurier qu'ils ont remplie pendant fort longtemps : c'est là la thèse des philosémites. D'autre part, les antisémites assurent que les Juifs avaient de naturelles et immémoriales dispositions au commerce et à la finance et qu'ils ne firent jamais que suivre leur penchant normal, sans que jamais rien ne leur fût imposé. Il y a dans ces deux assertions une part de vérité et une part d'erreur, ou plutôt il y a lieu de les commenter et surtout de les entendre.

Aux temps de leur prospérité nationale, les Juifs, semblables en cela à tous les autres peuples, possédèrent une classe de riches qui se montra aussi âpre au gain, aussi dure aux humbles que les capitalistes de tous les âges et de toutes les nations. Aussi, les antisémites qui se servent, pour prouver la constante rapacité des Juifs, des textes d'Isaïe et de Jérémie, par exemple, font-ils œuvre naïve et, grâce aux paroles des prophètes, ils ne peuvent que constater, ce qui est puéril, l'existence chez Israel de possesseurs et de pauvres. S'ils examinaient impartialement même les codes et les préceptes judaïques, ils reconnaîtraient que législation et morale recommandaient de ne jamais prélever d'intérêt sur les prêts (1). A tout prendre même, les Juifs furent, en Palestine, les moins commerçants des sémites, bien inférieurs en cela aux Phéniciens et aux Carthaginois. C'est seulement sous Salomon qu'ils entrèrent en relation avec les autres peuples ; encore, en ce temps-là, c'était une puissante corporation de Phéniciens qui pratiquait le change à Jérusalem. Du reste, la situation géographique de la Palestine ne permettait pas à ses habitants de se livrer à un trafic très étendu et très considérable. Cependant, pendant la première captivité, et au contact des Babyloniens, une classe de com-

---

(1) « Tu ne prêteras point à intérêt à ton frère, ni argent, ni vivres, ni quoi que ce soit ; tu pourras prêter à intérêt à l'étranger (*Nochri*) », Deutéronome, xxiii, 19, 20.

Nochri veut dire l'étranger de passage ; l'étranger qui réside, c'est le *guer*.

« Quand ton frère sera devenu pauvre et qu'il te tendra ses mains tremblantes, tu le soutiendras, même l'étranger (*guer*) qui demeure dans le pays, afin qu'il vive avec toi. Tu ne tireras de lui ni intérêt, ni usure. » Lévitique, xxv, 35.

« Jehovah, qui est ce qui séjournera dans ton tabernacle ? Celui ne prête pas son argent à intérêt ». (Psaume XV, 5). Même à un non Juif », ajoute le commentaire talmudique. (Maccoth, l. xxiv).

(Voir encore Exode, xxii 25 ; Philon, *de Charitate* : Josèphe, *Antiquit. Jud.*, l. IV, chap. viii ; Selden, l. VI, chap. ix).

merçants se forma, et c'est à cette classe qu'appartenaient les premiers émigrants juifs, ceux qui établirent leurs colonies en Egypte, en Cyrénaïque et en Asie-Mineure. Ils formèrent dans toutes les cités qui les reçurent des communautés actives, puissantes et opulentes, et, lors de la dispersion finale, des groupes importants d'émigrants se joignirent aux groupes primitifs qui facilitèrent leur installation.

Pour expliquer l'attitude des Juifs, il n'est donc pas nécessaire de recourir à une théorie sur le génie aryen et sur le génie sémite. D'ailleurs on connaît la légendaire cupidité romaine et le sens commercial des Grecs. L'usure des feneratores romains n'avait pas de borne, pas plus que leur mauvaise foi ; ils étaient encouragés par la loi très dure au débiteur, digne fille de cette loi des Douze Tables qui reconnaissait au créancier le droit de couper des morceaux de chair sur le corps vivant de l'emprunteur insolvable. A Rome, l'or était le maître absolu, et Juvénal pouvait parler de la « *Sanctissima divitiarum majestas* » (1). Quant aux Grecs, ils étaient les plus habiles et les plus hardis des spéculateurs ; rivaux des Phéniciens dans le commerce des esclaves, dans la piraterie, ils connaissaient la pratique de la lettre de change et de l'assurance maritime, et Solon ayant autorisé l'usure, ils ne s'en privaient guère.

Les Juifs, en tant que peuple, ne se distinguèrent

_____

(1) La Sybille hébraïque parle de « la soif exécrable de l'or, de l'amour du gain sordide qui pousse les Latins à la conquête du monde ».

en rien des autres peuples, et s'ils furent d'abord une nation de pasteurs et d'agriculteurs, ils en arrivèrent, par une évolution toute naturelle, à constituer parmi eux d'autres classes. En s'adonnant au commerce, après leur dispersion, ils suivirent une loi générale qui est applicable à tous les colons. En effet, sauf les cas où il va défricher une terre vierge, l'émigré ne peut être qu'artisan ou négociant, car il n'y a que la nécessité ou l'appât du gain qui le puisse contraindre à quitter le sol natal. Les Juifs donc, en arrivant dans les cités occidentales, n'agirent pas autrement que les Hollandais ou les Anglais fondant leurs comptoirs. Néanmoins, ils en vinrent assez vite à se spécialiser dans ce commerce de l'or qu'on leur a si vivement reproché depuis, et au quatorzième siècle ils sont avant tout une tribu de changeurs et de prêteurs : ils sont devenus les banquiers du monde. C'est eux que l'on charge de créer les banques de prêts populaires, c'est eux qui deviennent les prête-nom des seigneurs et des bourgeois riches, et cela était fatal, étant donnée la conception particulière de l'or qu'avait l'Eglise et les conditions économiques qui dominèrent en Europe à partir du douzième siècle.

Le moyen-âge considéra l'or et l'argent comme des signes ayant une valeur imaginaire, variant au gré du roi qui pouvait, selon sa fantaisie, en ordonner le cours. Cette idée dérivait du droit romain qui refusait de traiter l'argent comme une marchandise. L'Eglise hérita de ces dogmes financiers, elle les combina avec les prescriptions bibliques qui défendaient le prêt à intérêt, et elle sévit, dès ses origines, contre les chrétiens et même les clercs qui suivaient l'exemple des feneratores lesquels, alors que l'intérêt légal était d'environ 12 pour 100, prêtaient à 24, 48 et même 60 pour 100. Les canons des conciles sont très explicites là-dessus ; ils suivent la doctrine des Pères, de saint Augustin, de saint Chrysostome, de saint Jérôme ; ils interdisent le prêt et sévissent contre ceux, clercs et laïques, qui se livrent aux pratiques usuraires. Leur sévérité n'empêchait pas absolument l'usure, mais elle la modérait, car elle la notait d'infamie. Cependant les conditions sociales étaient telles que l'usure était inévitable et ces conditions, les synodes n'y pouvaient rien changer. Pendant quelques siècles, la féodalité avait dépouillé les communes de leurs biens et avait agrandi ses territoires aux dépens des terres communales ; lorsque le servage disparut, l'esclavage économique se substitua à l'esclavage personnel, une partie de la population paysanne fut obligée au vagabondage, ce qui explique ces bandes de vagabonds, de mendiants et de voleurs qui, au quatorzième siècle, couvrirent les routes de France ; l'autre partie fut soumise au salariat ou vécut comme fermière et tenancière sur le sol qui avait été sien.

En même temps, au douzième et au treizième siècles, le patronat et le salariat se constituèrent, la bourgeoisie se développa, elle s'enrichit, elle conquit des privilèges et des franchises : la puissance capitaliste naquit. Le commerce se transformant, la valeur de l'or augmenta, et la passion pour l'argent grandit avec l'importance que la monnaie acquit.

Donc, d'un côté des riches, de l'autre des paysans n'ayant pas la terre à eux, soumis à la dîme et aux prestations, des ouvriers dominés par les lois capitalistes. Par dessus tout, des guerres perpétuelles, des révoltes, des maladies et des famines. Que l'année soit mauvaise, que le fisc soit plus dur, que la récolte manque, que la peste arrive, le paysan, le prolétaire, le petit bourgeois sera bien forcé de recourir à l'emprunt. Il faut par conséquent des emprunteurs. Mais l'Eglise interdit le prêt à intérêt, et le capital ne se résout pas à rester improductif, or, au moyen âge le capital ne peut être que commerçant ou prêteur, l'argent ne pouvant produire d'une autre façon. Tant que les décisions ecclésiastiques ont une influence, une grande partie des capitalistes chrétiens ne veut pas entrer directement en rébellion contre leur autorité; aussi se forma-t-il une classe de réprouvés dont la bourgeoisie et la noblesse furent souvent les commanditaires. Elle se composait de Lombards, de Caorsins, auxquels les princes, les seigneurs conféraient des privilèges de prêt à intérêt, recueillant une part des bénéfices qui étaient considérables, puisque les Lombards prêtaient à 10 pour 100 par mois; ou d'étrangers sans scrupules, comme ces émigrés de Toscane établis dans l'Istrie et qui pratiquaient l'usure à tel point que la commune de Trieste suspendit en 1350 toute exécution forcée pendant trois ans. Cela n'empêchait pas les usuriers de terroir, mais je l'ai dit, ceux-là trouvaient les entraves que l'Eglise mettait à leurs opérations (le concile de Lyon de 1245 voulait que le testament des usuriers soit annulé).

Pour les Juifs, ces entraves n'existaient pas. L'Eglise n'avait sur eux aucune action morale, elle ne pouvait leur défendre, au nom de la doctrine et du dogme, de pratiquer l'échange et la banque. Les Juifs qui, à cette époque, appartenaient, en majorité à la catégorie des commerçants et des capitalistes, profitèrent de cette licence et de la situation éconcmique des peuples au milieu desquels ils vivaient. L'autorité ecclésiastique les encouragea dans cette voie plutôt qu'elle ne les retint, et les bourgeois chrétiens les y engagèrent en leur fournissant des capitaux, en se servant d'eux comme d'hommes de paille.

Ainsi une conception religieuse des fonctions du capital et de l'intérêt et un état social s'opposant à cette conception, conduisirent les Juifs du moyen-âge à exercer un métier décrié mais nécessité, et en réalité ils ne furent pas cause des méfaits de l'usure, dont était coupable l'ordre social lui-même. Ce sont donc, en partie, des motifs extérieurs à eux, à leur nature, à leur tempérament, qui les amenèrent à cette situation de prêteurs sur gage, de changeurs et de banquiers, mais il est juste d'ajouter qu'ils y étaient préparés par leur condition même de commerçants, et cette condition ils l'avaient assurément recherchée. S'ils ne cultivèrent pas la terre, s'ils ne furent pas agriculteurs, ce n'est pas qu'ils ne possédèrent pas,

comme on l'a dit souvent ; les lois restrictives relatives au droit de propriété des juifs ne vinrent que
postérieurement à leur établissement. Ils possédèrent, mais ils firent cultiver leurs domaines par des
esclaves, car leur tenace patriotisme leur interdisait
de bêcher le sol étranger (1); ce patriotisme, l'idée
qu'ils attachaient à la sainteté de la patrie palesti-
nienne, l'illusion qu'ils gardaient vivace en eux de
la restauration de cette patrie, et cette croyance particulière qui les faisait se considérer comme des
exilés qui reverraient un jour la ville sacrée, les
poussa plus que tous les autres étrangers et coloni-
sateurs à se livrer au commerce.

Commerçants, ils devaient fatalement devenir des
usuriers, étant données les conditions qui leur furent
imposées par les codes, et les conditions qu'ils s'im-
posèrent eux-mêmes. Pour éviter les persécutions,
les vexations, ils durent se rendre utiles, nécessaires
même, à leurs dominateurs, aux nobles dont ils dépendaient, à l'Eglise dont ils étaient les vassaux. Or
le noble, l'Eglise — malgré ses anathèmes — avaient
besoin d'or : cet or ils le demandaient aux Juifs. L'or,
au moyen âge, était devenu le grand moteur, le dieu
suprême, les alchimistes épuisaient leur vie à la recherche du magistère qui devait le créer, l'idée de
sa possession enflammait les esprits, en son nom
toutes les cruautés étaient commises, la soif des richesses gagnait toutes les âmes ; plus tard, pour les

(1) Voir ch. I, p. 18.

successeurs de Colomb, pour Cortez et pour Pizarre, la conquête de l'Amérique fut la conquête de l'or. Les Juifs subirent la fascination universelle, celle qu'avaient subie les Templiers, et elle leur fut particulièrement funeste, à cause de leur état d'esprit et de la condition civile qui leur était faite. Pour acquérir quelques maigres privilèges, ou plutôt pour persister, ils se firent les proxénètes de l'or, mais les chrétiens le recherchèrent avec autant d'avidité qu'eux. De plus, menacés perpétuellement par l'expulsion, toujours campés, astreints à être des nomades, les Juifs durent parer aux éventualités redoutables de l'exil. Ils eurent besoin de transformer leur avoir, de façon à le rendre facilement réalisable, de lui donner par conséquent une forme mobilière, aussi furent-ils les plus actifs à développer, la valeur argent, à la considérer comme marchandise : d'où le prêt et, pour remédier aux confiscations périodiques et inévitables, l'usure.

La création des ghildes, des corps de métiers, et leur organisation au treizième siècle, contraignirent définitivement les Juifs à l'état où les avaient menés les conditions sociales, générales et spéciales, qu'ils subissaient. Toutes ces corporations furent des corporations religieuses pour ainsi dire, des confréries dans lesquelles n'entraient que ceux qui se prosternaient devant la bannière du Saint patron. Les cérémonies qui présidaient à l'entrée dans ces corps étant des cérémonies chrétiennes, les Juifs ne purent qu'en être exclus ; ils le furent : une série de défenses leur interdirent successivement toute industrie et tout commerce, sauf celui du bric-à-brac, et de la friperie. Tous ceux qui échappèrent à cette obligation le firent en vertu de privilèges particuliers qu'ils payèrent le plus souvent fort cher.

Ce n'est pas tout cependant ; d'autres causes plus intimes s'ajoutèrent à celles que je viens d'énumérer, et toutes concoururent à rejeter de plus en plus le Juif en dehors de la société, à l'enfermer dans le ghetto, à l'immobiliser derrière le comptoir où il pesait l'or.

Peuple énergique, vivace, d'un orgueil infini, se considérant comme supérieur aux autres nations, le peuple juif voulut être une puissance. Il avait instinctivement le goût de la domination puisque, par ses origines, par sa religion, par la qualité de race élue qu'il s'était de tout temps attribuée, il se croyait placé au-dessus de tous. Pour exercer cette sorte d'autorité, les Juifs n'eurent pas le choix des moyens. L'or leur donna un pouvoir que toutes les lois politiques et religieuses leur refusaient, et c'était le seul qu'ils pouvaient espérer. Détenteurs de l'or, ils devenaient les maîtres de leurs maîtres, ils les dominaient et c'était aussi l'unique façon de déployer leur énergie, leur activité.

N'auraient-ils pu la manifester d'une autre manière ? Si, et ils le tentèrent, mais là, ils eurent à combattre contre leur propre esprit. Durant de longues années, ils furent des intellectuels, ils s'adonnèrent aux sciences, aux lettres, à la philosophie. Ils furent mathématiciens et astronomes ; ils firent de la médecine et, si l'école de Montpellier ne fut pas créée par eux, ils aidèrent à son développement ; ils traduisirent les œuvres d'Averroès et des Arabes commentateurs d'Aristote ; ils révélèrent la philosophie grecque au monde chrétien et leurs métaphysiciens, Ibn Gabirol et Maïmonide furent parmi les maîtres des scolastiques (1). Ils furent pendant des années les dépositaires du savoir ; ils tinrent, comme les initiés antiques, le flambeau qu'ils transmirent aux Occidentaux; ils eurent, avec les Arabes, la part la plus active à la floraison et à l'épanouissement de cette admirable civilisation sémitique, qui surgit en Espagne et dans le midi de la France, civilisation qui annonça et prépara la Renaissance. Qui les arrêta dans cette marche? Eux-mêmes.

Pour préserver Israël des pernicieuses influences du dehors — pernicieuses, disait-on, pour l'intégrité de la foi — ses docteurs s'efforcèrent de l'astreindre à l'exclusive étude de la loi (2). Des efforts en ce sens furent faits dès l'époque des Machabées, au moment où les hellénisants constituaient un grand parti en Palestine. Vaincus d'abord, ou du moins peu écoutés, ceux qu'on appela plus tard les obscurantistes continuèrent leur besogne. Quand, au douzième siècle, l'intolérance et le bigotisme juifs grandirent, quand l'exclusivisme s'accrut, la lutte entre les partisans de la science profane et ses adversaires devint plus vive, elle s'exaspéra après la mort

(1) Voir S. Munk : *Mélanges de philosophie juive et arabe.*
(2) Ch. 1.

de Maïmonide et se dénoua par la victoire des obscurantistes.

Moïse Maïmonide avait dans ses œuvres, et notamment dans le *Moré Neboukhim (Guide des Égarés)* (1), tenté de concilier la foi et la science. Aristotélicien convaincu, il avait voulu unir la philosophie péripatéticienne et le mosaïsme, et ses spéculations sur la nature de l'âme, sur son immortalité trouvèrent des défenseurs et des admirateurs ardents, des détracteurs farouches. Ces derniers lui reprochèrent de sacrifier le dogme à la métaphysique et de dédaigner les croyances fondamentales du Judaïsme : la résurrection des corps par exemple. En réalité les Maïmonistes, principalement en France et en Espagne, étaient portés à négliger les pratiques rituelles, les cérémonies tatillonnes du culte : hardiment rationalistes, ils expliquaient allégoriquement les miracles bibliques, comme avaient fait autrefois les disciples de Philon, et ils échappaient à la tyrannie des prescriptions religieuses. Ils prétendaient participer au mouvement intellectuel de leur temps et se mêler, sans abandonner leurs croyances, à la société au sein de laquelle ils vivaient. Leurs adversaires tenaient pour la pureté d'Israël, pour l'intégrité absolue de son culte, de ses rites et de ses croyances ; ils voyaient dans la philosophie et dans la science les plus funestes ennemis du Judaïsme, et affirmaient que si les Juifs ne se ressaisissaient, s'ils ne rejetaient loin

---

(1) *Guide des Égarés* (Traduction de S. Munk).

d'eux tout ce qui n'était pas la Loi sainte, ils étaient destinés à périr et à se dissoudre parmi les nations. A leur point de vue étroit et fanatique, sans doute n'avaient-ils pas tort, et c'est grâce à eux que les Juifs persistèrent partout comme une tribu étrangère, gardant jalousement ses lois et ses coutumes, résignée à la mort intellectuelle et morale plutôt qu'à la mort physique et naturelle des peuples déchus.

En 1232, le rabbin Salomon de Montpellier lança l'anathème contre tous ceux qui liraient le Moré Neboukhim ou se livreraient aux études scientifiques et philosophiques. Ce fut le signal du combat. Il fut violent de part et d'autre, et on eut recours à toutes les armes. Les rabbins fanatiques en appelèrent au fanatisme des dominicains, ils dénoncèrent le Guide des Egarés et le firent brûler par l'inquisition : ce fut l'œuvre de Salomon de Montpellier et elle marqua la défaite des obscurantistes. Mais cette défaite ne clôtura pas la lutte. A la fin du siècle elle fut reprise par don Astruc de Lunel, soutenu par Salomon ben Adret de Barcelone, contre Jacob Tibbon de Montpellier. A l'instigation d'un docteur allemand, Ascher ben Yehiel, un synode de trente rabbins, réuni à Barcelone sous la présidence de Ben Adret, excommunia tous ceux qui avant vingt-cinq ans lisaient d'autres livres que la Bible et le Talmud.

L'excommunication contraire fut prononcée par Jacob Tibbon, qui, à la tête de tous les rabbins provençaux, défendit hardiment la science condamnée.

Tout fut vain : ces misérables Juifs, que le monde entier tourmentait pour leur foi, persécutèrent leurs coreligionnaires plus âprement, plus durement qu'on ne les avait jamais persécutés. Ceux qu'ils accusaient d'indifférence étaient voués aux pires supplices ; les blasphémateurs avaient la langue coupée ; les femmes juives qui avaient des relations avec les chrétiens étaient condamnées à être défigurées : on leur faisait l'ablation du nez. Malgré cela, les partisans de Tibbon résistèrent; si, pendant le quatorzième et le quinzième siècles, en Espagne, en France et en Italie, la pensée juive ne mourut pas complètement, c'est à eux qu'elle le dût. Encore tous ces hommes, comme Moïse de Narbonne et Lévy de Bagnols, comme Elie de Crète et Alemani, le maître de Pic de la Mirandole, étaient-ils des isolés, ainsi que plus tard Spinoza. Quant à la masse des Juifs, elle était entièrement tombée sous le joug des obscurantistes. Elle était désormais séparée du monde, tout horizon lui était fermé; elle n'avait plus, pour alimenter son esprit, que les futiles commentaires talmudiques, les discussions oiseuses et médiocres sur la loi; elle était enserrée et étouffée par les pratiques cérémonielles, comme les momies emmaillotées par leurs bandelettes : ses directeurs et ses guides l'avaient enfermée dans le plus étroit, le plus abominable des cachots. De là, un ahurissement effroyable, une affreuse déchéance, un affaissement de l'intellectualisme, une compression des cerveaux que l'on rendit inaptes à concevoir toute idée.

Désormais, le Juif ne pensa plus. Et quel besoin avait-il de penser, puisqu'il avait un code minutieux, précis, œuvre de légistes casuistes, qui pouvait répondre à toutes les questions qu'il était licite de poser? Car on interdisait au croyant de s'enquérir des problèmes que n'indiquait pas ce code : le Talmud. Dans le Talmud, le Juif trouvait tout prévu; les sentiments, les émotions, quels qu'ils fussent, étaient marqués; des prières, des formules toutes faites permettaient de les manifester. Le livre ne laissait place ni à la raison, ni à la liberté, d'autant qu'on en proscrivait presque, en l'enseignant, la partie légendaire et la partie gnomique pour insister sur la législation et le rituel. Par une telle éducation, le Juif ne perdit pas seulement toute spontanéité, toute intellectualité : il vit diminuer et s'affaiblir sa moralité. Les talmudistes tenant compte seulement des actes, actes extérieurs accomplis machinalement, et non d'un but moral, restreignirent d'autant l'âme juive; et, entre le culte et la religion qu'ils préconisèrent et le système chinois du moulin à prières, il n'y a que la différence qui sépare la complexité de la simplicité. Si, par la tyrannie qu'ils exercèrent sur leur troupeau, ils développèrent chez chacun l'ingéniosité et l'esprit de ruse nécessaires pour échapper au filet qui saisissait impitoyablement, ils accrurent le positivisme naturel des Juifs en leur présentant comme unique idéal un bonheur matériel et personnel, bonheur que l'on pouvait atteindre sur la terre si on savait s'astreindre aux mille lois cultuelles. Pour gagner ce bonheur égoïste, le Juif, que les pratiques recommandées délivraient de tout souci, de toute inquiétude, était fatalement conduit à rechercher l'or, car, étant données les conditions sociales qui le régissaient, comme elles régissaient tous les hommes de cette époque, l'or seul pouvait lui procurer les satisfactions que concevait sa cervelle bornée et rétrécie. Ainsi, par lui-même et par ceux qui l'entourèrent, par ses lois propres et par celles qui lui furent imposées, par sa nature artificielle et par les circonstances, le Juif fut dirigé vers l'or ; il fut préparé à être le changeur, le prêteur, l'usurier, celui qui capte le métal, d'abord pour les jouissances qu'il peut procurer, puis pour l'unique bonheur de sa possession ; celui qui, avide, saisit l'or, et, avare, l'immobilise. Le Juif devenu tel, l'antijudaïsme se compliqua, les causes sociales se mêlèrent aux causes religieuses, et la combinaison de ces causes explique l'intensité et la gravité des persécutions qu'Israël eut à subir.

En effet, les Lombards et les Caorsins, par exemple, furent en butte à l'animosité populaire ; ils furent haïs et méprisés, mais ils ne furent pas victimes de systématiques persécutions. Que les Juifs détinssent des richesses, on le trouvait abominable, surtout à cause de leur qualité de *Juifs*. Contre le chrétien qui le spoliait et ne valait d'ailleurs ni plus ni moins que le Juif, le pauvre hère dépouillé ressentait moins de courroux qu'il n'en éprouvait contre le réprouvé israélite, ennemi de Dieu et des hommes.

Le déicide, déjà objet d'horreur, étant devenu l'usurier, le collecteur de taxes, l'impitoyable agent du fisc, l'horreur s'aggrava; elle se compliqua de la haine des pressurés, des opprimés. Les esprits simples ne cherchèrent pas les causes réelles de leur détresse; ils n'en virent que les causes efficientes. Or, le Juif était la cause efficiente de l'usure; c'est lui qui, par les gros intérêts qu'il prenait, causait le dénuement, l âpre et dure misère; c'était donc sur le Juif que tombaient les inimitiés. Le peuple souffrant ne s'inquiétait guère des responsabilités; il n'était pas économiste, ni raisonneur; il constatait qu'une lourde main s'abattait sur lui : cette main était celle du Juif, il se ruait sur le Juif. Il ne se ruait pas que sur lui, et souvent, quand il était à bout de force et de patience. il frappait sur tous les riches indistinctement, tuant Juifs et chrétiens. Les Pastoureaux détruisirent, en Gascogne et dans le Midi de la France, cent vingt communautés juives, mais ils ne mirent pas seulement à mal les Juifs : ils envahirent des châteaux, ils exterminèrent les nobles et ceux qui possédaient. Dans le Brabant, les paysans qui assiégèrent Genappe, lieu de résidence des Juifs, n'épargnèrent pas leurs coreligionnaires. De même dans les pays rhénans, lorsque les rois Armleder soulevèrent les Gueux, ils ne traînèrent pas seulement après eux des *Judenschlæger* (1), mais aussi des tueurs de riches. Seulement, parmi les chrétiens, c'étaient

(1) Massacreurs de Juifs.

les possesseurs qui subissaient les violences des
révoltés, les pauvres étaient épargnés ; parmi les
Juifs, on exterminait pauvres et riches, indistinctement, car ils étaient, avant tout crime, coupables
d'être Juifs. A la colère d'être dépouillée, la foule
ajoutait la répulsion d'être dépouillée par des maudits, et ces maudits étant d'une race étrangère, formant un peuple à part, nulle considération ne rete-
nait plus les spoliés.

Toutefois, les masses maintenues par l'autorité et
par les lois, s'attaquaient rarement à la généralité
des capitalistes ; il fallait pour les pousser à se re-
beller une effrayante accumulation de misères. En
ce qui regardait le Juif, leur animosité n'était nullement retenue ; au contraire, elle était encouragée.
C'était un dérivatif et, de temps en temps, rois, nobles
ou bourgeois offraient à leurs esclaves un holocauste de Juifs. Ce malheureux Juif, durant le
moyen âge, est utilisé à deux fins. On se sert de lui
comme d'une sangsue, on le laisse se gonfler, s'emplir
d'or, puis on l'oblige à dégorger, ou, si les haines
populaires sont trop exacerbées, on le livre à un supplice profitable aux capitalistes chrétiens qui paient
ainsi à ceux qu'ils pressurent un tribut de sang pro-
pitiatoire.

De temps en temps, pour donner satisfaction à
leurs sujets trop misérables, les rois proscrivaient
l'usure juive, ils annulaient les créances, mais le
plus souvent ils toléraient les Juifs, les encoura-
geaient, certains d'y trouver un jour profit par la con-

fiscation ou, à la rigueur, en se substituant à eux comme créanciers. Cependant ces mesures n'étaient jamais que temporaires et l'antijudaïsme des gouvernements était purement politique. Ils chassaient les Juifs soit pour refaire leurs finances, soit pour exciter la reconnaissance des petits qu'ils libéraient, en partie, du lourd fardeau de la dette, mais ils les rappelaient tôt, car il ne savaient pas trouver de meilleurs collecteurs de taxes. Du reste, la législation antijuive, nous l'avons dit, était le plus souvent imposée aux royaumes par l'Eglise, soit par les moines, soit par les papes et les synodes. Encore le clergé régulier et le clergé séculier agissaient-il d'après des principes différents.

Les moines s'adressaient au peuple, avec lequel ils étaient en contact perpétuel. Ils prêchaient d'abord contre les déicides, mais ils montraient ces déicides comme des dominateurs, alors qu'ils auraient dû être perpétuellement courbés sous le joug de la chrétienté. Tous ces prédicateurs donnaient corps aux griefs populaires. « Si les Juifs emplissent leurs greniers de fruits, leurs celliers de vivres, leurs sacs d'argent et leurs cassettes d'or, disait Pierre de Cluny (1), ce n'est ni en travaillant la terre, ni en servant à la guerre, ni en pratiquant quelque autre métier utile et honorable, mais c'est en trompant les chrétiens et en achetant à vil prix aux voleurs les objets dont ceux-ci se sont emparés ». Ils surexcitaient les colères

(1) Pierre le Vénérable, abbé de Cluny : *Tractatus adversus Judaeorum inveteratam duritiam* (Bibl. des Pères Latins, Lyon).

qui ne demandaient qu'à se manifester, et dans leurs
homélies, dans leurs prêches c'était surtout le côté
social qu'ils mettaient en lumière. Ils tonnaient contre
la nation « infâme » qui « vit de rapines », et s'ils mêlaient à leurs invectives quelque souci de prosélytisme, ils se présentaient surtout comme des ven-
geurs, venus pour châtier « l'insolence, l'avarice, la
dureté des Juifs. Aussi étaient-ils écoutés. En Italie
Jean de Capistrano, le « Fléau des Hébreux », soulevait
les pauvres contre l'usure des Juifs et leur endurcis-
sement; il poursuivait son œuvre en Allemagne
et en Pologne, menant à sa suite des bandes de hères
misérables et désespérés qui faisaient expier leurs
souffrances aux communautés juives. Bernardin de
Feltre suivait son exemple, mais il était hanté
d'idées plus pratiques, celle entre autre d'organiser
des Monts-de-Piété, pour obvier à la rapacité des
prêteurs. Il parcourait l'Italie et le Tyrol, demandant
l'expulsion des Hébreux, provoquant des soulèvements et des émeutes, causant le massacre des Juifs
de Trente.

Les rois, les nobles et les évêques n'encoura-
geaient pas cette campagne des réguliers. En Allemagne, ils protégeaient les Israélites contre le moine
Radulphe; en Italie ils s'opposaient aux prédications
de Bernardin de Feltre qui accusait les princes
de s'être laissés acheter par Yehiel de Pise, le
plus riche Juif de la péninsule; en Pologne, le
pape Grégoire XI arrêtait la croisade du dominicain
Jean de Ryczywol. Les gouvernants avaient tout

intérêt à réprimer ces soulèvements partiels, ils savaient par expérience que les bandes de meurt-de-faim, lorsqu'elles avaient égorgé les Juifs, égorgeaient ceux qui, comme eux, détenaient de trop grandes richesses, ceux qui jouissaient d'exhorbitants privilèges, ou ceux, seigneurs, comtes ou barons, dont la domination pesait trop sur les épaules des contribuables. Les Pastoureaux, les Jacques, les fidèles des Armleder, plus tard les paysans de Munzer, montrèrent que les détent urs du pouvoir n'avaient pas tort de craindre. en pi égeant jusqu'à un certain point les Juifs, ils se pro égeaient eux-mêmes.

Quant à l'Eglise, elle s'en tenait à l'antijudaïsme théologique et, essent ellement conservatrice, propice aux puissants et aux riches, elle se gardait d'encourager les fureurs du peuple ; je parle de l'Eglise officielle, l'Eglise opulente des prébendiers, l'Eglise unitaire et centralisatrice que des rêves d'universelle domination berçaient, l'Eglise des synodes, l'Eglise légiférante et non l'Eglise des menus prêtres et des moines qui était soulevée par les mêmes colères qui agitaient les humbles. Mais si l'Eglise intervenait parfois en faveur des Juifs lorsqu'ils étaient en butte aux haines de la foule, elle entretenait cette haine et lui fournissait des aliments en combattant le judaïsme, bien qu'elle ne le combattît pas pour les mêmes motifs.

Fidèle à ses principes, elle poursuivait vainement l'esprit juif sous toutes ses formes. Il lui était im-

possible de s'en débarrasser, car cet esprit juif avait
inspiré ses premiers âges. Elle en était imprégnée
comme les sables des plages sont imprégnés du sel
marin qui surgit à leur surface, et bien que, dès le
deuxième siècle, elle se fut appliquée à repousser ses
origines, à écarter loin d'elle tout souvenir de son
fondement initial elle en avait gardé la marque. En
cherchant à réaliser sa conception des états chrétiens
dirigés et dominés par la papauté, l'Église tendit à réduire tous les éléments antichrétiens ; ainsi, elle inspira la réaction violente de l'Europe contre les Arabes
et la lutte des nationalités européennes contre le mahométisme fut une lutte à la fois politique et religieuse.

Mais le danger musulman était un danger extérieur, et les dangers intérieurs qui menaçaient le
dogme parurent tout aussi graves à l'Église. A mesure qu'elle devint toute-puissante, qu'elle atteignit
son maximum de catholicité, elle supporta plus diffi-
cilement l'hérésie ; à partir du huitième siècle la
législation contre les hérétiques s'aggrava. Jadis
bénigne et se bornant à des peines canoniques, elle
en appella désormais aux pouvoirs séculiers, et l'on
sévit durement contre les Vaudois, les Albigeois, les
Beghards, les Frères apôtres, les Lucifériens. L'inquisition que le pape Innocent III établit au treizième siècle fut le terme de ce mouvement. Désormais un tribunal spécial, ayant auprès de lui l'autorité civile soumise à ses décisions, fut le seul juge,
juge impitoyable, de l'hérésie.

Les Juifs ne purent être laissés en dehors de

cette législation. On les poursuivit non parce qu'ils étaient Juifs, l'Église voulait conserver les Juifs comme un vivant témoignage de son triomphe, mais parce qu'ils incitaient à la judaïsation, soit directement, soit inconsciemment et par le seul effet de leur existence. Leurs philosophes n'avaient-ils pas poussé des métaphysiciens comme Amaury de Bêne et David de Dinan? De plus, certains hérétiques n'étaient-ils pas des judaïsants? Les Pasagiens de la Haute-Italie observaient la loi mosaïque; l'hérésie d'Orléans était une hérésie juive; une secte albigeoise affirmait que la doctrine des Juifs était préférable à celle des chrétiens; les Hussites étaient soutenus par les Juifs; aussi les dominicains prêchèrent contre les Hussites et les Juifs, et l'Armée impériale qui marchait contre Jean Ziska massacra les Juifs sur sa route.

En Espagne, où les mélanges juifs et chrétiens avaient été considérables, l'Inquisition fut instaurée par Grégoire XI, qui lui donna une constitution, pour surveiller les hérétiques judaïsants, et les Juifs et les Maures qui, quoique non sujets de l'Église, étaient soumis au Saint Office lorsque « par leurs paroles ou leurs écrits, ils engageaient les catholiques à embrasser leur foi ». De plus la papauté rappela aux rois d'Espagne les décisions canoniques, car les fueros, les coutumes castillanes, en se substituant aux lois visigothiques, avaient assuré aux Juifs, aux chrétiens et aux musulmans les mêmes droits.

Toutes ces mesures ecclésiastiques renforcèrent

les sentiments antijuifs des rois et des peuples, elles étaient des causes génératrices, elles entretinrent un état d'esprit spécial, qu'accentuèrent pour les rois des motifs politiques, pour les peuples des motifs sociaux. L'antijudaïsme grâce à elle se généralisa, et nulle classe de la société n'en fut exempte, car toutes les classes étaient plus ou moins guidées par l'Église, ou inspirées par ses doctrines; toutes étaient ou se croyaient lésées par les Juifs. Les nobles étaient offensés par leurs richesses; les prolétaires, les artisans et les paysans, en un mot le menu peuple, étaient irrités par leurs usures; quant à la bourgeoisie, à la catégorie des commerçants, des manieurs d'argent, elle se trouvait en rivalité permanente avec les Juifs, et là, la concurrence constante engendrait la haine. Au quatorzième et au quinzième siècles, on voit se dessiner la lutte moderne du capital chrétien contre le capital juif, et le bourgeois catholique regarde d'assez bon œil le massacre des Juifs qui le débarrasse d'un rival souvent heureux.

Ainsi tout concourut à faire du Juif l'universel ennemi, et le seul appui qu'il trouva durant cette terrible période de quelques siècles fut la papauté et l'Église qui, tout en entretenant les colères dont il pâtissait, voulaient garder précieusement ce témoin de l'excellence de la foi chrétienne. Si l'Église conserva les Juifs, ce ne fut pas sans toutefois les morigéner et les punir. C'est elle qui interdit de leur donner des emplois publics, pouvant leur conférer une autorité sur les chrétiens ; c'est elle qui incita les rois à prendre contre eux des mesures restrictives, qui leur imposa des signes distinctifs, la rouelle et le chapeau, qui les enferma dans les ghettos, ces ghettos que souvent les Juifs acceptèrent, et même recherchèrent, dans leur désir de se séparer du monde, de vivre à l'écart, sans se mêler aux nations, pour garder l'intégrité de leurs croyances et de leur race ; si bien qu'en maints endroits, les édits ordonnant aux Juifs de rester confinés dans des quartiers spéciaux ne firent que consacrer un état de choses déjà existant. Mais le principal rôle de l'Eglise fut de combattre dogmatiquement la religion juive. A cela les controverses si nombreuses pourtant ne suffirent pas ; on fit des lois contre les livres juifs. Déjà Justinien (1) avait interdit dans les synagogues la lecture de la Mischna ; après lui on ne légiféra plus contre le Talmud jusqu'à saint Louis. Après la controverse de Nicolas Donin et de Yehiel de Paris (1240), Grégoire IX ordonna de brûler le Talmud ; cette ordonnance fut réitérée par Innocent IV (1244), par Honorius IV (1286), par Jean XXII (1320) et par l'antipape Benoit XIII (1415). En outre on expurgea les prières juives et on défendit l'érection de nouvelles synagogues.

Les lois civiles commentèrent les décisions ecclésiastiques, elles furent inspirées par elles. Ainsi, par exemple, les lois d'Alphonse X de Castille dans le

_____

(1) Novelle 146.

code des *Siete Partidas* (1), les dispositions de saint
Louis, celles de Philippe IV, celles des empereurs
allemands et des rois polonais (2). On défendit aux
Juifs de paraître en public à certains jours, on leur infligea comme au bétail un péage personnel, on leur
interdit quelquefois de se marier sans autorisation.

Aux lois s'ajoutèrent les coutumes, coutumes vexatoires comme celle de Toulouse qui soumettait le
syndic des Juifs à la colaphisation. La foule les
insultait lors de leurs fêtes et de leurs sabbats, elle
profanait leurs cimetières ; au sortir des mystères et
des représentations de la Passion, elle livrait leurs
maisons aux pillages.

Non content de les vexer, de les expulser comme
firent Edouard Ier en Angleterre (1287), Philippe IV
et Charles VI en France (1306 et 1394), Ferdinand le
Catholique en Espagne (1492), on les massacra de
toutes parts.

Quand les croisés allaient délivrer le saint Sépulcre,
ils se préparaient à la guerre sainte par l'immolation
des Juifs ; quand la peste noire ou la famine sévissait,
on offrait les Juifs en holocauste à la divinité irritée ;
quand les exactions, la misère, la faim, le dénuement affolaient le peuple, il se vengeait sur les Juifs,
qui donnaient des victimes expiatoires. « A quoi bon
aller combattre les musulmans, criait Pierre de

---

(1) Tit. XXIV.
(2) *Statut général de Ladyslas Jagellon* : art. xix.

Cluny (1), puisque nous avons les Juifs parmi nous, les Juifs pires que les Sarrazins ? »

Que faire contre l'épidémie, sinon tuer les Juifs qui conspirent avec les lépreux pour empoisonner les fontaines ? Aussi, on les extermine à York, à Londres, en Espagne à l'instigation de saint Vincent Ferrer, en Italie où prêche Jean de Capistrano, en Pologne, en Bohême, en France, en Moravie, en Autriche. On en brûle à Strasbourg, à Mayence, a Troyes ; en Espagne c'est par milliers que les Marranes montent sur le bûcher ; ailleurs on les éventre à coups de fourche et de faux, on les assomme comme des chiens.

Certes, les prophètes qui appelèrent sur Juda, en punition de ses crimes, les redoutables fureurs de leur Dieu ne rêvèrent pas de plus épouvantables malheurs que ceux dont il fut accablé. Quand on lit son martyrologe, tel que le pleura au seizième siècle l'Avignonais Ha Cohen (2), ce martyrologe qui va d'Akiba déchiré par des étrilles de fer, jusqu'aux .suppliciés d'Ancône priant dans les flammes, jusqu'aux héros de Vitry qui s'immolèrent eux-mêmes, on se sent saisi d'une pitoyable tristesse. La *Vallée des Pleurs*, ainsi s'appelle ce livre qui « résonna pour le deuil... » et dont les *Larmes* du Pasteur de Chambrun, célébrant les huguenots proscrits, n'atteint pas la touchante grandeur. « Je l'ai nommé la « Vallée

(1) *Loc. cit.*

(2) Emek-Habbaka, *La Vallée des Pleurs*, Traduction Julien Sée.

des Pleurs » dit le vieux chroniqueur, « car il est bien selon ce titre. Quiconque le lira sera haletant, ses paupières ruisselleront, et les mains posées sur les reins il se dira : Jusques à quand, mon Dieu ! »

Quelles fautes pouvaient mériter aussi effroyables châtiments. Combien poignante devait être l'affliction de ces êtres. En ces heures mauvaises ils se serrèrent les uns contre les autres et se sentirent frères, le lien qui les attachait se noua plus fort. A qui auraient-ils dit leurs plaintes et leurs faibles joies, sinon à eux-mêmes ? De ces communes désolations, de ces sanglots naquit une intense et souffrante fraternité. Le vieux patriotisme juif s'exalta encore. Il leur plut, à ces délaissés, maltraités dans toute l'Europe et qui marchaient la face souillée de crachats, il leur plut de sentir revivre Sion et ses collines perdues, d'évoquer, suprême et douce consolation, les bords aimés du Jourdain et les lacs de Galilée : ils y arrivèrent par une intense solidarité ; au milieu des gémissements et des oppressions ils furent amenés davantage à vivre entre eux, à s'allier étroitement. Ne savaient-ils pas que dans leurs voyages ils trouveraient un sûr abri seulement chez le Juif, que si la maladie les saisissait sur la route, seul un Juif les secourrait fraternellement et que s'ils mouraient loin des leurs, des Juifs seuls les pourraient ensevelir suivant les rites et dire sur leurs corps les coutumières prières ?

Cependant, si l'on veut comprendre exactement la situation des Juifs pendant ces âges sombres, il faut la comparer à celle du peuple qui les entourait. Les persécutions contre les Juifs s'exerceraient aujourd'hui que leur caractère d'exception les rendrait plus douloureuses. Au moyen âge, les prolétaires et les paysans n'étaient pas sensiblement plus heureux; les Juifs secoués par des convulsions terribles avaient des époques de relative tranquillité, périodes que ne connurent pas les serfs. On prenait des mesures contre eux, mais quelle mesure ne prit-on pas contre les Morisques, les Hussites, les Albigeois, les Pastoureaux, les Jacques; contre les hérétiques et les misérables. Du onzième à la fin du seizième siècle, d'abominables années se déroulèrent et les Juifs n'en pâtirent pas beaucoup plus que ceux au milieu desquels ils vivaient. Ils en pâtirent pour d'autres causes, et ils en furent impressionnés différemment. Mais à mesure que les mœurs s'adoucirent, des heures plus heureuses naquirent pour eux. Nous allons voir quelles modifications la Réforme et la Renaissance devaient apporter à leur état.

CHAPITRE VI

L'ANTIJUDAÏSME DEPUIS LA RÉFORME JUSQU'A LA RÉVOLUTION FRANÇAISE

Situation des Juifs aux débuts du seizième siècle. — Défaite des Maures. — Expulsion d'Espagne. — Adoucissement des mœurs. — Les dernières persécutions. — L'Inquisition en Portugal. — La Renaissance et la Réforme de l'Eglise. — Les attaques contre la Primauté romaine. — Les Humanistes et le Talmud. — Reuchlin et Pfefferkorn. — La Réforme et l'Esprit juif. — La Bible. — Luther et les Juifs. — Transformation de la question sociale et de la question religieuse. — Les guerres des Paysans. — Les Juifs ne sont plus les principaux ennemis de l'Eglise. — L'Etat chrétien. — Le catholicisme, les réformés et les Juifs. — Les papes et le Judaïsme. — Les mesures contre le Talmud et les conversions. — La législation antijuive. — Les vexations et les avanies. — L'antijudaïsme dogmatique. — Le rappel des Juifs. — Les Juifs en Europe au dix-huitième siècle. — Les Juifs en Hollande, en Angleterre, en Pologne et en Turquie. — Les Juifs portugais en France. — Etat intellectuel et moral des Juifs. — Cabbalisme et Messianisme. — Sabbataï Zévi et Franck. — Les sectes mystiques : les Hassidim et les Néo-Hassidim, les Donméh et les Trinitaires. — Le Talmudisme. — Joseph Caro et le *Schulchan-Aruch*; le Pilpoul. — La réaction juive contre le Talmud. — Mardochée-Kolkos, Uriel Acosta,

Spinoza. — Mendelshonn, le Méassef et l'émancipation juive.— La philosophie humanitaire et les Juifs. — L'état social et les Juifs. — Les objections économiques et les objections politiques. — Maury et Clermont-Tonnerre; Rewbel et Grégoire. — La Révolution. — L'entrée des Juifs dans la société.

Quand se leva l'aube du seizième siècle, quand le premier souffle de liberté passa sur le monde, les Juifs n'étaient plus qu'un peuple de captifs et d'esclaves. Enfermés dans des ghettos dont leurs mains imbéciles avaient contribué à épaissir les murailles, ils étaient retirés de la société des hommes et pour la plupart ils vivaient dans un état de lamentable et navrante abjection. Comme ils avaient eux-mêmes fermé toutes les portes, obstrué toutes les fenêtres par où ils auraient pu recevoir air et lumière, leur intellect s'était atrophié. Durant tout le Moyen-Age, sous l'influence des peuples ambiants, des législations spéciales et avilissantes, sous l'action déprimante et funeste des talmudistes, ils avaient acquis cette physionomie particulière, qu'ils ne perdirent que de nos jours et que beaucoup conservent encore en Pologne, en Roumanie, en Russie, en Hongrie, en Bohême et en quelques parties de l'Allemagne, physionomie que l'humilité coutumière avait rendue basse et obséquieuse, que les conditions d'existence avaient faite craintive et maladive, que l'enseignement exclusif des rabbins avait empreinte de cautèle et d'hypocrisie, mais que la souffrance avait affinée, illuminée parfois de tristesse passive et de résignation douloureuse. Le nombre de ceux qui avaient échappé

8

à cet abaissement était très restreint, et les Juifs
qui avaient su garder leur cerveau libre et leur
esprit fier étaient en minorité infime. C'étaient pour
la plupart des médecins, car la médecine était la seule
science que permît le Talmud; en même temps
ils étaient parfois des philosophes, et nous verrons le
rôle qu'ils jouèrent en Italie pendant la Renaissance.
Quant à la masse, elle était inapte à tout ce qui n'é-
tait pas commerce ou usure. Elle n'avait plus du reste
aucun droit, aucune capacité, nulle route ne pouvait
s'ouvrir devant elle, et les rares chemins qu'elle aurait pu encore prendre lui étaient fermés par ses
propres docteurs qui s'étaient ainsi alliés aux légistes
chrétiens.

Ces derniers, dans leur œuvre, s'étaient inspiré
des doctrines de l'Eglise, ces doctrines que Thomas
d'Aquin avait lapidairement exprimées. *Judæi sunt
servi*, avait dit énergiquement le maître; la loi ne les
avait pas considérés autrement. A la fin du quinzième
siècle, le Juif était devenu le serf de la chambre impériale en Allemagne, en France il était le serf du roi, le
serf du seigneur, moins que le serf même, car le
serf encore pouvait posséder tandis qu'en réalité le
Juif n'avait pas de propriété; il était une chose
plutôt qu'une personne. Le roi et le seigneur, l'évêque
ou l'abbé pouvaient disposer de tout ce qui appartenait
au Juif, c'est-à-dire de tout ce qui semblait lui appartenir, car la possibilité de posséder était pour lui
purement fictive. Il était imposable à merci, il subis-
sait des impôts fixes, sans préjudice des confiscations

et tandis que, d'une part, l'Eglise faisait tous ses efforts pour attirer le Juif à elle, d'autre part les barons et les dignitaires ecclésiastiques le retenaient dans sa condition. S'il se convertissait, il perdait ses biens au profit du seigneur désireux de compenser la perte des taxes qu'il ne pouvait plus percevoir sur le converti et ainsi, l'intérêt maintenait le Juif dans son ergastule. On le regardait comme une bête, une bête immonde et utile, moins qu'un chien ou qu'un pourceau auxquels pourtant le péage personnel l'assimilait ; c'était l'éternel maudit, celui sur lequel il était licite, méritoire même, de faire retomber les coups qu'avait supportés le Crucifié dans le prétoire de Pilate.

Lorsque s'ouvrit le seizième siècle, le seul pays dans lequel les Juifs pouvaient prétendre à la dignité d'homme venait de leur être fermé. La prise de Grenade et la conquête du royaume maure avaient enlevé aux Juifs leur dernier refuge. Le jour (le 2 janvier 1492) où Ferdinand et Isabelle entrèrent dans la cité musulmane, l'Espagne tout entière fut chrétienne. La guerre sainte des Espagnols contre les infidèles était close victorieusement, et les Maures qui subsistaient, malgré la sécurité qui leur avait été garantie, furent cruellement persécutés. Comme la victoire avait excité le fanatisme d'une part, et le sentiment national de l'autre, l'Espagne, délivrée des Maures, voulut se débarrasser des Juifs, que le roi et la reine catholiques expulsèrent l'année même de la chute de Boabdil, tandis que l'Inquisition redoublait de rigueur envers les Marranes et la descendance des Morisques.

Cependant, et malgré que la condition où ils étaient réduits fût lamentable, le temps des grandes douleurs était passé pour les Juifs. Ils commencent à descendre la colline qu'ils ont si péniblement gravie, et, s'ils ne trouvent pas encore toute sécurité par les sentiers, ils rencontrent plus d'humanité, plus de pitié. Les mœurs s'adoucissent à cette époque, les âmes deviennent moins rudes, on acquiert réellement la notion de la créature humaine ; cet âge, où grandit l'individualisme, comprend mieux l'individu ; en même temps que la personnalité se développe, on se montre plus tendre pour la personne d'autrui.

Les Juifs se ressentirent de cet état d'esprit. Ils furent tout aussi méprisés, mais ils furent haïs d'une façon moins violente. On voulut encore les attirer au christianisme, mais par la persuasion. On les expulsa bien de quelques cités et de quelques pays; on les chassa de Cologne et de Bohême au seizième siècle ; les corporations d'artisans de Francfort et de Worms, conduites par Vincent Fettmilch, les obligèrent aussi à quitter ces villes ; mais, en leur qualité de serfs de la Chambre impériale, ils furent efficacement protégés par leur suzerain. Si Léopold Ier les renvoya de Vienne, si plus tard Marie-Thérèse les expulsa de Moravie, ces décrets d'expulsion n'eurent qu'un effet temporaire, leurs conséquences ne se firent pas sentir longtemps; et quand les Juifs rentrèrent dans les villes à la faveur d'une certaine tolérance, ils ne furent pas violentés. Les massacres de Franconie et de Moravie, les bûchers de Prague furent exceptionnels au seizième siècle; et quant aux exterminations que Chmielniki commanda en Pologne au dix-septième siècle, elles n'atteignirent les Juifs que par ricochet.

De persécutions systématiques, il n'y en eut plus désormais, sinon celles que l'Inquisition continua à exercer en Espagne contre les Juifs convertis, et en Portugal lorsqu'elle fut introduite par le pape Clément VII, à la prière de Jean III, et après les massacres de 1506. Encore, là, l'Inquisition fut-elle confiée aux Franciscains, qui se montrèrent moins féroces que les Dominicains espagnols. .

Les Juifs n'avaient pourtant pas changé. Tels nous les avons vus en plein moyen âge, tels nous les retrouvons au moment de la Réforme; peut-être même, moralement et intellectuellement, la masse juive était-elle pire. Mais s'ils n'avaient pas changé, on avait changé à côté d'eux. On était moins croyant, et partant moins porté à détester les hérétiques. L'Averroïsme avait préparé cette décadence de la foi, et l'on sait quelle part les Juifs eurent dans la diffusion de l'Averroïsme; de telle sorte qu'ils travaillèrent ainsi pour eux. La plupart des averroïstes étaient des incrédules, ou tout au moins attaquaient-ils la religion chrétienne. Ils furent les ancêtres directs des hommes de la Renaissance. C'est grâce à eux que s'élabora l'esprit de doute, et aussi l'esprit d'investigation. Les platoniciens de Florence, les aristotéli-

8.

ciens d'Italie, les humanistes d'Allemagne, vinrent d'eux; c'est grâce à eux que Pomponazzo composa des traités contre l'immortalité de l'âme, grâce à eux encore que chez les penseurs du seizième siècle germa ce théisme qui correspondit à une décadence du catholicisme.

Animés de semblables sentiments, les hommes de cette période ne pouvaient guère s'enflammer d'une indignation religieuse contre les Juifs. D'autres préoccupations les sollicitaient d'ailleurs, et ils avaient à abattre deux autorités puissantes : la scolastique et la primauté romaine. Les luttes du siècle précédent, le schisme d'Occident, la licence des mœurs parmi les clercs, la simonie, la vente des bénéfices et des indulgences, tout cela avait affaibli l'Eglise et diminué la papauté. De toutes parts on se levait contre elles. On proclamait l'autorité du concile supérieure à celle du pape. On faisait des distinctions entre l'Eglise universelle qui est infaillible et l'Eglise romaine qui est capable d'errer. Les séculiers et les réguliers se disputaient, des voix s'élevaient demandant un changement. « Il faut moraliser le clergé », avaient déjà dit les Pères du synode de Vienne (1311). Après eux, on déclara qu'il fallait réformer « la tête et les membres ». Déjà le mouvement des Hussites, celui des Frérots, des Fraticelles, des Beggards, avaient été une protestation contre les richesses et la corruption de l'Eglise; mais la Papauté était impuissante à réformer, et la Réforme devait se faire en dehors d'elle et contre elle.

Les humanistes en furent les promoteurs. Tout les détournait du catholicisme. Les Grecs de Constantinople fuyant les Turcs leur avaient apporté les trésors des littératures anciennes ; Colomb en découvrant le nouveau monde venait de leur ouvrir des horizons inconnus. Ils trouvaient là des raisons nouvelles de combattre la scolastique, cette vieille servante de l'Eglise. En Italie les humanistes devenaient sceptiques et païens, ils s'émancipaient en raillant ou en platonisant, mais en Allemagne le mouvement d'émancipation qu'ils contribuaient à créer devenait plutôt religieux. Pour vaincre les scolastiques, les humanistes de l'empire devinrent des théologiens, et pour s'armer mieux ils allèrent aux sources mêmes : il apprirent l'hébreu, non comme Pic de la Mirandole et les Italiens, par une sorte de dilettantisme ou par amour de la science, mais pour y trouver des arguments contre leur adversaires.

Pendant ces années qui annoncent la Réforme, le Juif devint éducateur et enseigna l'hébreu aux savants, il les initia aux mystères de la cabbale, après leur avoir ouvert les portes de la philosophie arabe ; il les munit, contre le catholicisme, de la redoutable exégèse que les rabbins avaient, durant des siècles, cultivée et fortifiée : cette exégèse dont saura se servir le protestantisme, et plus tard le rationalisme.

Par un hasard singulier, les juifs qui avaient, consciemment ou inconsciemment, donné des armes à l'humanisme lui fournirent le prétexte de sa première bataille sérieuse. La dispute pour ou contre le Talmud préluda aux disputes sur l'Eucharistie.

C'est à Cologne que s'ouvrit le combat; Cologne cité de l'inquisition, capitale des dominicains. Un juif converti, Joseph Pfefferkorn, dénonça une fois encore le Talmud au monde chrétien et, soutenu par le grand inquisiteur Hochstraten, il obtint de l'empereur Maximilien un édit l'autorisant à examiner le contenu des livres juifs et à détruire ceux qui blasphémaient la Bible et la foi catholique. Les juifs en appelèrent à Maximilien de cette décision, et ils réussirent à faire attribuer à l'archevêque électeur de Mayence les pouvoirs conférés d'abord à Pfefferkorn. L'archevêque prit pour conseillers des docteurs, des humanistes, et parmi ceux-là Reuchlin. Reuchlin n'avait pas pour les juifs une sympathie immodérée, il les avait même attaqués à son heure, mais s'il méprisait les juifs en général, il n'en était pas moins un hébraïsant et, à ce titre, le Talmud l'intéressait plus sans doute que le tribunal inquisitorial et ses arrêts. Aussi, il combattit violemment les projets de Pfefferkorn et des dominicains et non seulement il déclara qu'il fallait conserver les livres des israélites mais encore il soutint que l'on devrait créer dans les universités des chaires d'hébreu. On accusa Reuchlin de s'être laissé corrompre par l'or des Juifs. Il répondit par un pamphlet terrible, le *Miroir des yeux*, qui fut condamné au feu, et dès lors, les juifs, cause originelle du débat, furent oubliés, les humanistes et les dominicains restèrent seuls en présence, et ces derniers, abattus définitivement par les *Lettres des hommes obscurs*, furent condamnés par l'évêque de Spire et abandonnés par le pape qui, quelques années après, donna aux imprimeurs d'Anvers le privilège de publier le Talmud.

Mais des temps nouveaux s'approchaient; la tempête que chacun prévoyait fondit sur l'Eglise. Luther publia à Wittemberg ses quatre-vingt-quinze thèses, et le catholicisme n'eut pas seulement à défendre la condition de ses prêtres, il fallut qu'il combattît pour ses dogmes essentiels. Un instant les théologiens oublièrent les juifs, ils oublièrent même que le mouvement qui se propageait prenait ses racines aux sources hébraïques. Cependant la Réforme en Allemagne, comme en Angleterre, fut un de ces moments ou le christianisme se retrempa aux sources juives. C'est l'esprit juif qui triompha avec le protestantisme. La Réforme fut par certains de ces côtés un retour au vieil ébionisme des âges évangéliques. Une grande partie des sectes protestantes fut demi-juive, des doctrines antitrinitaires furent plus tard prêchées par des protestants, entre autres par Michel Servet et par les deux Socins de Sienne. En Transylvanie même l'antitrinitarisme avait fleuri dès le seizième siècle, et Seidélius avait soutenu l'excellence du Judaïsme et du Décalogue. Les évangiles furent délaissés pour la Bible et pour l'Apocalypse. On sait l'influence que ces deux livres exercèrent sur les luthériens, sur les calvinistes et surtout sur les réformateurs et les révolutionnaires anglais. Cette influence se prolongea jusqu'au dix-huitième siècle même, c'est elle qui fit les Kakers, les Méthodistes, les Piétistes et surtout les Millénaires, les Hommes de la Cinquième. Monarchie qui avec Venner à Londres, rêvaient la république et s'alliaient avec les Niveleurs de John Lilburn.

Aussi à ses débuts en Allemagne le protestantisme chercha-t-il à gagner les Juifs et, à ce point de vue, l'analogie est singulière entre Luther et Mahomet. Tous deux tirèrent leurs doctrines des sources hébraïques, tous deux désirèrent faire approuver par les débris d'Israël les dogmes nouveaux qu'ils dressaient. Ce n'est pas là, en effet, un des côtés les moins curieux de l'histoire de cette nation. Tandis que le Juif est détesté, méprisé, avili, couvert de crachats et de boue, souillé d'outrages, martyrisé, enfermé et frappé, c'est de lui que le catholicisme attend le règne final de Jésus, c'est le retour des Juifs que l'Eglise espère et demande, ce retour qui pour elle sera le suprême témoignage de la vérité de ses croyances, et c'est aussi aux Juifs que les luthériens et les calvinistes en appellent. Il semble même que ces derniers eussent été pleinement convaincus de la justice de leur cause si les fils de Jacob étaient venus à eux. Mais les Juifs étaient toujours le peuple obstiné de l'Ecriture, le peuple à la nuque dure, rebelle aux injonctions, tenace, intrépidement fidèle à son dieu et à sa loi.

La prédication de Luther fut vaine, et le colérique moine publia contre les Juifs un terrible pamphlet (1).

(1) *Les Juifs et leurs mensonges.* — Wittemberg, 1558.

« Les Juifs sont des brutes, disait-il, leurs synagogues sont des étables à porcs, il faut les incendier, car Moïse le ferait s'il revenait au monde. Ils traînent dans la boue les paroles divines, ils vivent de mal et de rapines, ce sont des bêtes mauvaises qu'il faudrait chasser comme des chiens enragés. »

Malgré ces violences, malgré ces excitations, malgré les controverses nombreuses qui eurent lieu entre protestants et Juifs, ces derniers ne furent pas maltraités en Allemagne : on n'avait pas le loisir de s'occuper d'eux. D'un côté les luthériens et les calvinistes avaient fort à faire à se disputer entre eux; les discussions sur l'eucharistie, sur l'impanation et l'invination, sur la trinité et sur la nature de Christ, occupaient suffisamment leurs esprits, et les sectes étaient si nombreuses — Crypto-calvinistes et Antinomistes, Adiaphoristes et Majoristes, Osiandristes et Synergistes, Memnonites et Synerchistes, etc., — que batailler les unes contre les autres devait absorber leur activité. D'autre part, les conditions sociales et religieuses étaient bien changées et leur changement était profitable aux Juifs qui voyaient d'autres préoccupations s'emparer de leurs ennemis.

Excédés de misères, décimés par la guerre, ruinés, réduits à l'esclavage, en proie au dénûment et à la famine, les paysans du seizième siècle ne s'en prirent plus uniquement au Juif prêteur d'argent ou au chrétien usurier, ils visèrent plus haut, ils attaquèrent d'abord toute une classe, celle des riches, et ensuite l'état social tout entier. Leur révolte fut générale, ce furent d'abord les paysans des Pays-Bas, ensuite, et surtout, ceux de l'Allemagne. Dans tout l'empire ils avaient fondé des sociétés secrètes, le Bundschuh (1), le Pauvre Conrad, la Confédération évangélique. En 1503 les paysans de Spire et des bords du Rhin s'insurgèrent ; en 1512 les bandes de Joss Fritz ; en 1514 les paysans du Wurtemberg ; en 1515 les paysans d'Autriche et de Hongrie ; en 1524 ceux de Souabe ; en 1525 ceux de Souabe, d'Alsace, du Palatinat. Tous marchèrent au cri de : « En Christ, il n'y a plus ni maître ni esclave ». Les artisans se joignirent à eux, des chevaliers comme Gœtz de Berlichingen se mirent à leurs têtes et ils massacrèrent les nobles et incendièrent les châteaux et les couvents.

Munzer, lui, alla plus loin encore, il combattit non seulement contre les barons, les évêques et les riches, ces « rois de Moab », mais il combattit le principe même d'autorité. « Plus d'autorité, criait-il, sinon celle qu'on accepte et choisit librement. » Dans le code de douze articles qu'il rédigea, il voulait l'affranchissement des serfs et lorsqu'il monta sur l'échafaud, après avoir perdu la bataille de Frankenhausen, il attesta qu'il avait voulu « établir l'égalité dans la chrétienté ; que toutes choses fussent communes à tous et à chacun selon ses besoins ». Les douze articles furent traduits en français, et répandus en Lorraine où les paysans se soulevèrent aussi, au moment où

(1) « Le soulier fédératif. »

Hutter et Gabriel Scherding allaient fonder les communautés de Moravie, au moment ou l'anabaptisme se répandait en Suisse, en Bohême et dans les Pays-Bas.

Dans ce formidable mouvement qui jusqu'en 1535 agita une partie de l'Europe, laissant partout des traces profondes, les Juifs avaient été négligés, ils avaient cessé d'être le bouc émissaire et ce n'avait plus été sur eux que s'étaient rués les pauvres hères, les affamés et les misérables.

Etaient-ils aussi heureux dans les pays catholiques ? Oui, car là aussi ils avaient cessé d'être les principaux, les uniques ennemis de l'Eglise, et ce n'était plus eux qu'on redoutait.

Les protestants faisaient oublier les Juifs ; leur existence menaçait la vieille conception de l'Etat catholique, et ce fut cette conception séculaire qui attira aux religionnaires de France, d'Italie et d'Espagne, des persécutions identiques à celles qu'avaient jusqu'alors subies les Juifs. .

Cependant, après le concile de Trente, la papauté réformée se préoccupa de nouveau des Juifs. Le relâchement des idées religieuses avait amené en Italie un rapprochement entre une certaine catégorie de Juifs et les différentes classes de la société. D'abord les humanistes, les poètes, fréquentaient les savants, les philosophes et les médecins israélites. Cette familiarité avait commencé au quatorzième siècle où l'on vit Dante avoir pour ami le Juif Manoello, le cousin du philosophe Giuda Romano ;

9

elle continua au quinzième siècle et au seizième
siècle. Alemani fut le maître de Pic de la Mirandole,
Elie del Medigo enseigna la métaphysique publique-
ment à Padoue et à Florence, Léon l'Hébreu publia
ses dialogues platoniciens sur l'amour. Les imprimeurs juifs, comme le savant Soncino, furent en
rapport constant avec les lettrés de l'époque ; Soncino,
dont la librairie fut le centre des publications
hébraïques, entra même en rivalité avec Alde et im-
prima aussi des auteurs grecs. Hercule Gonzague,
évêque de Mantoue, disciple du Juif Pomponazzo de
Bologne, accepta les dédicaces de Jacob Mantino,
qui avait traduit le *Compendium* d'Averroes, tandis
que d'autres princes encouragèrent Abraham de
Balmes dans son œuvre de traducteur (1). Et non
seulement, la catégorie sceptique, incrédule même,
des hellénistes et des latinistes, adorateurs de Zeus
et d'Aphrodite plus que de Jésus, frayait avec les
Juifs, mais les seigneurs et les bourgeois faisaient de
même. « Il se trouve, dit l'évêque Maïol (2), des personnes et souvent de qualité, tant hommes que
femmes, qui sont si fols et insensés qu'ils consultent
avec les Juifs de leurs plus intimes affaires, à leur
grand préjudice. On les voit (les Juifs) hanter et
fréquenter les maisons et les palais des grands, les

(1) Abraham de Balmes traduisit en latin la plus grande partie
des écrits d'Avérroés, et l'on se servit de ses traductions dans les
universités italiennes jusqu'à la fin du dix-septième siècle.

(2) *Dierum canicularium* (les Jours caniculaires) traduits en
français. Paris (1612). T. VII : *De Perfidia Judaeorum.*

logis dés officiers, des conseillers, des secrétaires, des gentilshommes, tant en la ville qu'aux champs. » On ne se contentait pas de recevoir les Juifs, on allait chez eux et, mieux, on assistait à leurs cérémonies religieuses. « Il se trouve, dit encore Maiol, des personnes parmi nous qui hantent et révèrent superstitieusement les synagogues » ; et les apostrophant, il s'écrie : « Vous entendez les Juifs aux jours de leurs festes, sonnant de la trompe, et vous accourez avec votre famille pour les regarder. » Cela continua ainsi pendant le dix-septième siècle. On allait à Ferrare, entendre les sermons de Judas Azael et en 1676 encore Innocent XI menaçait de l'excommunication et d'une amende de quinze ducats ceux qui fréquentaient les synagogues. Les papes craignaient donc encore sur leurs fidèles l'influence juive? Après la terrible secousse qui venait d'ébranler l'Eglise, ils voulaient plus que jamais garantir la sécurité du dogme catholique. « On pourra supporter le Talmud, avait décidé le concile de Trente, en enlevant les injures qu'il contient, car des parties du Talmud peuvent servir à la défense de la foi et montrer aux Juifs leur obstination. » Les papes ne furent pas de cet avis. Sur la dénonciation d'un Juif converti, Salomone Romano, Jules III fit brûler le Talmud à Rome et à Venise ; à la requête d'un autre converti, Vittorio Eliano, Paul IV encore le condamna ; de même firent Pie V et Clément VIII.

L'Eglise romaine, qui jusqu'alors avait été bienveillante pour les Juifs, devint, pendant la réaction dogmatique et théologique qui suivit la Réforme, le seul gouvernement, l'unique autorité presque, qui persécuta systématiquement le judaïsme. Paul IV remit en vigueur les anciennes lois canoniques, il fit brûler les Marranes, et Pie V, après avoir publié sa Constitution contre les Juifs, les expulsa de ses états sauf de Rome et d'Ancône, pendant que les Espagnols, à mesure qu'ils pénétraient en Italie, les chassaient de Naples, de Gênes et de Milan.

Un autre souci animait toutefois l'Eglise. Pourchasser les Juifs et brûler leurs livres était bien : les convertir était mieux. Ç'avait été la constante préoccupation des théologiens, des docteurs chrétiens et des pères. Au quinzième siècle, les conciles s'étaient occupés de la conversion des Juifs. Le concile de Bâle avait ordonné de prêcher les Juifs en Allemagne, et avait attribué d'importants privilèges aux convertis. Les papes du seizième siècle obligèrent les Juifs à assister à certains sermons, et leur firent annoncer la bonne parole par leurs propres apostats. Le tiers des Juifs de Rome devait tour à tour être présent aux prédications. Et tandis que Sadolet faisait restreindre à Avignon les privilèges pontificaux accordés aux Juifs, tandis qu'on imposait aux synagogues dix ducats d'impôt annuel pour l'instruction de ceux qui voulaient abjurer le judaïsme, Paul IV faisait bâtir des maisons hospitalières où l'on nourrissait, habillait et soignait les catéchumènes.

Les autres souverains n'eurent pas pour s'occuper des Juifs les mêmes motifs que les papes. Aussi depuis le seizième siècle, on cessa de légiférer contre les Juifs. On ne trouve plus guère en Allemagne que l'édit de Ferdinand Ier relatif aux usures des Juifs, quelques décrets en Pologne, et beaucoup plus tard les défenses de Louis XV et de Louis XVI. Pour retrouver une législation antijuive, il faudra étudier la Russie moderne, la Roumanie et la Serbie, ce que nous ferons tout à l'heure.

L'antijudaïsme consistait surtout en vexations, en avanies. Le populaire se plaisait à railler les Juifs et souvent les grands les donnaient en spectacle. Léon X, pontife fastueux, qui aimait les bouffonneries — il avait près de lui deux moines qui étaient chargés de le divertir par leurs plaisanteries — faisait donner des courses de Juifs et du haut de ses balcons il lorgnait le spectacle, car il était fort myope. Pendant le carnaval de Rome, le peuple parodiait l'enterrement des rabbins, et souvent on promenait par les rues de la ville un Juif chevauchant à rebours un âne, et tenant dans ses mains la queue de l'animal (1).

Sur les portes des Ghettos, on sculptait une truie, parfois même on l'entourait de groupes obscènes dans lesquels figuraient des rabbins (2). La truie

(1) E. Rodocanachi : *Le Saint-Siège et les Juifs*. Paris, 1891.
(2) Luther : *Tractatus de Schemhamphorasch*. Altemburg. (*Opera*. T. VIII.) — On appelait ces groupes obscènes des Schemhamephorasch. En voici l'origine. Ces mots Schemhamephorasch signifient « le nom de Dieu distinctement prononcé, le nom tetragrammate écrit et lu par les quatre lettres, yod, he, vav, hé » (Munk. Traduction du *Guide des Égarés*. T. I, p. 267,

symbolisait la synagogue — de même que chez les israélites l'Église romaine était désignée par le nom hébreu du porc — et on le rappelait souvent aux Juifs ; un peintre raconta même un jour à Wagenseil qu'il avait peint une truie sur les vantaux de l'arche d'une synagogue qu'on l'avait chargé d'orner.

Chez les savants, chez les érudits, chez les théologiens, l'antijudaïsme devenait dogmatique et théorique. On voulait bien ramener les Juifs, mais par la douceur. Il n'était plus question de brûler leurs livres, mais de les traduire. On disait que désormais la foi chrétienne était assez solidement enracinée pour qu'on pût sans danger pour les fidèles publier les œuvres juives, comme on l'avait fait pour celles des Ariens et autres hérétiques. Ainsi on connaîtrait les procédés de polémique des israélites et on les saurait combattre efficacement.

Cette étude eut un tout autre résultat que celui qu'on en attendait. En scrutant l'esprit juif on se rapprocha d'eux, on leur devint par cela même plus sympathique. Des hommes qui s'étaient préparés à l'exégèse scientifique, comme Richard Simon par exemple, par des recherches de talmudiste et d'hébraïsant, ne pouvaient regarder avec haine ceux des-

note 3). C'est de ce nom que Maïmonide dit : « Avant la création du monde, il n'y avait que le Très saint et son nom seul (*Guide des Égarés*. T. I, ch. LXI). C'était le nom mystérieux ; on lui attribuait un pouvoir magique, et les rabbins costumés en magiciens qui étaient représentés dans les groupes dont je parle étaient sensés révéler à la truie le Nom. D'où l'appellation de Schemhamephorasch.

quels ils tenaient leur science. D'autres s'inquié-
taient de savoir à quelle époque les Juifs seraient
appelés à la communion chrétienne. Le dix-septième
siècle fut le temps le plus propice aux disputes sur
le rappel des Juifs. En France, la question de savoir
si les Juifs seraient rappelés à la fin du monde ou
avant, divisa Bossuet et les Figuristes que conduisait Duguet (1). En Angleterre, les millenaires annonçaient le retour des Juifs (2). Ils florirent surtout au
dix-huitième siècle, pendant lequel Worthington,
Bellamy, Winchester et Towers décrivaient les temps
prochains du millenium. En Allemagne aussi cette
opinion eut des défenseurs : ainsi Bengel. En France,
non seulement les convulsionnaires de Saint-Médard
proclamaient la prochaine entrée des Juifs dans
l'Église, mais encore on vit jusqu'à nos jours des
hommes soutenir ces rêveries, et, en 1809, le président Agier fixait la date de la conversion des Juifs à
l'année 1849.

Au dix-huitième siècle, dans toute l'Europe, les
Juifs jouissaient de la plus grande tranquillité. En
Pologne seulement ils vivaient mal pour avoir trop
bien vécu. Ils avaient été là prospères jusqu'au
milieu du dix-septième siècle. Riches, puissants, ils
avaient subsisté en égaux à côté des chrétiens,

(1) Voir pour cette question : Duguet : *Règles pour l'intelligence
des saintes Ecritures*, 1723. — Bossuet : *Discours sur l'Histoire universelle*, II⁰ partie. — Rondet : *Dissertation sur le rappel des Juifs*,
Paris, 1778. — Anonyme : *Lettre sur le proche retour des Juifs*,
Paris, 1789, etc., etc.

(2) Grégoire : *Histoire des sectes religieuses*, t. II. (Paris, 1825.)

trait comme ceux du peuple au milieu duquel ils habitaient; ils n'avaient pu néanmoins se livrer qu'à leur habituel commerce, à leurs vices, à leur passion pour l'or. Dominés par les Talmudistes, ils ne surent rien produire, sinon des commentateurs de Talmud. Ils furent des collecteurs d'impôts, des distillateurs d'alcool, des usuriers, des intendants seigneuriaux. Ils furent les alliés des nobles dans leur œuvre d'oppression abominable, et quand les cosaques de l'Ukraine et de la petite Russie, conduits par Chmielmicki, se soulevèrent contre la tyrannie polonaise, les Juifs, complices des Seigneurs, furent les premiers massacrés. En dix ans, dit-on, on en tua plus de cent mille, mais autant tua-t-on de catholiques et surtout de Jésuites.

Ailleurs, ils étaient fort prospères. Ainsi dans l'Empire Ottoman ils étaient simplement soumis à la taxe des étrangers et ne subissaient aucune réglementation restrictive, mais nulle part leur prospérité n'était si grande qu'en Hollande et en Angleterre. Ils s'étaient établis dans les Pays-Bas en 1593, Marranes fuyant l'Inquisition espagnole, et de là ils avaient détaché une colonie à Hambourg puis, plus tard, sous Cromwell, en Angleterre, d'où depuis des siècles ils étaient chassés, et où Menassé-ben-Israël les ramena. Les Hollandais, comme les Anglais, gens pratiques et avisés, utilisèrent le génie commercial des Juifs et le firent servir à leur propre enrichissement. D'incontestables affinités existaient du reste entre l'esprit de ces nations et l'esprit juif, entre l'Israélite et le Hollandais positif ou l'Anglais, cet Anglais dont le caractère, dit Emerson, peut se ramener à une dualité irréductible qui fait de ce peuple le plus rêveur et le plus pratique du monde, chose que l'on peut également dire des Juifs.

En France, les Juifs Portugais avaient été autorisés par Henri II à s'établir à Bordeaux, où, en vertu des des privilèges conférés, privilèges que confirmèrent Henri III, Louis XIV, Louis XV et Louis XVI, ils acquirent de grandes richesses dans le commerce maritime.

Dans les autres villes de France, on en trouvait fort peu, encore ceux qui séjournaient soit à Paris, soit ailleurs, n'y avaient élu domicile qu'à cause de la tolérance administrative. En Alsace seulement existait une forte agglomération.

L'excellence de leur situation ne provoquait pas de manifestations violentes, parfois on protestait un peu, on disait avec Expilly : « On voit avec une peine infinie que des hommes aussi vils, qui n'ont été reçus qu'en qualité d'esclaves, aient des meubles précieux, vivent délicatement, portent de l'or et de l'argent sur leurs habits, se parent, se parfument, apprennent la musique instrumentale et vocale et montent à cheval par pure distraction. » Cependant, de jour en jour une plus large tolérance se manifestait à leur égard ; le monde se rapprochait d'eux. Se rapprochaient-ils à leur tour du monde? Non. Ils semblaient s'attacher de plus en plus à leur patriotisme mystique ; plus ils allaient, plus les rêves de la Kabbale

9.

les hantaient, ils attendaient le Messie avec une confiance chaque jour renouvelée, et jamais les faux
Messies ne furent accueillis avec autant d'enthousiasme qu'au dix-septième et au dix-huitième siècles.
Les kabbalistes épuisaient les combinaisons arithmé-
tiques pour calculer la date exacte de la venue de
celui qui était si désiré. Vers 1666, époque que l'on
avait le plus généralement indiquée comme l'époque
sacrée, tous les Juifs d'Orient furent soulevés par les
prédications de Zabbataï Zévi. De Smyrne, où Zabbataï
avait proclamé sa messianité, le mouvement se propagea en Hollande, et même en Angleterre, et chacun attendit de ce roi des rois, ainsi appelait-on
Zabbataï, la restauration de Jérusalem et du royaume
saint. Le même enthousiasme se manifesta en 1755,
lorsque Frank se présenta en Podolie comme le nouveau Messie. Autour de tous ces illuminés, de nombreuses sectes mystiques se formèrent : celle des
Donmeh, qui se rattachait aux musulmans, celle des
Hassidims, des néo-Hassidims, et celle des Trinitaires
qui se rapprochait du christianisme en professant le
dogme du Dieu un et triple (1).

Ces espoirs qu'entretenait l'illuminisme des kabbalistes contribuaient à retenir les Juifs à l'écart, mais
ceux qui n'étaient pas séduits par les spéculations
des rêveurs se courbaient sous le joug du Talmud,
joug plus rude encore, plus avilissant en tous cas.
Depuis le seizième siècle, loin de diminuer, la
tyrannie talmudique s'était accrue. A cette époque,

(1) Peter Beer : *Le Judaïsme et ses sectes.*

Joseph Caro avait rédigé le *Schulchan Aruch*, code talmudique qui — suivant d'ailleurs les traditions inculquées par les rabbanites — érigeait en lois les opinions doctorales. Jusqu'à notre temps, les Juifs d'Europe vécurent sous l'abominable oppression de ces pratiques. (1) Les Juifs Polonais renchérissant encore sur Joseph Caro, raffinèrent les subtilités déjà si grandes du *Schulchan Aruch*, auquel ils firent des additions, et ils instaurèrent dans l'enseignement dialectique la méthode du *Pilpoul* (des grains de poivre).

A mesure donc que le monde se faisait plus doux pour eux, les Juifs — du moins la masse — se retiraient en eux-mêmes, ils rétrécissaient leur prison, ils se liaient de liens plus étroits. Leur décrépitude était inouïe, leur affaissement intellectuel n'avait d'égal que leur abaissement moral ; ce peuple paraissait mort.

Cependant la réaction talmudique partit des Juifs eux-mêmes. Au dixième siècle, Mardochée Kolkos (2), de Venise, avait déjà publié un livre contre la Mischna ; au dix-septième siècle, Uriel Acosta (3) combattit avec violence les rabbins, et Spinoza (4) ne se montra pas pour eux très tendre. Mais l'antitalmudisme se manifesta surtout au dix-huitième siècle, d'abord parmi les mystiques, ainsi les Zoharites disciples

(1) Aujourd'hui encore ils vivent ainsi en Russie, en Pologne et en Galicie.

(2) Voir Wolf : *Bibliotheca Hebraæ*, t. II, p. 798 — Hambourg, 1721.

(3) *Exemplar vitæ humanæ*. (Publié par Limborch, 1687.)

(4) *Tractatus. Theolog. Polit.*

de Franck qui se déclaraient les ennemis des docteurs de la loi. Toutefois ces adversaires des rabbanites étaient impuissants à tirer les Juifs de leur
abjection. Il fallut, pour commencer cette œuvre,
qu'un homme, juif en même temps que philosophe,
Moïse Mendelsohn, opposât au Talmud la Bible. Il la
traduisit en allemand en 1779 : grande révolution !
C'était le premier coup porté à l'influence rabbinique. Aussi les talmudistes, qui avaient jadis voulu
assassiner Kolkos et Spinoza, attaquèrent-ils violemment Mendelsohn et interdirent sous peine
d'excommunication la lecture de la Bible qu'il avait
traduite. Ces colères furent vaines. Mendelsohn fut
suivi ; des jeunes gens, ses disciples, fondèrent un
journal, le *Meassef*, qui défendait le nouveau judaïsme, essayait d'arracher les Juifs à leur ignorance et à leur avilissement, et préparait leur émancipation morale. Quant à l'émancipation politique, la
philosophie humanitaire du dix-huitième siècle travaillait à la rendre possible. Si Voltaire fut un
ardent judéophobe, les idées que lui et les encyclopédistes représentaient n'étaient pas hostiles aux
Juifs, puisque c'étaient des idées de liberté et d'égalité universelle. D'autre part, si, en fait, les Juifs
étaient isolés dans les états, ils n'étaient pas sans
avoir des points de contact avec ceux qui les entouraient.

Le capitalisme s'était développé parmi les nations ;
l'agiotage et la spéculation étaient nés; les financiers
chrétiens s'y livraient avec ardeur, comme ils se

livraient à l'usure, comme, en qualité de fermiers généraux, ils percevaient les impôts et les taxes. Les Juifs pouvaient par conséquent prendre leur place au milieu de ceux que « les escomptes enrichissaient aux dépens du public, et qui étaient les maîtres de tous les biens des Français de tous les ordres », ainsi que disait déjà Saint-Simon.

Les objections économiques qu'on fit valoir contre leur émancipation possible n'avaient plus la même valeur qu'au moyen âge, alors que l'Eglise voulait faire des Juifs les seuls représentants de la classe des manieurs d'argent. Quant aux objections politiques : qu'ils formaient un État dans l'État, que leur présence en qualité de citoyens ne se pouvait tolérer dans une société chrétienne, et lui était même nuisible, elles restèrent valables jusqu'au jour où la Révolution française porta un coup direct à la conception de l'état chrétien. Aussi, Dohm, Mirabeau, Clermont-Tonnerre, l'abbé Grégoire eurent-ils raison contre Rewbel, Maury et le prince de Broglie, et l'Assemblée Constituante obéit à l'esprit qui la conduisait depuis ses origines quand, le 27 septembre 1791, elle déclara que les Juifs jouiraient en France des droits de citoyens actifs. Les Juifs entraient dans la société.

CHAPITRE VII

LA LITTÉRATURE ANTIJUDAÏQUE ET LES PRÉJUGÉS

L'antijudaïsme scripturaire et ses formes. — L'antijudaïsme théologique. — La transformation de l'Apologétique chrétienne. — La judaïsation et ses ennemis. — Anselme de Cantorbéry, Isidore de Séville. — Pierre de Blois. — Alain de Lille. — L'Etude des livres juifs. — Raymond de Penaforte et les dominicains. — Raymond Martin et le *Pugio Fidei*. — Nicolas de Lyra et son influence. — La littérature antijuive théologique et les conversions. — Nicolas de Cusa. — Les convertis juifs et leur rôle. — Paul de Santa Maria, Alphonse de Valladolid. — L'antitalmudisme et les convertis : Pfefferkorn. — Les controverses sur le Talmud et la religion juive. — Controverses de Paris, de Barcelone et de Tortose. — Nicolas Donin, Pablo Christiani et Jérôme de Santafé. — Les *Extractiones Talmut*. — L'antijudaïsme social. — Agobard, Amolon, Pierre le Vénérable, Simon Maiol. — L'antijudaïsme polémique — Alonzo da Spina. — *Le livre de l'Alboraïque* — Pierre de l'Ancre. — Francisco de Torrejoncillo et la *Centinela contra Judios*. — L'antijudaïsme polémique et les préjugés. — — Les Juifs et les races maudites. — Juifs, Templiers et sorciers. — Le meurtre rituel. — La défense des Juifs. — Jacob ben Ruben, Moïse Kohen de Tordesillas, Semtob ben Isaac Schaprut. — La littérature polémique juive en Espagne au quinzième siècle. — L'antichristianisme. — Hasdaï Crescas et Joseph ibn Schem Tob. — Les attaques contre le Nouveau-Testament. — Les *Nizachon* et *Le livre de Joseph le Zélateur*. — Le *Toledot Jeschu*. — — Attaques contre les apostats. — Isaac Pulgars, Don Vidal ibn Labi. — Transformation de l'antijudaïsme scripturaire au dix-septième siècle. — Les convertisseurs. — Les Hébraïsants et les exégètes : Buxtorf et Richard Simon. — Wagenseil, Voetius, Bartolocci. — Eisenmenger. — John Dury. — Parenté et similitude des ouvrages antijuifs : les imitateurs. — L'antijudaïsme littéraire ancien et l'antisémitisme moderne. — Leurs affinités.

Depuis le huitième siècle jusqu'à la Révolution Française, nous n'avons étudié que l'antijudaïsme légal et l'antijudaïsme populaire. Nous avons vu peu à peu se constituer la législation contre les Juifs, législation canonique d'abord, civile ensuite ; nous avons dit de quelle façon la foule fut préparée en partie, par les décrets des papes, des rois et des républiques, à haïr et à maltraiter les Juifs, et combien cette exaspération du peuple, les massacres qu'il faisait, les insultes et les avanies dont il était prodigue, eurent leur contre-coup sur cette législation ; nous avons montré que, jusqu'au quinzième siècle, les charges pesant sur les Juifs, s'accrurent chaque an, si bien qu'à cette époque elles atteignirent le maximum et que dès lors elles diminuèrent, les articles des codes cessèrent d'être rigoureusement appliqués, les coutumes tombèrent lentement en désuétude, on fit point ou peu de lois nouvelles et le Juif marcha ainsi vers la libération.

Toutefois il est une sorte d'antijudaïsme dont

nous ne nous sommes pas spécialement préoccupés, et qu'il nous faut désormais examiner. Tandis que l'Eglise et les monarchies légiféraient contre les Juifs, les théologiens, les philosophes, les poètes, les historiens écrivaient sur eux. C'est cet antijudaïsme scripturaire dont il nous reste à retracer le rôle, l'action et l'importance.

Il ne naquit pas sous les mêmes influences, des causes diverses l'engendrèrent et suivant ces causes il fut théologique ou social, dogmatique ou bien polémique. Non pas que l'on puisse classer tous les écrits antijuifs dans une de ces catégories à l'exclusion de toute autre, au contraire il en est peu qui puissent uniquement se rapporter à un de ces types, mais cependant on peut, selon leur tendance principale, les faire entrer dans un des cadres que je viens d'indiquer. L'antijudaïsme théologique seul a produit des œuvres nettement tranchées, écrites sans soucis sociaux, et encore ces œuvres, quelque caractérisques qu'elles soient, peuvent être dogmatiques et polémiques à la fois.

L'antijudaïsme théologique, le premier en date, eut, tout naturellement, à ses débuts, des allures d'apologie; il n'en pouvait être autrement car on ne combattait le judaïsme que pour glorifier la foi chrétienne et prouver son excellence. Comme nous l'avons dit, vers la fin du quatrième siècle on cessa de produire des écrits apologétiques; la jeune Église, dans l'ivresse de son triomphe, pensa n'avoir plus besoin de démontrer sa supériorité, et on ne trouve plus guère au cinquième siècle, pour représenter l'apologétique, que l'*Altercation de Simon et de Théophile* d'Evagrius (1), dans laquelle était imitée et plagiée même l'*Altercation de Jason et de Papiscus* d'Ariston de Pella; puis il faut venir au septième siècle pour trouver les trois livres d'Isidore de Séville dirigés contre les Juifs (2).

Quand naquit la scolastique, l'apologétique reparut. La scolastique fut bien à ses débuts une servante du dogme, mais une servante raisonneuse qui essayait d'expliquer métaphysiquement la Trinité, et les discussions sur le nominalisme et sur le réalisme n'eurent tant d'importance au moyen âge que parce que l'on appliqua ces deux théories à l'interprétation de la Trinité. Toute la métaphysique de ce temps tournait autour de la nature et de la divinité de Jésus-Christ; de là, l'importance pour les théologiens scolastiques de défendre cette divinité même contre ceux qui la niaient; or ceux dont la négation était la plus tenace n'étaient-ils pas les Juifs? Il était donc nécessaire de persuader ces obstinés, aussi les apologies renaquirent-elles et toutes ou presque toutes furent adressées aux Juifs.

Elles étaient à deux fins : elles défendaient les dogmes et les symboles catholiques et elles combattaient le judaïsme. Elles s'opposaient à cette judaïsation que l'Eglise, ses docteurs, ses philosophes et ses

(1) Voir *Spicilegium* d'Achéry, t. X et XV.

(2) Isidore de Séville : *De Fide Catholica ex veteri et novi Testamenti contra Judæos* (Opera, t. VII) Migne, P. L. LXXXIII.

apologistes redoutaient toujours, se représentant le Juif comme le loup qui rôde autour du bercail pour ravir les brebis à la vie bienheureuse. C'est par ces sentiments que furent guidés par exemple Cedrenus (1) et Théophane (2) en écrivant leurs *Contra Judeos*, et Gilbert Crépin, abbé de Westminster, dans sa *Disputatio Judei cum christiano de fide christiana* (3).

La forme de ces écrits était peu variée; ils reproduisaient presque servilement les arguments classiques des Pères de l'Eglise, et étaient rédigés sur des patrons semblables. En analyser un c'est les analyser tous. Ainsi le traité de Pierre de Blois (4) : *Contre la Perfidie des Juifs*, énumérait en trente chapitres les témoignages que contiennent l'Ancien Testament et les prophètes surtout, en faveur de la Trinité et de l'Unité divine, du Père et du Fils, du Saint-Esprit, de la messianité de Jésus-Christ, de la descendance davidique du Fils de l'homme, et de son incarnation. Il terminait en démontrant, d'après les mêmes autorités, que la loi avait été transmise aux gentils, que les Juifs étaient voués à la réprobation, mais que les restes d'Israël seraient néanmoins convertis et sauvés un jour. Guibert de Nogent, dans son *De Incarnatione adversus Judœos* (5) ; Rupert dans son *Annulus sive dialogus inter christianum et Judeum de fidei*

(1) *Disputatio contra Judœos :* Opéra, édit. Basileens, p. 180.
(2) *Contra Judœos.* Lib. VI.
(3) Migne. P. L., CLIX.
(4) *Liber contra perpidia Judœorum :* Opéra. Paris, 1519.
(5) *Opera.* Paris, 1651.

sacramentis (1); Alain de Lille dans son *De Fide Catholica* (2); bien d'autres encore dont l'énumération serait fastidieuse, procédaient de façon identique, développant les mêmes raisonnements, s'appuyant sur les mêmes textes, usant des mêmes interprétations. Toute cette littérature était du reste d'une extrême médiocrité; j'en connais peu de plus vaine et Anselme de Cantorbéry lui-même, lorsqu'il composa son *De Fide seu de Incarnatione verbis contra Judæos*, ne réussit pas à la rendre plus intéressante.

Cependant, ces écrits, ces discussions, ces fictifs dialogues remplissaient peu ou même pas du tout leur but. Ils n'étaient guère consultés que par des clercs et ainsi s'adressaient à des convertis; si les rabbins les lisaient, ils n'en faisaient qu'un cas très mince; comme leur exégèse et leur science biblique étaient de beaucoup supérieures à celle des bons moines, ces derniers avaient rarement l'avantage; en tous cas ils ne persuadaient nullement ceux qu'ils désiraient convaincre et, comme ils ne connaissaient pas les commentaires talmudiques et exégétiques dans lesquels les Juifs puisaient leurs armes et leurs forces, ils ne pouvaient les combattre avec efficacité. Au treizième siècle les choses changèrent. Les œuvres des philosophes juifs se répandirent, et exercèrent sur la scolastique de ce temps une considérable influence; des hommes comme Alexandre de Hales lurent Maïmonide (Rabi Moyses) et Ibn

(1) Migne. P. L., CLXX.
(2) Migne. P. L., CCX.

Gabirol (Avicebron), et ils gardèrent l'empreinte des doctrines qu'exposaient le *Guide des Egarés* et la *Fontaine de Vie*. La curiosité fut éveillée, on voulut connaître la pensée et la dialectique juives, d'abord pour philosopher, ensuite pour lutter avec plus de profit contre les Juifs.

Le dominicain Raimond de Penaforte, confesseur de Jacques Iᵉʳ d'Aragon et grand convertisseur de Juifs, invita les dominicains à apprendre l'hébreu et l'arabe pour persuader mieux les Juifs et pour les mieux combattre. Il organisa des écoles pour apprendre aux moines ces deux langues et fut l'initiateur des études hébraïques et arabes en Espagne. Il créa ainsi une lignée d'apologistes qui ne se contentèrent plus de colliger les passages de l'Ancien Testament préfigurant la Trinité ou prophétisant le Messie, mais qui essayèrent de refuter les livres rabbiniques et les assertions talmudiques.

De ce mouvement sortit une légion de traités et de démonstrations, tous *boucliers, remparts, forteresses de la foi*. Dans ces écrits, les Juifs étaient « égorgés avec leur propre glaive », « transpercés de leur épée », c'est-à-dire qu'on les *persuadait de leur ignominie et qu'on les convainquait de mensonges* en se servant de leur propre argumentation, telle que les moines la trouvaient, ou du moins croyaient la trouver dans le Talmud.

Parmi tous ces libelles théologiques, les plus connus sont ceux que publia le dominicain Raymond Martin, « homme aussi remarquable pour sa connaissance des écrits hébraïques et arabes que par celle des œuvres latines ». (1) Ces libelles portent des titres assez caractéristiques : *Capistrum Judæorum* (*Muselière des Juifs*) et *Pugio Fidei* (*Poignard de la Foi*) (2). Le second fut le plus répandu. « Il est bon, y disait Raymond Martin, que les chrétiens prennent en main le glaive de leurs ennemis les Juifs pour les en frapper avec. » Partant de là, et de cette idée très répandue que Dieu a donné à Moïse une loi orale, commentaire de la loi écrite, et contenant la révélation de la Trinité et de la divinité de Jésus, Martin prouvait, par les textes bibliques, talmudiques et kabbalistiques que le Messie était venu et que les dogmes du catholicisme étaient irréfutables. En même temps, dans deux chapitres (3), il s'attaquait au judaïsme qu'il présentait comme réprouvé et abominable.

Le *Pugio Fidei* fut fort en vogue pendant le treizième et le quatorzième siècles parmi les moines, surtout parmi les dominicains, ardents défenseurs de la foi. On l'étudia, on le consulta, et on le plagia. Le nombre des écrits qu'inspira Raymond Martin, et auxquels le *Pugio Fidei* servit de prototype et même de moule, fut considérable. On peut citer entre

---

(1) Augustin Giustiniani : *Linguæ Hebreæ* (1536).
(2) *Pugio Fidei* (Paris, 1651) (voir Quétif : *Bibl. scriptorum dominicarum*, t. I p. 396 et l'édition de Carpzon. Leipzig, 1637).
(3) Chap. xxi et xxii : *de Reprobatione et Fœtore doctrinæ Judæorum*.

autres ceux de Porchet Salvaticus (1), de Pierre de Barcelone (2) et de Pietro Galatini (3).

Cependant, la science même de Martin n'était pas parfaite et, comme nous le verrons tout à l'heure, dans les controverses, les rabbins avaient trop souvent raison de leurs adversaires. Les antijuifs avaient besoin d'armes meilleures : le franciscain Nicolas de Lyra les leur donna. Nicolas de Lyra avait étudié avec soin la littérature rabbinique, et ses connaissances hébraïques, leur étendue, leur variété et leur solidité ont fait croire qu'il était d'origine juive, ce qui est peu probable. Il fut en tout cas le précurseur de l'exégèse moderne, cette exégèse qui est la fille de la pensée juive et dont le rationalisme est purement judaïque; il fut l'ancêtre de Richard Simon. Nicolas de Lyra déclara que l'explication littérale du texte de l'Écriture devait être le fondement de la science ecclésiastique, et que le texte et sa signification étant établis, il fallait en tirer les quatre sens : littéral, allégorique, moral et anagogique (4). Dans les *Postilla* et les *Moralitates*, réunis et fondus plus tard (5) en un grand ouvrage, Nicolas de Lyra exposa

(1) *Victoria adversus impios Hebreos et sacris litteris* (Paris, 1629): Wolf : *Bibl. Hebr.*, t. I, p. 1124.

(2) Sur Pierre de Barcelone (Petrus Barcinonensis) voir Fabricius : *Bibliotheca Latina.*

(3) *De Arcanis catholicæ veritatis libri* (Soncino, 1518).

(4) Tout le moyen âge a cru à ce quadruple sens des Écritures, quadruple sens dont le distique suivant exprimait la valeur :

  Littera gesta docet, quid credas, allegoria ;
  Moralis quid agas : quo tendas anagogia.

(5) *Postillæ perpetuæ in universa Biblia* (Rome, 1471, 5 vol.),

ses recherches. Ce fut désormais l'arsenal où l'on puisa dans les polémiques contre les Juifs, et aussi pour défendre les évangiles contre les attaques israélites, car Nicolas de Lyra, dans son *de Messia* (1), avait réfuté les critiques que les Juifs faisaient à l'Ancien Testament. De nombreuses éditions des œuvres de Nicolas de Lyra furent faites, on y ajouta des commentaires, des notes et des additions, et il fut encore en exégèse le maître de Luther.

Mais si combattre les Juifs était louable, il était plus méritoire encore de les convaincre et la plupart de ces moines polémistes n'oubliaient pas qu'une des fins de l'Eglise était la conversion de Juda. Tandis que les conciles prenaient des mesures en vue de convertir les Juifs, les écrivains s'efforçaient de leur côté d'être persuasifs, plusieurs même, plus pratiques, allaient jusqu'à chercher un terrain de conciliation. Ainsi Nicolas de Cusa voulait en faisant certains sacrifices — il allait jusqu'à accepter la circoncision — réunir toutes les religions en une dont le dogme principal eût été la Trinité. La vieille « *obstinatio Judæorum* », qui soutenait l'unité divine, s'opposait à ces tentatives, et en général, les avances des chrétiens étaient mal accueillies. Toutefois les conversions n'étaient point rares, et je ne parle pas seulement de celles qui étaient amenées par la violence mais encore de celles qu'on obtenait par la

(1) *De Messia, ejusque adventu prœterito, tractatus una cum responsione ad Judaei argumenta XIV contra veritatem evangeliorum* (Venise, 1481).

persuasion. Dans la littérature antijuive, comme dans l'histoire des persécutions, ces convertis Juifs jouèrent un très grand rôle. Ils se montrèrent contre leurs coreligionnaires les plus violents, les plus injustes, les plus déloyaux des adversaires. C'est là la caractéristique générale des convertis, et les exemples d'Arabes convertis au christianisme ou de chrétiens s'étant voués à l'Islam, témoignent que cette règle souffre bien peu d'exceptions.

Une foule de sentiments concouraient à entretenir chez les apostats cette humeur atrabilaire. Ils désiraient avant tout donner des gages de leur sincérité; ils sentaient qu'une sorte de suspicion les entourait à leur entrée dans le monde chrétien, et l'affectation de piété qu'ils affichaient ne leur paraissait pas suffisante pour dissiper les soupçons.

Ils ne craignaient rien tant que d'être accusés de tiédeur, ou de sympathie envers leurs anciens frères, et la façon dont l'Inquisition traitait ceux qu'elle considérait comme relaps, n'était pas faite pour diminuer la crainte que ressentaient les prosélytes. Aussi simulaient-ils un excès de zèle, que soutenait chez beaucoup, sinon chez tous, une foi réelle. Quelques-uns d'entre eux même, persuadés d'avoir trouvé le salut dans leur conversion, s'efforçaient de gagner leurs coreligionnaires aux croyances chrétiennes; parmi ceux-là l'Eglise trouva plusieurs de ses plus intrépides et de ses plus écoutés convertisseurs (1). Ils ne

_____

(1) Pour la littérature antisémitique des apostats juifs, voir Wolf : *Bibl. Hebr.*, t. I.

se bornaient pas à publier des apologies, ils prêchaient dans les églises aux Juifs que les décisions canoniques obligeaient d'assister aux sermons en auditeurs dociles. Ainsi Samuel Nachmias (1), baptisé sous le nom de Morosini, Joseph Tzarphati qui se fit appeler Monte après son baptême (2), le rabbin Weidnerus, qui persuada un grand nombre de Juifs de Prague, de l'excellence de la Trinité. Certains même appelaient sur les Israélites qu'ils avaient délaissés les rigueurs des lois ecclésiastiques et civiles. Vers 1475, par exemple, Peter Schwartz et Hans Bayol, Juifs convertis, provoquèrent par leurs excitations la population de Ratisbonne à saccager le Ghetto ; en Espagne, Paul de Santa-Maria, incita Henri III de Castille à prendre des mesures contre les Juifs. Ce Paul de Santa-Maria, autrefois connu sous le nom de Salomon Lévi de Burgos, n'était pas un personnage ordinaire. Rabbin très pieux, très savant, il abjura à quarante ans, après les massacres de 1391, et reçut le baptême ainsi que son frère et quatre de ses fils. Il étudia la théologie à Paris, fut ordonné prêtre, devint évêque de Carthagène et plus tard chancelier de Castille. Il publia un *Examen de l'Ecriture sainte*, dialogue entre le mécréant Saül et le converti Paul, et donna une édition des *Postilla* de Nicolas de Lyra, édition augmentée de ses *Additiones* et de gloses. Il n'arrêta pas là son action. On le trouve comme instigateur dans toutes les persé-

(1) *Via della Fede*. (Wolf : *Bibl. Hebr.*, p. 1010.)
(2) *Traité de la Confusion des Juifs* (Wolf : *Bibl. Hebr.*, p. 1010).

cutions que les Juifs de son temps eurent à subir en
Espagne, et il poursuivit la synagogue d'une haine
féroce ; cependant il se borna, dans ses œuvres, à la
polémique théologique (1).

Mais tous les convertis n'étaient pas semblables à
Paul de Santa-Maria. Ils étaient en général peu ins-
truits et de médiocre intelligence si nous en croyons
le Pogge qui apprit l'hébreu chez un Juif baptisé :
« Bête, dit-il, lunatique et ignorant comme le sont
d'ordinaire les Juifs qui se font baptiser. » Cette catégorie de catéchumènes se montra la plus haineuse.
Ceux qui la composaient étaient d'ailleurs excités
par leurs coreligionnaires, qui détestaient très vigoureusement leurs apostats, et ne se faisaient pas
faute de les maltraiter, à tel point que l'on fit des
lois nombreuses pour défendre aux Juifs de jeter des
pierres sur les renégats, et de salir leurs vêtements d'huile et d'odeurs fétides. Quand les Juifs ne
purent plus malmener les convertis, ils les insultè-
rent et les raillèrent. Les nouveaux chrétiens répon-
dirent à ces insultes, en publiant des satires contre
les rabbins, comme firent Don Pedro Ferrus et Diego
de Valence, ou en injuriant leurs adversaires dans
de gros traités dogmatiques ainsi que Victor de
Carben (2). Ils n'oubliaient pas de recourir à la dé-

(1) Voir Wolf, *Bibl. Hebr.*, I, p. 1004, et Joseph Rodriguez de
Castro : *Bibliotheca española* (Madrid, 1781), t. I, p. 235.

(2) Trois traités contre les Juifs : 1° *Propugnaculum fidei christiana* (1510); 2° *Judeorum erroris et moris* (Cologne, 1509); 3° *De
vita et moribus Judæorum* (Paris, 1511) Voir Wolf : *Bibl. Hebr.*,
t. IV, p. 578.

monstration théologique, mais ils préféraient souvent l'invention et même la calomnie; parfois ils alliaient les deux choses, tel Alphonse de Valladolid (Abner de Burgos) qui publia à la fois des concordances de la loi et des traités d'âpre polémique : le *Livre des batailles de Dieu* et le *Miroir de justice* (1).

Mais le grand adversaire des convertis, celui qui devait supporter le plus fort de leur colère, c'était le Talmud. Ils le dénonçaient constamment aux inquisiteurs, au roi, à l'empereur, au pape. Le Talmud était le livre abominable, le réceptacle des plus affreuses injures contre Jésus, la Trinité et les chrétiens, contre lui Pedro de la Caballeria écrivait sa « *Colère du Christ contre les Juifs* » (2), Pfefferkorn son *Ennemi des Juifs* (3), dans lequel il se félicitait de s'être « retiré du sale et pestiféré bourbier des Juifs », et Jérome de Santa-Fé son *Hebreomastyx* (4). Les théologiens catholiques suivaient l'exemple des convertis, le plus souvent même ils n'avaient sur le Talmud que les notions que les convertis leur donnaient.

Les autodafés suivaient communément ces dénonciations du Talmud, mais ils étaient ordinairement précédés d'une controverse. Cette coutume des controverses remonte à une très haute antiquité. Nous savons que déjà les docteurs juifs discutèrent avec

(1) Bibliothèque nationale, manuscrit du fonds espagnol, n° 43 voir Isidore Loeb. Revue des Etudes Juives, t. XVIII).

(2) *Tractatus Zelus christi contra Judæos. Sarracenos et infideles* (Venise, 1542).

(3) *Hostis Judæorum* (Cologne, 1509).

(4) *Hebreomastyx* (Francfort, 1601).

les apôtres ; en présence des Empereurs de Rome et de Byzance on vit plusieurs fois rabbins et moines lutter d'éloquence pour convaincre leurs auditeurs de l'excellence de leur cause, et le roi des Khazars ne se décida à embrasser le "daïsme qu'après une discussion à laquelle prirent part un Juif, un chrétien et un musulman — ainsi du moins le rapporte la légende (1). — Ces conférences étaient cependant rarement publiques, l'Eglise en redoutait les conséquences ; elle craignait la subtilité juive, habile à trouver des objections qui embarrassaient les défenseurs de la foi catholique et troublaient les fidèles. On ne pratiquait guère que des conférences privées, entre dignitaires ecclésiastiques et Talmudistes, et à ces réunions peu d'auditeurs étaient admis, sauf en de rares et importantes circonstances, cas dans lesquels une sanction légale suivait la dispute. Dans ces disputes étranges, où une des parties était aussi juge, les Juifs étaient en général les plus forts. Leur dialectique plus serrée, leur science plus réelle, leur exégèse plus sérieuse et plus subtile, leur donnaient un facile avantage. Malgré cela, ou plutôt à cause de cela, les Juifs étaient très prudents dans leurs assertions, ils les présentaient sous une forme des plus courtoises, et ils prêtaient l'oreille à ces mélancoliques paroles de Moïse Kohen de Tordesillas s'adressant à ses frères : « Ne vous laissez jamais em-

(1) Juda Hallévy : *Liber Cosri* (Traduit par Jean Buxtorf, fils, 1660 — une traduction allemande avec introduction a été donnée par H. Jolowicz et D. Cassel ; *Das Buch Kuzari*, 1841, 1853).

porter par votre zèle au point de proférer des mots blessants, car les chrétiens possèdent la force et peuvent faire taire la vérité à coups de poing. » Ces conseils étaient suivis, mais, malgré les précautions prises, quand on était à bout d'arguments on assommait le Juif qui finissait toujours par avoir tort.

D'ailleurs on chargait habituellement les dénonciateurs de soutenir leurs assertions. En 1239, Nicolas Donin, de la Rochelle, Juif converti, porta devant le pape Grégoire IX une accusation contre le Talmud. Grégoire ordonna de saisir les exemplaires du livre et de faire une enquête. Des bulles furent adressées aux évêques de France, d'Angleterre, de Castille et d'Aragon. En France, seul pays où les bulles furent suivies d'effet, le chancelier de l'Université de Paris, Eudes de Chateauroux, dirigea l'enquête. La controverse fut ordonnée, elle eut lieu en 1240, entre l'accusateur Nicolas Donin et quatre rabbins : Yechiel de Paris, Juda ben David de Melun, Samuel ben Salomon, et Moïse de Coucy. La discussion fut longue, mais l'habileté de Donin finit par diviser les rabbins ; le Talmud fut condamné et, quelques années après, brûlé.

En 1263, Raimond de Penaforte organisa à la cour d'Aragon une controverse entre les rabbins Nahmani de Girone (Maître Astruc de Porta) et Pablo Christiani, dominicain, juif converti et zélé convertisseur. Cette fois, après une discussion de quatre jours sur la venue du Messie, la divinité de Jésus et le Talmud, Nahmani fut vainqueur. Le roi même

10.

le reçut en audience, l'accueillit fort bien et le combla
de présents. Mais des victoires semblables étaient
exceptionnelles, car le plus souvent les livres juifs,
quelle que fut l'habileté de leurs défenseurs, étaient
condamnés d'avance par les juges. Ainsi Josua Lorqui
d'Alcanis, Juif baptisé connu sous le nom de Jérome
de Santa Fé, médecin de l'antipape Benoit XIII,
provoqua, dans le but de faire des prosélytes, un colloque à Tortose, colloque qui s'ouvrit en 1417. Jérome
s'était fait fort de démontrer, par les textes talmudiques, que le Messie était arrivé et que c'était bien
Jésus. Il eut pour contradicteurs les plus fameux docteurs de l'Espagne, Don Vidal Benveniste ibn Albi,
Joseph Albo, Zerayha Hallévi Saladin, Astruc Lévi
de Daroque et Bonastruc de Girone. La controverse
eut lieu devant l'antipape entouré de ses cardinaux ;
elle dura soixante jours après lesquels nulle conversion ne s'étant produite, Jérome de Santa Fé pro-
nonça un réquisitoire contre le Talmud dont la lecture
fut interdite.

Pendant le quatorzième et le quinzième siècles, en
Espagne, ces controverses se multiplièrent. C'est le
converti Alphonse de Valladolid discutant à Valladolid avec ses anciens coreligionnaires; c'est Jean de
Valladolid, un converti encore, disputant avec Moïse
Kohen de Tordesillas sur les preuves du dogme
chrétien contenus dans l'Ancien Testament et sortant
vaincu de la lutte ; c'est Schem Tob ben Isaac Schaprut controversant à Pampelune sur le péché ori-
ginel et la rédemption avec le cardinal Pedro de

Luna, qui fut plus tard l'anti-pape Benoît XIII. On en pourrait citer bien d'autres, toutes montrant quelles préoccupations les Juifs donnaient à l'Eglise et combien leur conversion était désirée et sollicitée. Toutes ces disputes furent du reste courtoises jusqu'au moment ou l'Inquisition fut établie. Les théologiens s'efforçaient d'y préparer les prêtres et les moines pour éviter que la foi catholique ne fût mise en échec, et, à cette fin, ils composaient des extraits qui étaient destinés à renseigner les défenseurs du Christ sur les erreurs reprochées au Talmud. Quelques-uns de ces guides nous ont été conservés, par exemple ces *Extrationes Talmut* que fit rédiger Eudes de Chateauroux après l'au-to-dafé de 1242, et ces *Censura et Confutatio libri Talmut* (1), ouvrage composé par Antoine d'Avila et un prieur du couvent de la Sainte-Croix de Ségovie et adressé à Thomas de Torquemada. Tous ces manuels furent mis entre les mains des inquisiteurs d'Espagne et servirent à instruire les procès des Marranes et des Juifs.

Mais, à côté du Juif considéré comme l'ennemi de Jésus, l'adversaire du christianisme, il y avait le Juif usurier, le manieur d'argent, celui sur lequel tombait une partie des haines de l'opprimé et du pauvre, celui que la bourgeoisie naissante commençait à envier et à haïr. J'ai montré ce Juif-là à l'œuvre, comment il en arriva à l'exclusive recherche de l'or, et comment, victime expiatoire, bouc émissaire

(1) Ms. 351 du fonds espagnol de la Bibliothèque Nationale (V. Loeb. *Revue des Etudes Juives.*. t. XVIII)

chargé de tous les péchés d'une société qui ne valait
pas mieux que lui, il fut en butte aux colères populaires. Le peuple, s'il massacra le plus souvent le
déicide, se rua aussi sur le rogneur de ducats ; son
antijudaïsme fut non seulement religieux mais encore social. Il en fut de même pour l'antijudaïsme
scripturaire. Si quelques évêques et quelques écrivains ecclésiastiques se bornèrent à défendre les
symboles de leur foi contre l'exégèse juive, s'ils luttèrent contre cet esprit juif, terreur de l'Eglise qui
en était pourtant profondément imprégnée, d'autres
suivirent l'exemple des Pères qui avaient tonné
contre la rapacité judaïque et la rapacité des riches
en général. Aux traités théologiques qu'ils publièrent, ils ajoutèrent des réquisitoires destinés à combattre les prêteurs sur gage, les hommes qui vivaient
de l'usure. Agobard (1), Amolon (2), Rigord (3), Pierre
de Cluny (4), Simon Maiol (5), furent ces antijuifs.
Ils furent de ceux que l'opulence des Juifs révoltait
davantage que leur impiété, qui étaient plus scanda-
lisés de leur luxe que de leurs blasphèmes. Certes,
pour eux les Juifs sont les plus détestables adversaires de la vérité, les pires des incrédules (6) ; ils

---

(1) *De Insolentia Judæorum* (Patrologie latine, t. CIV).
(2) *Epistola seu liber Contra Judæos* (Patrologie latine, t. CXVI).
(3) *Gesta Philippi Augusti*, 12, 13, 14, 15, 16.
(4) *Tractatus adversus Judæorum inveteratam duritiam* (Bibliothèque des Pères latins. Lyon).
(5) *Les Jours caniculaires* (*Dierum canicularium*) traduits par
F. de Rosset (Paris, 1612).
(6) Agobard : *loc. cit.*

sont ennemis de Dieu et de Jésus-Christ ; ils appellent les apôtres des apostats ; ils raillent la Bible des Septante (1); ils maudissent le Sauveur, dans leurs prières journalières, sous le nom de Nazaréen ; ils construisent de nouvelles synagogues, comme en insulte à la religion chrétienne ; ils judaïsent les fidèles, ils leur prêchent le sabbat et les convainquent de pratiquer le repos sabbatique. Mais'encore ces Juifs pressurent le peuple ; ils entassent des richesses qui sont le fruit d'usures et de rapines (2): ils tiennent les chrétiens en servitude ; ils possèdent d'énormes trésors dans les villes qui les ont accueillies, à Paris et à Lyon, par exemple (3); ils commettent des vols, ils conquièrent l'argent par de mauvais procédés; « tout passe par leurs mains, ils envahissent les maisons et captent la confiance ; par leur usure, ils tirent le suc, le sang et la vigueur naturelle des chrétiens (4) ». Ils vendent des bijoux faux, sont recéleurs, faux monnayeurs et sans foi, ils font payer deux fois les dettes. Bref, « il n'y a méchancetés au monde que les Juifs ne pratiquent, de sorte qu'il semble qu'ils ne visent qu'à la ruine des chrétiens (5). »

A ce tableau de la « perfidia Judæorum », les anti-juifs comme Maiol ou comme Luther (6) ajoutaient d'abondantes injures et bientôt l'antijudaïsme devint

(1) Amolon : *loc. cit.*
(2) Pierre de Cluny : *loc. cit.*
(3) Agobard : *loc. cit.* — Rigord : *loc. cit.*
(4) S. Maiol : *loc. cit.*
(5) S. Maiol : *loc. cit.*
(6) *Les Juifs et leurs mensonges* (Wittemberg, 1558).

purement polémique. Les considérations théologiques et sociales ne tiennent plus qu'une place restreinte dans les livres d'Alonzo de Spina (1), de
Pierre de Lancre (2) surtout et de Francisco de Tor-
rejoncilló (3). Le pamphlet de ce dernier, la *Senti-
nelle contre les Juifs* est surtout curieux. Écrit au
commencement du dix-septième siècle, en Espagne, il
était dirigé contre les Marranes, lesquels, disait-on,
envahissaient toutes les fonctions civiles et religieuses. Il était divisé en quatorze livres et démon-
trait que les Juifs sont présomptueux et menteurs,
qu'ils ont toujours été traîtres, qu'on les a méprisés et
abattus, que ceux qui les favorisent finissent mal,
qu'on ne doit croire ni à eux, ni à leurs œuvres,
qu'ils sont remuants, vaniteux, séditieux, que l'Eglise
ne les garde que pour leur permettre d'engendrer
l'antechrist, leur messie, qui sera vaincu, pour permettre à Israël de reconnaître son erreur. Toutefois
on peut considérer Francisco de Torrejoncillo comme
aimable, si on compare son libelle à un singulier
petit opuscule de la même époque qui s'appelle le
Livre de l'Alboraïque (4). L'Alboraïque était la monture de Mahomet, bête étrange, qui n'était ni cheval,

(1) *Fortalitium Fidei* (Nuremberg, 1494). Wolf : *Bibl. Hebr.*,
t. I, p. 1116.

(2) *L'incrédulité et mécréance du sortilège pleinement convaincue*
(1622).

(3) *Centinela contra Judios* (voir Loeb : *Revue des Études juives*,
t. V).

(4) Bibliothèque nationale, fonds espagnol. Ms. n° 356 (Loeb :
Revue des Etudes juives, t. XVIII).

ni mulet, ni bœuf, ni âne; à cet animal singulier, l'auteur du factum assimile les Marranes, les nouveaux chrétiens qui, n'étant ni juifs ni chrétiens, sont des Alboraïques. Ceci dit, le pamphlétaire déclare que les Juifs ou Marranes, ont tous les caractères de l'Alboraïque, et il établit le plus extraordinaire des parallèles. La monture de Mahomet avait des oreilles de levrier, mais les Alboraïques sont des chiens; elle avait un corps de bœuf, mais les Alboraïques ne songent qu'aux biens matériels et à se remplir le ventre; elle avait une queue de serpent, mais les Alboraïques répandent le venin de l'hérésie.

Si tous les polémistes se fussent bornés à des comparaisons allégoriques, il n'en serait pas résulté grand mal pour les Juifs. Mais quelques-uns n'hésitèrent pas à rapporter sur ces maudits les choses les plus extraordinaires, et la littérature polémique antijuive enregistra tous les préjugés populaires, les aggrava même, en engendra de nouveaux et en tous cas les perpétua. On colporta sur les Juifs les bruits les plus bizarres; on les représenta sous des traits monstrueux, on leur attribua les difformités les plus abominables, les vices les plus noirs, les crimes les plus odieux, les coutumes les plus abjectes. Ils ont une figure de bouc, déclara-t-on, ils ont des cornes au front et un appendice caudal (1), ils sont sujets à des esquinancies, à des écrouelles, à des flux de sang, à des infirmités puantes qui les obligent à baisser la

---

(1) *Centinela contra Judios.*

tête (1), ils ont des hémorroïdes, des plaies sanglantes sur les mains, ils ne peuvent plus cracher ; la nuit leur langue est envahie par les vers. La croyance à ces maladies particulières aux Juifs est venue d'Espagne au quatorzième siècle; plus tard on en dressa des catalogues, dont le plus ancien est de 1634. Dans ces catalogues, on donnait à chacune des douze tribus son mal spécial. Ceux de la tribu de Ruben ont porté la main sur Jésus, disait-on, aussi leurs mains dessèchent ce qu'elles touchent ; ceux de la tribu de Siméon ont cloué Jésus, quatre fois l'an ils ont aux mains et aux pieds des stigmates sanglants; que son sang retombe sur nous, ont-ils crié tous, aussi leurs enfants naissent avec un bras sanglant et le jour du Vendredi-Saint, ils jettent le sang par le fondement. L'origine de cette croyance aux maladies des Juifs fut donc purement mystique; on peut même dire que ce fut l'objectivation et la concrétisation des figures de rhétorique et des comparaisons allégoriques, qui engendrèrent ces fables. Des légendes se formèrent qui avaient pour point de départ une métaphore, ainsi la légende sur l'odeur des Juifs. C'est Fortunat qui en parle le premier — car il semble probable que le passage d'Ammien-Marcelin qu'on a souvent invoqué a été mal cité (2) — et il en parle dans un sens

(1) Pierre de Lancre : *loc. cit.*
(2) Ammien-Marcellin, t. XXII. — Il est certain que le *Judœo-rum fœtentium* dont se plaignait Marc-Aurèle, vient d'une faute, ou d'une malice, de copiste, et que *fœtentium* — mauvaise odeur — a été mis pour *petentium* — turbulence — que contenait le manuscrit d'Ammien.

figuré (1) : « L'eau du baptème emporte l'odeur juive, dit-il; le troupeau purifié exhalera une odeur nouvelle ». Du reste, on associait l'idée de bonne odeur à celle de pureté; dire d'un bienheureux qu'il était mort en odeur de sainteté, voulait réellement dire que ce saint personnage avait eu le don d'émettre des baumes divins. Si nous lisons la vie de saint Dominique, celle de saint Antoine de Padoue, celle de François de Paule, nous voyons qu'ils jouirent de ce privilège. Par contre, les vicieux, les impies, tous ceux dont l'âme était impure, devaient répandre une odeur empestée. Saint Philippe de Néri, affirme son biographe, distinguait à l'odeur les vices incontinents des hommes, et il devinait ainsi la présence du démon ; Dominique de Paradis et Gentille de Ravennes avaient aussi cette faculté. Quant au diable, chacun, au moyen âge, s'accordait à dire qu'il révélait sa venue par une exhalaison bouquine et empoisonnée. Le Juif, qui était le pire des impies, et le vrai fils de Satan, ne pouvait par conséquent qu'exhaler des émanations atroces. Chose étrange, les Juifs avaient des idées analogues sur les relations du péché et de la mauvaise odeur et, d'après Maïmonides, le serpent avait jeté sa puanteur sur la race d'Ève, mais les Juifs fidèles avaient été préservés.

Ainsi peut-on expliquer encore quelques-uns des préjugés antijuifs; mais s'il est évident que l'assi-

_____

(1) Fortunat : Poème, l. V.

milation des Israélites au malin esprit leur fit attribuer la figure de bouc et les cornes au front, beaucoup de ces croyances restent inexplicables. Elles
proviennent en grande partie de ce que la vie retirée
des Juifs, leur habitude séculaire de se tenir à l'écart,
de ne pas se mêler à ceux qui les entouraient, surex-
citèrent toujours l'imagination populaire. Chaque
fois que des individus ou des groupes d'individus
se sont parqués volontairement, ou ont été parqués,
le même phénomène s'est présenté : on a oublié les
causes qui avaient amené cette sorte de reclusion, et
on a attribué à ces isolés, des passions, des vices,
des infirmités qu'on supposait d'autant plus horri-
bles, que ces solitaires étaient détestés. La même
chose s'est produite pour certaines associations con-
ventuelles, pour des sociétés secrètes, pour des ordres
religieux militants, pour tous les groupements qui,
de quelque façon que ce soit, vécurent en dehors de la
masse, pour des raisons mystiques, nationales ou politiques, peu importe. Le peuple est naturellement
curieux, de plus, il est fort imaginatif, enclin à former des légendes, à engendrer des fables, et cela naï-
vement, d'une façon enfantine. Un mot, une phrase,
une association d'idées lui suffisent ; sur le moindre
indice il échafaude des rêves, invente des contes
dont il nous est impossible de démêler l'origine. Ce
qui est caché l'inquiète, le trouble, le préoccupe ; il
cherche les motifs qui ont pu pousser une classe
d'hommes à se réfugier dans une solitude collective,
et s'il ne les trouve pas, il les invente, ou, en tous

cas, s'il en déduit quelques-uns de réels, il ne peut s'empêcher d'en inventer d'imaginaires. Tous les êtres qui ont fait partie de ce qu'on a appelé les races maudites ont eu à supporter ces fables et ces légendes.

Des Cagots des Pyrénées, des Gahets de la Guienne, des Agotacs des Basses-Pyrénées, des Couax de Bretagne, des Oiseliers du duché de Bouillon, des Burrins de l'Ain, des Capots, des Trangots, des Gésitains, des Coliberts, on a affirmé ce que l'on affirmait du Juif (1). Ils exhalent, disait-on, une odeur puante et infecte, ils dessèchent les fruits en les tenant dans la main, ils sont sujets à un flux de sang, ils ont un appendice caudal, ils versent du sang par le nombril le jour du vendredi saint, ils ont les yeux sombres, ils baissent la tête, ils ne peuvent pas cracher. Avec quelques variantes on répétait ces contes en parlant des Ariens, des Manichéens, des Cathares, des Albigeois, des Patarins, de tous les hérétiques en général.

Quant aux Templiers, contre lesquels tant d'abominations semblables ont été répandues, on les peut, plus que tous autres, rapprocher des Juifs. Comme eux, on les détestait pour leur orgueil, leur faste, leur fortune au milieu de la misère générale, leur âpreté au gain, l'emploi sans vergogne des moyens d'acquérir, la coutume des contrats usuraires. On les haïssait parce qu'ils prêtaient sur les biens et les fiefs, à con-

(1) A. Michel : *Les Races maudites* Paris. 1847.

dition que ces fiefs et ces biens leur restassent acquis au décès de l'emprunteur ; parce que, au milieu du treizième siècle l'ordre du Temple possédait une grande partie du territoire français et qu'il formait une république dans l'Etat, le Templier n'ayant et ne reconnaissant pas d'autre maître que Dieu (1). On voit donc là les mêmes causes produire les mêmes effets, créer les mêmes animosités, engendrer les mêmes croyances.

N'a-t-on pas dit des Templiers qu'ils « cuisaient et rôtissaient les enfants qu'ils avaient procréés aux filles et, toute la graisse ôtée, ils sacraient et oignaient leurs idoles (2) » ; n'a-t-on pas dit des Cagots qu'ils se servaient de sang chrétien ? L'accusation du meurtre rituel ne pèse-t-elle pas sur les Juifs, comme elle a pesé sur les lépreux, ces misérables que le moyen âge, reprenant les assertions de Manéthon, répétées par Chérémon, Lysimaque, Posidonius, Apollonius Molon et Appion, considéra comme les frères du Juif ; comme elle a pesé sur les sorciers qu'on assimilait aussi aux Juifs ? Mais nous reviendrons sur cette question lorsque nous parlerons des antisémites modernes.

En présence de ces attaques, de ces injures que leur adressaient les théologiens et les polémistes, comment se conduisaient les Juifs ? Ils se défendaient vigoureusement. A l'exégèse, ils opposaient l'exégèse ;

(1) Lavocat : *Procès des Frères de l'ordre du Temple.* Paris, 1888.
(2) Lavocat : *loc. cit.*

aux raisonnements de leurs adversaires, ils opposaient leur logique ; aux insultes et aux calomnies, ils répondaient par des calomnies et des insultes, ce qui était normal, naturel, inévitable, mais ces injures se retournaient non moins fatalement contre eux. Si la littérature antijuive est énorme, la littérature défensive des Juifs et aussi la littérature antichrétienne — car les Juifs prenaient souvent l'offensive — est considérable (1).

Le premier ouvrage de controverse que posséda la littérature israélite au moyen âge, fut le *Livre des Guerres du Seigneur* de Jacob ben Ruben, écrit en 1170 (2). Il se composait de douze chapitres ou portes, démontrant par les textes bibliques que le Messie n'était pas arrivé, ce qui était d'ailleurs aussi facile, sinon plus, pour des rhéteurs exégètes, que de démontrer le contraire. Mais, prouver que Jésus n'était pas le Messie attendu, ne suffisait pas ; il fallait également montrer, irréfutablement, la préexcellence de la religion juive à ceux qui établissaient, irréfutablement, la préexcellence de la religion chré-

---

(1) Il faudrait consacrer tout un chapitre à la littérature antichrétienne, ce que je ne saurais faire ici où l'antijudaïsme est seul en cause, et je ne puis qu'indiquer la réaction juive. L'effort judaïque contre « l'idolâtrie chrétienne » fut très grand. Pour s'en rendre compte il suffit de jeter un coup d'œil sur la *Bibliotheca Judaica antichristiana* de J. B. de Rossi : (Parme 1800). Encore le catalogue dressé par de Rossi n'est-il pas rigoureusement exact ; cependant il permet d'apprécier l'activité polémique des Juifs qui n'eut d'égale que celle des chrétiens. (Voir aussi Wolf et Wagenseil : *loc. cit.*)

(2) Loeb : *Revue des Etudes Juives*, t. XVIII.

tienne, et cela était aisé aux deux partis, chacun tirant de la Bible ce qui lui convenait. Les Talmudistes se servaient même du Nouveau Testament pour confirmer les dogmes judaïques. Ainsi fit Moïse Kohen de Tordesillas dans son *Soutien de la Foi*, tandis que Semtob ben Isaac Schaprut reprenait sous forme de dialogue entre un Unitarien et un Trinitarien, les idées exposées par Jacob ben Ruben (1).

Au quinzième siècle, la littérature polémique prit un grand développement en Espagne. C'est que le moment était difficile pour les Juifs de la Péninsule. Pour les convertir, l'Eglise redoublait ses efforts; les controverses, les pamphlets, les traités dogmatiques se multipliaient. Les Juifs résistaient au prosélytisme, ils ne se rendaient qu'à la dernière extrémité, et, plus tard, au moment de l'expulsion finale, le plus grand nombre préféra l'exil, sans espoir de retour, à la conversion. Pendant que les moines cherchaient dans le Pentateuque et dans les Prophètes des arguments pour soutenir les symboles chrétiens, les Juifs s'appliquaient à étaler les différences qui séparaient les deux croyances, et, pour raffermir la foi dans l'âme des hésitants, ils combattaient le catholicisme. Comme Hasdaï Crescas, ils étudiaient la théologie de leurs adversaires. Ainsi armé, Jacob ibn Schem Tob écrivit ses *Objections*

---

(1) Semtob ben Isaac Schaprut : La *Pierre de touche* (Loeb : *loc. cit.*)

contre la religion chrétienne (1); Simon ben Çemah Duran publia un *Examen philosophique du Judaïsme*, dans lequel un chapitre spécial, intitulé « Arc et Bouclier », contenait une critique du christianisme.

Les rabbins, imitant les écrivains ecclésiastiques et les inquisiteurs, écrivirent des livres à l'usage de ceux qui étaient provoqués dans les controverses. Ces livres, sortes de *vade mecum*, désignaient les côtés vulnérables des dogmes chrétiens; et si, d'une part, on publiait des « Judaïsme vaincu avec ses propres armes », d'autre part on composait des « Christianisme vaincu avec ses propres armes », c'est-à-dire avec celles qu'on trouvait dans le Nouveau Testament. Les Evangiles jouèrent dans la littérature antichrétienne le rôle du Talmud dans la littérature antijuive. A partir du onzième ou du douzième siècle, on les attaqua beaucoup, et des discussions nombreuses eurent lieu entre rabbanistes et théologiens. Ces discussions étaient quelquefois réunies dans des recueils où elles étaient présentées sous un jour très favorable à la dialectique judaïque. Ces recueils servaient ensuite de manuels; tels le vieux *Nizzachon* (Victoire), de Rabbi Mattatiah; le *Nizzachon* de Lipmann de Mulhausen; celui de Joseph Kimhi; l'*Affermissement de la Foi*, d'Isaac Troki (2), et le *Livre de Joseph*

_____

(1) Voir Graetz, t. IV. (Traduction française de M. Bloch. Paris, 1893.)

(2) Wagenseil, dans ses *Tela ignea Satanae* (Altdorf, 1681), reproduit et publie tous ces traités.

le Zélateur (1). Cela, cependant, ne suffisait pas à
l'ardeur des Juifs. Après avoir préparé les esprits
aux colloques futurs, après avoir assailli les doctrines catholiques, non seulement dans des tournois
oratoires, mais encore dans des apologies, ils écrivirent des pamphlets injurieux comme ce *Toledot
Jeschu*, vie du Galiléen qui remonte au deuxième ou
au troisième siècle, et que Celse connaissait peut-
être (2). Ce *Toledot Jeschu* fut publié par Raymond
Martin ; Luther le traduisit en allemand ; Wagenseil et le hollandais Huldrich le publièrent aussi.
Il contenait l'histoire du soldat Pantherus et les
légendes représentant Jésus comme un magicien.
Puis, ayant défendu la Bible et le monothéisme,
les Juifs se tournèrent contre ceux qui étaient leurs
plus dangereux ennemis : contre les convertis. S'ils
réfutèrent Raymond Martin (3) et Nicolas de
Lyra (4), ils réfutèrent avec plus d'énergie encore
Jérôme de Santa-Fé, ce Santa-Fé que ses anciens
coreligionnaires appelaient Megaddef, c'est-à-dire
blasphémateur. Sur Jérôme, on s'acharna. Don Vidal
ibn Labi, Isaac ben Nathan Kalonymos (5), Salomon

---

(1) Zadoc Kahn : *Le Livre de Joseph le Zélateur*. (*Revue des
Etudes juives*, t. I et III.)

(2) Voir pour le Toledot Jeschu, les *Tela ignea Satanae* de
Wagenseil, t. II, p. 189, et B. de Rossi : *Bibliotheca Judaica
antichristiana*, Parme, 1800, p. 117.

(3) Salomon ben Adret, de Barcelone, réfuta le *Pugio Fidei*.

(4) Hayym ibn Mousa réfuta Nicolas de Lyra dans son *Bouclier
et Glaive*. (Graetz : *loc. cit.*)

(5) *Réfutation du Trompeur*. (Graetz : *loc. cit.*)

Duran (1), d'autres encore, écrivirent pour démentir le « calomniateur ». De même firent Isaac Pulgar, contre Alphonse de Valladolid (2), Josua ben Joseph Lorqui et Profiat Duran (3). Les apostats du moyen âge ne furent pas sensiblement mieux traités qu'autrefois, au premier siècle de l'ère chrétienne, lorsqu'on ajoutait aux prières journalières une malédiction qui devait les frapper; du dixième, au seizième et même au dix-septième siècles, on répéta encore contre eux ce que le Talmud disait des Minéens, des vieux judéo-chrétiens et des Ebionites. Naturellement, tous ces livres juifs ne furent pas acceptés sans protestations; ils provoquèrent aussi des réfutations nombreuses qui, à leur tour, engendrèrent des réponses.

Au dix-septième siècle, l'antijudaïsme se transforma. Aux théologiens succédèrent les érudits, les savants, les exégètes. L'antijudaïsme devint plus doux et plus scientifique; il fut représenté par des hébraïsants de grande valeur souvent, par Wagenseil (4), par Bartolocci (5), Voetius (6), Joseph de Voisin (7), etc. Ces hommes étudièrent d'une façon plus sûre la litté-

---

(1) *Lettre de Combat* (Graetz : *loc. cit.*, et de Rossi : *Biblioth. antichrist.*, p. 100.)

(2) *Dialogue contre les Apostats* (Loeb : *loc. cit.*)

(3) *Alteca Boteca* (Loeb : *loc. cit.* — De Rossi : *Dizionario storico degli autorio Ebrei* (Parme, 1802), p. 89.)

(4) Wagenseil : *loc. cit.*

(5) *Magna Bibliotheca Rabbinica.* (Rome, 1695-93.)

(6) *Disputationes Selectae.* (Utrecht, 1663.)

(7) *Theologia Judaeorum.* (1647.)

11.

rature et les mœurs judaïques; parfois même, ils les jugèrent équitablement. Ainsi Wagenseil nia le meurtre rituel (1); Buxtorf, tout en disant que le Talmud contenait des « blasphèmes, des impostures et des absurdités », déclara qu'il s'y trouvait des choses utiles à l'historien et au philosophe (2). Cependant, les mêmes idées qui avaient animé les écrivains des siècles précédents persistaient. On voulait toujours prouver la vérité de la foi et des dogmes chrétiens par l'Ancien Testament; le souci de la conversion des Juifs hantait toujours les âmes, on parlait du rappel d'Israël, on proposait des moyens pour le ramener (3); des apostats invoquaient le Zohar et la Mischna en faveur de Jésus (4), et la littérature polémique florissait encore, avec Eisenmenger dont le *Judaïsme dévoilé* (5) a inspiré bien des antisémites contemporains, avec Schudt (6), plus tard avec Voltaire. Il est vrai que l'antiju-

---

(1) *Benachrichtigung Wegen einiger die Judenschaft angehend vicht Sachen*. (Altdorf, 1707.)

(2) *Dictionn. chaldéo-talmudico-rabbinique* (Basilae, 1639), et *Sinagogua Judaïca*. (Hanau, 1604.)

(3) Péan de la Croullardière : *Méthode facile pour convaincre les hérétiques* (Paris, 1667), dans lequel on trouve une « Méthode pour attaquer et convaincre les Juifs »; Thomas Bell' Haver : *Dottrina facile et breve per riduire l'Hebreo al conoscimento del vero Messia e Salvator del mondo* (Venetia, 1608).

(4) Conrad Otton : *Gali Razia* (Secrets dévoilés) (Nurenberg, 1605).

(5) *Judaïsme dévoilé*. (Francfort, 1700.)

(6) *Compendium Historicae Judaicae* (Francfort, 1700), et *Judaeus christicida gravissime peccans et vapulans*, (1700.)

daïsme littéraire, celui surtout à tendances com-
batives et pamphlétaires, est peu varié. La plupart des écrivains antijuifs s'imitent l'un l'autre,
sans scrupule; ils se plagient, sans songer même
à contrôler les affirmations de leurs devanciers.
Un livre en provoque d'autres identiques : Alonzo
da Spina s'inspire des *Batallas de Dios,* d'Alphonse de Valladolid; Porchet Salvaticus, Pietro
Galatini, Pierre de Barcelone rééditent sous des
noms différents le *Poignard de la Foi,* de Raymond
Martin; Paul Fagius et Sébastien Munster (1) se
servent du *Livre de la Foi.*

Malgré cela, et indépendamment des dissemblances
que j'ai déjà signalées, à partir du dix-septième siècle
l'antijudaïsme se différencie de l'antijudaïsme des
siècles précédents. Le côté social prédomine peu à
peu sur le côté religieux, bien que celui-ci subsiste
toujours. On commence à se demander, non pas si
les Juifs ont tort d'être usuriers, ou commerçants, ou
déicides, mais si, comme dit Schudt (2), les Juifs
doivent être tolérés dans l'Etat ou non; si, comme le
demande dès 1655 John Dury (3), dans un pamphlet dirigé contre Menasseh ben Israël, le protégé de Cromwell, il est légal d'admettre les Juifs dans une république chrétienne. C'est ce point de vue social que
l'on va désormais développer dans l'antijudaïsme
littéraire; une partie de l'antisémitisme moderne va

---

(1) *Revue des Etudes juives,* t. V, p. 57.
(2) *Loc. cit.*
(3) *Un cas de conscience.* (Londres, 1655.)

reposer sur la théorie de l'Etat chrétien et de son intégrité, et c'est ainsi qu'il se rattachera à l'ancien antijudaïsme. Au cours de ce livre nous aurons à examiner plus attentivement les affinités et les différences qui unissent et séparent ces deux antijudaïsmes.

CHAPITRE VIII

L'ANTIJUDAÏSME LÉGAL MODERNE

Le Judaïsme émancipé. — La situation des Juifs dans la société.
— L'usure et les affaires d'Alsace. — Napoléon et l'organisation
administrative de la religion juive. — Le grand Sanhédrin. —
Les lois restrictives et la libération progressive en France. —
L'émancipation en Hollande. — L'émancipation en Italie et en
Allemagne. — La réaction antinapoléonienne et les Juifs. —
La renaissance de la législation antijuive. — Les mouvements
populaires. — L'émancipation en Angleterre. — En Autriche.
— La Révolution de 1848 et les Juifs. — La fin de l'anti-
judaïsme légal en Occident. — L'antijudaïsme oriental. — Les
Juifs en Roumanie. — Les Juifs russes. — Les persécutions. —
Question sociale et question religieuse.

Le 27 septembre 1791, après des discussions anté-
rieures à la suite desquelles toute décision sur l'émancipation des Juifs avait été ajournée, l'Assemblée
constituante vota, sur la proposition de Duport et
grâce à l'intervention de Regnault de Saint-Jean-
d'Angély, l'admission des Juifs au rang de citoyens
actifs. Ce décret était préparé de longtemps, préparé

par l'œuvre de la commission réunie par Louis XVI et que présida Malesherbes, préparé par les écrits de Lessing et de Dohm, par ceux de Mirabeau et de Grégoire. Il était l'aboutissant logique des efforts tentés depuis quelques années par les Juifs et les philosophes; Mendelsohn, en Allemagne, en avait été le promoteur et le plus actif défenseur, et c'est à Berlin, dans les salons d'Henriette de Lemos, que Mirabeau puisa ses inspirations, auprès de Dohm.

Une certaine catégorie de Juifs s'était d'ailleurs émancipée déjà. En Allemagne, les Juifs de cour (*Hofjuden*) avaient acquis des privilèges commerciaux; on leur délivrait même, contre argent, des titres de noblesse. En France, les Marranes portugais, revenus au judaïsme, jouissaient de grandes libertés, et, sous la direction de leurs syndics, ils prospéraient à Bordeaux, fort indifférents, du reste, au sort de leurs frères malheureux, mais très influents, puisque l'un d'eux, Gradis, faillit être nommé député aux Etats-Généraux. En Alsace même, quelques Israélites avaient obtenu d'importantes faveurs; Cerf Berr, par exemple, fournisseur des armées de Louis XV, auquel le roi avait donné des lettres de naturalisation et le titre de marquis de Tombelaine.

Grâce à tous ces privilèges, il s'était formé une classe de Juifs riches, qui avait pris contact avec la société chrétienne, classe d'esprit ouvert et subtil, intelligente et raffinée, d'un intellectualisme extrême, ayant abandonné, comme beaucoup de chrétiens, la lettre de la religion ou même la foi, et n'ayant conservé qu'un idéalisme mystique, qui se conciliait tant bien que mal avec un rationalisme libéral. C'est à Berlin surtout, ville jeune et centre d'un royaume qui naissait à la gloire, cité plus facile, moins traditionnelle, que s'opéra la fusion entre ce groupe de Juifs et cette élite que Lessing conduisait. Chez Henriette de Lemos, chez Rachel de Varnhagen, fréquentait la jeune Allemagne; le romantisme allemand achevait, chez ces Juives, de s'imprégner de spinozisme; Schleiermacher et Humboldt s'y montraient, et l'on peut dire que si ce fut l'Assemblée constituante qui décréta l'émancipation des Juifs, c'est en Allemagne qu'elle fut préparée.

Toutefois, le nombre de ces Juifs propres à entrer dans les nations était extrêmement restreint, d'autant que la plupart finissaient — comme les filles de Mendelsohn, comme plus tard Bœrne et Heine — par se convertir, et n'existaient plus en tant qu'Israélites. Quant à la masse juive, elle se trouvait dans des conditions bien différentes.

Le décret de 1791 libérait tous ces parias d'une séculaire servitude; il rompait tous les liens dont les lois les avaient chargés; il les arrachait aux ghettos de toute sorte où ils étaient emprisonnés; de bétail qu'ils étaient, il en faisait des hommes. Mais s'il pouvait ainsi les rendre à la liberté, s'il lui était possible d'abolir en un jour l'œuvre législative des siècles, il ne pouvait défaire leur œuvre morale, et il était surtout impuissant à briser les chaînes que les Juifs eux-mêmes s'étaient forgées. Les Juifs étaient éman-

cipés légalement, ils ne l'étaient pas moralement ;
ils gardaient leurs mœurs, leurs coutumes et leurs
préjugés, préjugés que conservaient aussi leurs con-
citoyens des autres confessions. Ils étaient heureux
d'échapper à leur abjection, mais ils regardaient autour d'eux avec défiance, et soupçonnaient même
leurs libérateurs.

Pendant des siècles, ils avaient vu avec dégoût
et terreur ce monde qui les rejetait ; ils avaient
souffert de lui, mais, plus encore, ils avaient craint
de perdre à son contact leur personnalité et leur foi.
Plus d'un vieux Juif dut, en 1791, regarder avec
angoisse cette existence nouvelle qui s'ouvrait devant
lui ; je ne serais pas surpris même qu'il y en ait eu
quelques-uns, aux yeux desquels la libération ait
semblé un malheur, ou une abomination. Beaucoup
de ces misérables chérissaient leur abaissement, leur
claustration qui les tenait éloignés du péché et de la
souillure, et l'effort du plus grand nombre tendit à
rester soi-même au milieu des *étrangers* parmi lesquels on les jetait. C'est la partie éclairée, intelligente et réformatrice des Juifs, celle qui souffrait de
sa situation inférieure et de l'avilissement de ses
coreligionnaires, c'est celle-là qui travailla à l'émancipation, mais elle ne put pas non plus transformer
brusquement ceux pour lesquels elle avait réclamé
le droit d'être des créatures humaines.

Le moi judaïque n'étant pas changé par le decret
émancipateur, la façon dont ce moi se manifestait ne
fut pas changée davantage. Economiquement, les

Juifs restèrent ce qu'ils étaient — je parle bien entendu de la majorité, — des improductif, c'est-à-dire des brocanteurs, des prêteurs d'argent, des usuriers, et ils ne purent pas être autre chose, étant données leurs habitudes, et les conditions dans lesquelles ils avaient vécu. Si nous négligeons une infime minorité d'entre eux, ils n'avaient pas d'autres aptitudes, et encore de nos jours une quantité considérable de Juifs se trouvent dans le même état; ces aptitudes, ils ne manquèrent pas de les appliquer, et ils en trouvèrent plus que jamais l'occasion pendant cette période de trouble et de désordre. En France ils profitèrent des évènements, et les événements leur furent très favorables. Ils furent en Alsace, par exemple, les auxiliaires des paysans, à qui ils prêtèrent à gros intérêts les capitaux nécessaires à l'acquisition des biens nationaux. Avant la révolution ils étaient déjà dans cette province les usuriers naturels, ceux qui étaient chargés de la haine et du mépris (1); après la révolution, ces mêmes paysans qui jadis fabriquaient de fausses quittances (2) pour échapper aux griffes de leur créanciers, firent appel à eux. Grâce aux Juifs

(1) Il faut remarquer que, comme au moyen âge, les Juifs d'Alsace étaient les prête-nom et les intermédiaires d'usuriers chrétiens. (Voir Halphen : *Recueil des lois et décrets concernant les Israélites*, Paris, 1851, et la *Pétition des Juifs établis en France adressée à l'Assemblée national le 28 janvier 1790*.)

(2) Sur les Juifs d'Alsace avant et après la Révolution voir : Grégoire : *Essai sur la Régénération des Juifs* — Dohm : *de la Réforme politique des Juifs* — Paul Fauchille : *La Question Juive en France sous le premier Empire* (Paris, 1884)

alsaciens, la nouvelle propriété se constitua en Alsace, mais ils prétendirent en tirer profit, largement, usurairement. Les emprunteurs protestèrent; ils affirmèrent qu'ils étaient ruinés si on ne leur venait en aide, et en cela ils exagérèrent, car eux qui ne possédaient rien avant Quatre-vingt-neuf, avaient acquis dix-huit ans après pour 60 millions de domaines, sur lesquels ils devaient 9,500,000 francs aux Juifs. Cependant Napoléon les écouta et pendant un an, il suspendit l'exécution des jugements rendus au bénéfice des usuriers juifs du Haut-Rhin, du Bas-Rhin et des provinces Rhénanes. Là ne se borna pas son œuvre. Dans les considérants du décret suspensif du 30 mai 1806, il montrait qu'il ne regardait pas les mesures répressives comme suffisantes, et qu'il fallait faire disparaître la source du mal.

« Ces circonstances, y disait-il, nous ont fait en même temps considérer combien il était urgent de ranimer, parmi ceux qui professent la religion juive dans les pays soumis à notre obéissance, les sentiments de morale civile qui, malheureusement, ont été amortis chez un trop grand nombre d'entre eux par l'état d'abaissement dans lequel ils ont trop longtemps langui, état qu'il n'entre point dans nos intentions de maintenir et de renouveler. »

Pour raviver ces sentiments, ou plutôt pour les faire naître, il voulut plier la religion juive à sa discipline, la hiérarchiser comme il avait hiérarchisé le reste de la nation, la conformer au plan général. Etant premier consul, il avait négligé de s'occuper du culte juif, il voulut réparer cet oubli et il convoqua une assemblée de Notables Juifs dont le rôle devait être de « délibérer sur les moyens d'améliorer la nation Juive et de répandre parmi ses membres le goût des arts et des métiers utiles », et d'organiser administrativement le Judaïsme. Un questionnaire fut distribué aux notables Juifs et après qu'il y eut été répondu, l'Empereur réunit un Grand Sanhédrin chargé de conférer aux réponses de la première assemblée une autorité religieuse. Le Sanhédrin déclara que la loi mosaïque contenait des dispositions religieuses obligatoires et des dispositions politiques, ces dernières concernaient le peuple d'Israël lorsqu'il était un peuple autonome, et elles avaient perdu leur valeur depuis que les Juifs étaient répandus parmi les nations; il défendit de faire, à l'avenir, distinction entre Juifs et chrétiens en ce qui concernait les prêts, et il interdit toute usure.

Ces déclarations montraient que les notables Juifs, appartenant pour la plupart à cette minorité dont j'ai parlé, savaient s'accommoder au nouvel état de choses, mais elles ne pouvaient en rien faire préjuger des dispositions de la masse. Là Napoléon se trompa; son amour de l'ordre, du règlement et de la loi, sa croyance à leur efficacité l'abusa. Il s'imagina, sans doute, qu'un Sanhédrin était un concile, il n'en était rien. Les décisions du Sanhédrin n'avaient absolument que la valeur d'opinions personnelles, elles n'engageaient nullement les Juifs, elles n'avaient aucune autorité et il n'était pas de sanctions pour les faire prévaloir. La seule œuvre de cette assemblée fut une œuvre administrative, celle de l'organisation des consistoires ; quant à l'œuvre morale, elle fut nulle, et les hommes qui avaient été réunis étaient incapables de changer des mœurs. Ils le savaient d'ailleurs fort bien, et ils ne purent qu'enregistrer des choses acquises ; ainsi abolirent-ils la polygamie, qui depuis des siècles n'était plus pratiquée. Pour croire qu'un synode a le pouvoir d'imposer l'amour du prochain, ou d'interdire l'usure qu'un état social facilite, il fallait la candeur de légiste de Napoléon. L'interdiction impériale faite aux Juifs de fournir des remplaçants pour leur service militaire, cela dans le but de les mieux pénétrer de la grandeur de leurs devoirs civiques, dut avoir la même influence que les prescriptions synodales (1). De même en fut-il du décret du 17 mars 1808 qui défendait aux Juifs de faire du commerce sans patente nominative délivrée par le préfet et de prendre hypothèque sans autorisation ; en outre, défense était faite aux Juifs de s'établir en Alsace et dans les pays rhénans, et aux Juifs alsaciens de venir dans d'autres départements sinon pour s'y adonner à l'agriculture (2). Ces décrets, rendus pour dix ans, ne rendirent pas un seul Juif agriculteur, et si quelques-uns devinrent chauvins, l'obligation où ils étaient de passer par l'armée n'y fut pour rien. Ce furent les dernières lois restrictives

(1) Halphen : *Recueil des lois et décrets.*
(2) Halphen : *loc. cit.*

en France; l'assimilation légale s'acheva en 1830, lorsque Lafitte fit inscrire le culte Juif au budget. C'était l'écroulement définitif de l'état chrétien, bien que l'état laïque ne fût pas complètement constitué. En 1839 le dernier vestige des antiques séparations entre Juifs et chrétiens disparut avec l'abolition du serment *More Judaico*. L'assimilation morale ne fut pas aussi complète.

Mais nous n'avons parlé jusqu'à maintenant que de l'émancipation des Juifs français, il nous reste à voir l'influence qu'elle eut sur les Juifs d'Europe (1). En Hollande, dès 1796, au moment de la fondation de la République Batave, l'Assemblée nationale donna aux Juifs les droits de citoyen, et leur situation, réglementée plus tard par Louis Bonaparte, fut déterminée d'une façon définitive par Guillaume Ier en 1815. Il est vrai que depuis le seizième siècle, les

---

(1) Je ne parlerai pas dans ce livre des Juifs modernes des pays musulmans, des Juifs de Turquie, d'Asie Mineure, de Tripolitaine, de Perse. Il est bien évident que là l'inimitié a de tout autres causes que dans les pays chrétiens, et ce sont des principes, ou du moins des idées et des instincts tout différents qui guident les mahométans. L'antisémitisme, au sens contemporain du mot, n'existe dans aucun de ces pays, mais l'hostilité contre les Juifs y est cependant très grande, surtout l'hostilité populaire. Il faudrait, pour en déterminer les raisons, une étude spéciale que j'entreprendrai plus tard : dans cette étude je ferai rentrer les Juifs algériens et tunisiens, sans m'occuper bien entendu des griefs que peuvent avoir contre eux les antisémites français, griefs semblables à ceux que nous allons exposer ici, bien que quelques-uns, tels que le grief national, ne soient pas facilement soutenables. Je m'occuperai seulement des rapports plus intéressants et des causes de haine entre Arabes et Juifs.

Juifs Hollandais jouissaient d'importants privilèges
et d'une assez grande liberté : la Révolution ne fut
que la cause déterminante de leur totale libération.
En Italie et en Allemagne ce furent les armées de la
République et de l'Empire qui apportèrent aux Juifs
l'émancipation. Napoléon devint le héros et le dieu
d'Israël, le libérateur attendu, celui dont la main
puissante abattait les portes du ghetto. Il entra dans
toutes les villes aux acclamations des Juifs — la façon
dont Henri Heine l'a célébré nous en est un témoignage — qui sentaient bien que leur cause était liée
au triomphe des aigles. Aussi, après la chute de
Bonaparte, les Juifs furent-ils parmi les premiers
qu'atteignit la réaction napoléonienne. Avec l'exaltation du patriotisme coïncida un retour à l'antijudaïsme. L'émancipation était une œuvre française, on
la devait donc trouver mauvaise, elle était en outre
une œuvre révolutionnaire, et on réagissait contre la
révolution et les idées égalitaires. En même temps
qu'on restaurait l'état chrétien, on en chassait les Juifs.
C'est en Allemagne surtout que l'antique conception
religieuse de l'État revécut avec un éclat nouveau, c'est surtout aussi en Allemage que l'antijudaïsme se manifesta plus vivement, mais la
renaissance de la législation antijuive fut générale.
En Italie on retourna à la législation de 1770; en
Allemagne, le congrès de Vienne abolit toutes les dispositions impériales relatives aux Juifs, ne leur laissant que les droits octroyés par les gouvernements
allemands légitimes. Les villes, les communes, à la

suite des décisions du congrès, se montrèrent fort dures pour les Israélites. Lubeck et Brème les expulsèrent ; Francfort fit comme Rome, elle les enferma de nouveau dans leurs anciens quartiers (1). Aux mesures légales correspondirent naturellement des mouvements populaires. A cette heure où le patriotisme était fort excité, toute limitation des droits des étrangers était bien accueillie ; or les Juifs étaient comme toujours les étrangers par excellence, ceux qui représentaient le mieux les étrangers nuisibles et aussi, vers 1820, c'est-à-dire au moment où cet état d'esprit atteignit son paroxysme, la foule, en maints endroits, se rua sur les Juifs et, si elle ne les massacra pas, elle les maltraita fortement.

Les trente années qui suivirent la disparition de Napoléon ne virent donc pas de grands progrès pour les Juifs. En Angleterre où cependant ils étaient assez libéralement traités en fait, ils étaient toujours considérés comme des dissidents, et soumis — comme les catholiques d'ailleurs — à certaines obligations. Ce n'est que petit à petit qu'ils virent se modifier leur condition, et l'histoire de leur émancipation est un épisode de la lutte entre la Chambre des Communes et celle des Lords. C'est seulement en 1860 qu'ils furent assimilés complètement aux autres citoyens anglais.

En Autriche, ils avaient été en partie émancipés

---

(1) Les Juifs à ce moment intentèrent un procès à la ville de Francfort pour contester la légalité des décisions de la ville. Ce procès fut l'occasion de violentes polémiques antijuives.

par l'édit de tolérance de Joseph II (1785), ils eurent à subir la même réaction; la révolution avait été trop funeste à la maison d'Autriche pour qu'elle en acceptât même cette presque égalité des Juifs, qu'avait voulue un souverain démocrate et philosophe. C'est en 1848 seulement, que les Israélites autrichiens devinrent des citoyens (1).

A la même époque, leur émancipation fut faite en Allemagne (2), en Grèce, en Suède, en Danemark. De nouveau, ils durent leur indépendance à l'esprit révolutionnaire qui une fois encore vint de France. Nous verrons du reste qu'ils ne furent pas étrangers

---

(1) La Constitution du 4 mars 1849 proclama l'égalité devant la loi. Mais cette Constitution ayant été abolie en 1851, une ordonnance du 29 juillet 1853 rétablit l'ancienne législation concernant les Juifs. Des tempéraments successifs y furent apportés et la Constitution de 1867 rétablit définitivement l'égalité devant la loi, et libéra les Juifs.

En Hongrie, la loi émancipant les Juifs fut aussi votée, sur la présentation du gouvernement, par la Chambre des Députés en 1867. (Voir Wolf : *Geschichte der Juden in Wien*. Vienne, 1876, et Kaim : *Ein Jarhundert der Judenemancipation*. Leipzig, 1869.)

(2) La Constituante allemande vota le 20 mai 1848 l'égalité de tous les citoyens devant la loi. Le parlement de Francfort fit de même et le principe de cette égalité fut inscrit dans la constitution allemande de 1849. Toutefois bien des Etats conservèrent les restrictions contre les Juifs jusqu'à la loi de la Confédération du Nord du 3 juillet 1869, qui abolit toutes les « restrictions des droits civils et politiques encore existantes et basées sur la différence de religion ». (Voir là-dessus : Kaim, *loc. cit.*, et l'*Allgmeine Zeitung des Judenthums* aux années 1837, 1849, 1856, 1867, 1869). Après la guerre franco-allemande cette loi fut imposée aux États, comme la Bavière, qui ne l'avaient pas acceptée avant la Constitution de l'Empire.

à ce grand mouvement qui agita toute l'Europe ; en certains pays, notamment en Allemagne, ils aidèrent à le préparer, et ils furent les défenseurs de la liberté. Ils furent aussi parmi les premiers à en bénéficier, car on peut dire qu'après 1848, l'antijudaïsme légal est fini en Occident ; peu à peu les dernières entraves tombent, et les dernières restrictions sont abolies. En 1870, la chute du pouvoir temporel des papes fit disparaître le dernier ghetto occidental, et les Juifs purent être des citoyens même dans la ville de saint Pierre.

Dès lors, l'antijudaïsme se transforma, il devint purement littéraire, il ne fut plus qu'une opinion, et cette opinion n'eut plus son contrecoup sur les lois ; mais avant d'examiner cet antisémitisme scripturaire du dix-neuvième siècle, antismitiséme qui jusqu'en 1870 coexista avec une réglementation restrictive, en certains pays, il nous faut parler des états chrétiens de l'Europe orientale où l'antijudaïsme est encore de nos jours légal et persécuteur, c'est-à-dire de la Roumanie et de la Russie.

Les Juif établis en Roumanie (1), c'est-à-dire dans les pays moldo-valaques, depuis le quatorzième siècle, ne vinrent en masse qu'aux débuts de ce siècle, et par suite de l'émigration hongroise et russe, ils sont désormais au nombre de trois cent mille. Durant de fort longues années, ils vécu-

(1) Desjardins : *Les Juifs de Moldavies* (Paris, 1867) — Isidore Loeb : *La situation des Israëlites en Turquie, en Serbie et en Roumanie* (Paris 1877).

rent tranquilles. Ils dépendaient naturellement des boyards qui avaient dans le pays la prépondérance, et ils leur affermaient la vente des spiritueux, dont ces seigneurs avaient le monopole. Comme ils étaient nécessaires aux nobles, comme collecteurs de taxes, agents fiscaux et intermédiaires de toutes sortes, ces derniers étaient plutôt portés à leur accorder des privilèges, et ils n'avaient à redouter que l'excès des superstitions ou des colères populaires. La persécution officielle contre les Juifs ne commença qu'en 1856, lorsque la Roumanie se donna un régime représentatif et qu'ainsi le pouvoir tomba aux mains de la classe bourgeoise. Le traité de Paris de 1858, qui précéda l'union de la Modavie et de la Valachie, reconnaissait aux Moldo-Valaques, *sans distinction de religion*, la jouissance des droits civils. Malgré le texte formel du traité, les Juifs furent exclus des bénéfices de l'indigénat, et le gouvernement roumain répondit aux représentations qui lui furent faites que les Juifs étaient des étrangers. Dès lors, les mesures restrictives s'aggravèrent. Les Israélites ne purent obtenir de grades, on leur retira le droit de domicile permanent dans les campagnes, il leur fut défendu de posséder des immeubles — sauf dans les villes — ni des terres ou vignes. On leur interdit de prendre des domaines en ferme, de tenir des hôtels et des cabarets hors des cités, de débiter des alcools, d'avoir des domestiques chrétiens, de construire des synagogues nouvelles. Quelques-unes de ces décisions étaient prises arbitrairement par certaines municipalités; dans d'autres villages, au contraire, les Juifs étaient tolérés. Cet état de choses dura jusqu'en 1867. A cette époque, le ministre Jean Bratianio publia une circulaire dans laquelle il rappelait que les Juifs n'avaient pas le droit de demeurer dans les communes rurales, ni d'y affermer des propriétés. A la suite de cette circulaire, des Juifs furent expulsés des villages qu'ils habitaient, on les condamna comme vagabonds et les expulsions se succédèrent jusqu'en 1877; elles étaient généralement provoquées par des émeutes à Bucharest, à Jassy, à Galatz, à Tecuciu, dans d'autres lieux encore, émeutes pendant lesquelles on profanait les cimetières et on brûlait les synagogues.

Quelles étaient, quelles sont encore les causes de cette législation spéciale, et de cette animosité des Roumains contre les Juifs? Elles ne sont pas uniquement religieuses et ce n'est point, malgré la persistance des ataviques préjugés, d'une guerre confessionnelle qu'il s'agit. Les Juifs roumains, au moment de la formation de la Roumanie surtout, formaient dans les pays moldo-valaques, des agglomérations complètement séparées du gros de la population (1). Ils portaient un costume spécia., habitaient dans des quartiers réservés, pour échapper aux souillures, et par-

---

(1) Cet état ne s'est guère modifié depuis, et c'est une minorité de Juifs qui, par l'accès dans les universités et le développement intellectuel qui en est résulté, à pu échapper aux préjugés exclusivistes de la masse, qui est toujours plongée dans un abrutissement dont seule l'instruction antitalmudique pourrait la tirer.

laient un jargon judéo-allemand qui achevait de les
distinguer. Ils vivaient sous la domination de leurs
rabbins, talmudistes étroits, bornés, ignorants, dont
ils recevaient dans des écoles juives, — les *Heder* —
une éducation qui contribuait à perpétuer leur abaissement intellectuel et leur avilissement.

Ils furent les victimes de cet isolement, isolement qu'ils devaient au fanatisme des rabbanites qui
les dirigeaient. Dans ce pays qui naissait, qui acqué-
rait une nationalité, et tendait à l'unité, les passions
patriotiques étaient singulièrement excitées. Il y eut
un panroumanisme, comme un pangermanisme ou
un panslavisme; on discuta sur la race roumaine, sur
son intégrité, sur sa pureté, sur le danger qu'il y
avait à la laisser adultérer. On fonda des associations
pour résister à l'envahissement étranger, et surtout
pour résister à l'envahissement juif. Les institu-
teurs, les professeurs d'université furent l'âme de
ces sociétés ; ce sont eux qui furent, comme en Allemagne, les plus actifs antisémites. Ils considéraient
les Juifs comme les agents et les apôtres du germanisme, et c'est pour les refouler, pour les contenir
qu'ils furent les instigateurs de la législation restrictive. Ils reprochaient aux Juifs de former un état
dans l'état, ce qui était vrai, et, contradiction perpétuelle de l'antijudaïsme, ils légiféraient pour les
maintenir dans cette situation qu'ils jugeaient dangereuse ; ils affirmaient que l'éducation judaïque
déformait les cerveaux de ceux qui la recevaient,
qu'elle les rendait inaptes à la vie sociale, ce qui était

trop exact, et ils en venaient finalement à interdire à ces Juifs de recevoir l'instruction donnée aux chrétiens, instruction qui les aurait tirés de leur abjection.

Mais les universitaires ne furent pas les seuls antisémites en Roumanie, et à côté des causes patriotiques, il y eut des causes économiques. C'est avec l'avènement de la bourgeoisie, je l'ai dit, que naquit l'antisémitisme, parce que cette classe bourgeoise, composée de commerçants et d'industriels, était en concurrence avec les Juifs qui manifestaient exclusivement leur activité par le commerce et l'industrie, quand ce n'était par l'usure. Cette bourgeoisie avait tout intérêt à faire voter des lois protectrices, lois qui n'étaient pas nominativement dirigées contre les Juifs, mais contre les étrangers, et qui avaient principalement pour but de mettre des entraves à l'expansion de rivaux redoutables; elle y arriva en fomentant habilement des émeutes qui permirent à ses représentants au Parlement de proposer des réglementations nouvelles. Aussi peut-on ramener ces diverses causes d'antisémitisme à une seule : le protectionnisme national, et ce protectionnisme est fort habile, car, en même temps qu'il refuse tous droits civiques aux Juifs en les considérant comme étrangers, il les astreint au service militaire, ce qui est encore contradictoire, car nul, s'il n'est citoyen, ne peut faire partie d'une *armée nationale* (1).

(1) Je crois que c'est une vérité qu'admettrait le plus absurde

Plus dure encore, plus pénible qu'en Roumanie est la situation des Juifs en Russie. Leur histoire dans ce pays, où ils vinrent dès le troisième siècle avant Jésus-Christ, fondant des colonies en Crimée, fut celle des Juifs de toute l'Europe. Au douzième siècle ils furent expulsés et jamais on ne les rappela. Cependant, la Russie compte aujourd'hui quatre millions et demi de Juifs, et l'on ne peut dire que ces Juifs sont venus l'envahir, comme l'affirment les antisémites, puisque la Russie les a conquis en s'emparant en 1769 de la Russie Blanche, puis des provinces polonaises et de la Crimée, qui contenaient un nombre considérable d'Israélites. Au moment de cette conquête, il ne pouvait être question d'appliquer l'ukase de 1742 qui de nouveau avait chassé les Juifs. D'une part, le refoulement de quelques millions d'individus dans les états circonvoisins n'eût pas été chose aisée ; de l'autre, le commerce, l'industrie et surtout le fisc se fussent fort mal trouvés de cette expulsion en masse. Catherine II accorda alors aux Juifs les mêmes droits qu'à ses sujets russes, mais les ukases sénatoriaux de 1786, 1791 et 1794 restreignirent ces privilèges et cantonnèrent les Israélites dans la Russie Blanche et la Crimée — qui constituèrent dès lors le *territoire juif* — et dans la Pologne, Il ne leur était permis de sortir de ce ghetto territorial qu'en certains cas et à certaines conditions.

même des chauvins — qu'il soit turc, bulgare, russe, allemand, anglais ou même français.

Tout l'antisémitisme moderne en Russie, antisémitisme qui est surtout un antisémitisme officiel, consiste à empêcher les Juifs de se soustraire aux ukases sénatoriaux dont nous venons de parler. La Russie s'est résignée à ses Juifs, mais elle a voulu les laisser là où elle les avait pris. Cependant il y a eu pour les Israélites des alternatives heureuses, ou moins malheureuses. Alexandre I⁻ les autorisa en 1808 à habiter les domaines de la couronne, à condition d'y être agriculteurs ; Nicolas leur permit de voyager pour les besoins de leur commerce, ils purent fréquenter les universités et sous Alexandre II leur position s'améliora encore (1).

Après la mort d'Alexandre II, la réaction autoritaire fut effroyable en Russie : à la bombe des nihilistes répondit un abominable réveil de l'absolutisme. On surexcita l'esprit national et orthodoxe, on attribua le mouvement libéral et révolutionnaire aux influences étrangères et, pour détourner le peuple de la propagande nihiliste, on le jeta sur les Juifs ; de là les massacres de 1881 et 82, pendant lesquels la foule incendiait les maisons israélites, pillait et

---

1) N. de Gradovski : *La situation légale des Israélites en Russie* (Paris 1891). — Tikhomirov : *La Russie politique et sociale* (Paris, 1888). — *Les Juifs de Russie* (Paris, 1891). — Prince Demidoff San-Donato : *La question juive en Russie* (Bruxelles 1884). — Anatole Leroy-Beaulieu : *L'Empire des Tzars et les Russes.* (Paris, 1881-82-89.) — Weber et Kempster : *La situation des Juifs en Russie* (Résumé du rapport adressé au gouvernement des Etats-Unis, par ses délégués). — Léo Errera : *Les juifs Russes* (Bruxelles, 1893). — Harold Frédéric : *The New Exodus* (1892).

tuait les Juifs en disant : « Notre petit père le Tzar
le veut. »

Après ces émeutes le général Ignatief promulga
les *lois de mai* 1882. Ces lois portaient : « 1o A titre
de mesure temporaire et jusqu'à la revision générale des lois qui règlent la situation des Israélites,
défense est faite aux Israélites de s'établir à l'avenir en dehors des villes et des bourgades. Exception
est faite en faveur des colonies israélites déjà existantes où les Israélites s'occupent d'agriculture.

» 2° Jusqu'à nouvel ordre il ne sera pas donné suite
aux contrats faits au nom d'un Israélite et qui auraient pour objet l'achat, l'hypothèque ou la location
d'immeubles ruraux, situés en dehors des villes et
des bourgades. Est nul également le mandat donné à
un Israélite d'administrer des biens de la nature ci-
dessus indiquée ou d'en disposer.

» 3° Défense est faite aux Israélites de se livrer au
commerce les dimanches et jours fériés de la religion
chrétienne; les lois qui obligent les chrétiens à fer-
mer leurs maisons de commerce pendant ces jours-là
seront appliqués aux maisons de commerce des Israélites.

» 4° Les mesures ci-dessus ne sont applicables
qu'aux gouvernements qui se trouvent dans l'étendue
du territoire juif. »

A titre de mesure temporaire, ces lois étaient données. Aussi, en 1883, une commission se réunit, sous
la présidence du comte Pahlen, pour régler définitivement la question juive. Cette commission con-

clut dans un sens fort libéral : elle demandait à ce que certains droits civils fussent accordés aux Juifs. Grâce à l'influence de M. Pobedonostsef, procureur du Saint-Synode, le rapport de la commission Pahlen resta lettre morte et les *lois de mai* furent appliquées. Depuis ce moment, et surtout à partir de 1890, les persécutions ont redoublé. On a restreint le *Territoire* en défendant aux Juifs l'entrée de certaines places fortes, et en créant une zone frontière que les Juifs ne peuvent habiter; on a abrogé l'ukase de 1865 par lequel Alexandre II autorisait les artisans « habiles » à élire domicile dans tout l'empire. Ainsi a-t-on refoulé dans les villes du territoire environ trois millions de Juifs, tandis qu'un million est répandu en Pologne et 500,000 privilégiés, commerçants de premier guilde, financiers et étudiants par toute la Russie.

Dans les villes du Territoire, les Juifs sont en majorité, et leurs conditions d'existence sont effroyables. Entassés dans des demeures malsaines, où ils vivent en la pire des pauvretés, ravagés par une misère auprès de laquelle la misère que l'on trouve à Paris, à Berlin et à Londres est de la prospérité; réduits au chômage pendant une partie de l'année, ne trouvant du travail pendant l'autre partie qu'à la condition de se contenter de salaires dérisoires, salaires dont le taux s'est tellement abaissé qu'il est tombé à 0,40 et 0,50 par jour; se multipliant sans cesse à cause de leur dénûment même, ces malheureux agonisent lentement et sont voués à tous les choléras, à tous les

typhus, à toutes les pestes. De jour en jour leur état
s'aggrave, leur détresse augmente, ils s'écrasent
dans ces cités comme un bétail trop pressé dans
des étables trop étroites, et nul espoir de délivrance
ne luit pour eux ; ils n'ont le choix qu'entre trois alternatives : se convertir, émigrer ou mourir. C'est ce
qu'avait prévu M. Pobedonostsef, le procureur du
Saint-Synode, lorsqu'il exigeait l'application des lois
d'Ignatief.

Outre ce refoulement systématique, d'autres mesures ont été prises contre les Juifs. On leur interdit
certains emplois et certaines professions ; on chasse
des hôpitaux ceux qui y sont comme infirmiers, on
congédie ceux qui sont employés dans les compagnies de chemins de fer et les compagnies de navigation ; on limite le nombre de ceux qui ont le droit
d'entrer dans les universités, les écoles supérieures
et les gymnases ; on les empêche d'être avocats,
avoués, médecins, ingénieurs, ou tout au moins,
on ne les autorise à embrasser ces professions que
fort rarement ; on leur ferme leurs propres écoles,
on ne les admet même pas dans les hôpitaux ;
on les accable d'impôts spéciaux, sur leurs loyers,
sur leurs héritages, sur la viande qu'ils tuent, sur les
bougies qu'ils allument le vendredi soir, sur les
calottes dont ils se couvrent la tête pendant les cérémonies religieuses, même privées.

A côté de ces taxes officielles, décrétées par le gouvernement, ils subissent l'exploitation de l'administration et de la police russe, les plus corrompues,

les plus vénales, les plus abjectes de l'Europe. La
moitié des ressources de la classe moyenne juive, disant MM. Weber et Kempster et M. Harold Frédéric (1)
passent à la police. Tout Juif d'une condition aisée est
victime d'un chantage perpétuel. Quant à ceux-là
(la majorité) qui sont trop misérables pour pouvoir
payer, ils sont soumis aux plus odieux, aux plus
inhumains traitements, obligés de se plier à tous les
caprices des policiers brutaux qui les régentent et
les martyrisent, comme ils martyrisent d'ailleurs les
nihilistes et les suspects de libéralisme que l'horrible autocratie tzarienne remet à leur autorité (2).

Pourquoi ces traitements, cette persécution abominable ? Parce que, répondent les antisémites, ces
quatre millions et demi de juifs exploitent les quatre-
vingt-dix millions de Russes. Comment les exploitent-
ils ? Par l'usure. Or les neuf dixièmes des juifs
russes ne possèdent rien, il y a à peine en Russie dix
à quinze mille juifs qui soient détenteurs de capitaux. Sur ces dix à quinze mille, les uns sont commerçants, les autres financiers, et assurément pratiquent l'agio sinon l'usure; enfin une minorité infime
habitait jadis les villages et prêtait aux paysans. On a
bien chassé ces derniers des campagnes, mais on a

----

(1) *Loc. cit.*
(2) La situation des juifs en Russie vis à vis du peuple est
absolument la même qu'au moyen âge. Le paysan et l'ouvrier
russes sont, à peu de chose près, aussi misérables que les juifs. Ils
sont, eux aussi, soumis aux vexations et à l'arbitraire, mais cependant ils ne sont pas persécutés et ils ont, jusqu'à un certain
point, la faculté de se mouvoir.

laissé fort tranquilles les commerçants, les financiers
et en général tous ceux qui, étant riches, peuvent payer
des privilèges. Donc si on désirait viser les *exploi-
teurs* on s'est trompé, car on a surtout frappé les artisans et les misérables. A-t-on au moins obtenu une
amélioration dans la situation des paysans ? Non. Le
paysan russe, accablé d'impôts depuis sa libération,
exploité par le fisc et par les agents du gouvernement,
est la proie fatale des usuriers. Le Juif a été remplacé partout par le *Koulak* (le paysan prêteur) qui sévissait déjà dans tous les villages de Russie où n'étaient
pas les Juifs — c'est-à-dire la majorité des villages
russes. Or, on n'a pris aucune mesure contre les Kou-
laks. L'expulsion des juifs n'a donc pas pour cause
la défense des paysans. Ils excitent aussi à l'ivro-
gnerie, assure-t-on. Or, disait Katkoff, peu suspect
puisqu'il était antisémite, l'alcoolisme est plus
répandu dans le centre et le nord de la Russie,
endroits où il n'y a que peu de Juifs, que dans le
sud-ouest où ils exercent la profession de cabaretier.
C'est fort naturel ; l'alcool, qui est déjà une nécessité
pour les miséreux dont la nutrition est insuffisante,
est plus nécessaire encore dans les pays froids. Les
Juifs ne seraient pas cabaretiers, qu'ils seraient remplacés par d'autres, et d'ailleurs l'expulsion des Juifs
n'est pas une lutte contre l'alcoolisme, puisqu'on n'a
pris aucune mesure contre les débitants chrétiens
plus nombreux que les débitants israélites.

Des fraudes que l'on reproche aux négociants juifs
riches nous ne pouvons nous occuper, puisque préci-

sément ces négociants occupent une situation privilé-
giées ; quant aux procédés déloyaux d'une partie de
la masse misérable, ceux qui la composent sont dans
une condition telle que « s'ils ne pillaient pas, la
nourriture leur manquerait » (1), et ils se trouvent
ainsi dans le même état qu'un grand nombre de
Russes orthodoxes que l'état social et économique
de la Russie pousse à être peu scrupuleux pour pouvoir vivre (2).

Quelles sont donc les véritables causes de l'antisémitisme ? Elles sont politiques et religieuses. L'antisémitisme n'est nullement un mouvement populaire en Russie : il est purement officiel. Le peuple russe, accablé de misère, écrasé d'impôts, courbé
sous la plus atroce des tyrannies, aigri par les
violences administratives et l'arbitraire gouverne-
mental, chargé de souffrances et d'humiliations,
est dans une situation intolérable. Résigné en général, il est capable de colères ; ses séditions, ses révoltes sont à redouter ; les émeutes antisémitiques sont
propres à détourner les fureurs populaires, c'est pour
cela que le gouvernement les a encouragées et souvent provoquées. Quant aux paysans ou aux ouvriers,
ils se ruaient sur les Juifs parce que, disaient-ils,
le « Juif et le noble se valent, seulement il est plus

(1) Tikhomirov : *loc cit* :
(2) Une grande partie de ces griefs sont plus fondés en ce qui
regarde les Juifs de Pologne, et pourtant les Juifs en Pologne
ne sont pas refoulés dans les villes comme le sont les Juifs du
Territoire.

facile de battre le Juif » (1). Ainsi s'explique le pil-
lage des riches commerçants, des opulents prêteurs
juifs, parfois aussi, par ricochet, des misérables ouvriers israélites, et cela est assez poignant de voir ces
déshérités se ruer les uns sur les autres au lieu de
s'unir contre le tzarisme oppresseur.

La possibilité de l'union de ces deux misères est
peut-être pressentie par ceux qui ont intérêt à engendrer et à perpétuer leur antagonisme et qui ont vu
en effet, durant les troubles de 1881 et de 1882, les
révoltés saccager et brûler bien des maisons chrétiennes. Après la mort d'Alexandre II, il devint
urgent d'effacer de la mémoire des moujiks et des
prolétaires le souvenir des tentatives libératrices des
nihilistes. La révolution fut plus que jamais l'hydre
et le dragon épouvantable contre lequel il fallait
protéger la Russie sainte. On pensa y arriver par
un retour aux idées orthodoxes. Tout le mal, disait-
on, vient de l'étranger, de l'hérétique, de celui qui
souille le sol sacré. C'était la théorie d'Ignatieff,
c'est celle de Pobedonostsef et du Saint-Synode,
celle sans doute de ce malheureux Alexandre III
que la peur affole et que Pobedonostsef guide comme
un enfant à l'esprit débile. On se précipita contre les Juifs, de même qu'on prit des mesures contre les Allemands, contre les catholiques, contre
les luthériens, contre tous ceux qui n'étaient pas
de race slave ou n'appartenaient pas à l'ortho-

(1) Tikhomirov : *loc cit* :

doxie grecque (1). Toutefois la persécution fut plus active contre les Juifs, car on n'avait pas à garder vis-à-vis d'eux les ménagements diplomatiques auxquels on était tenu vis à vis des catholiques, des luthériens ou des Allemands. On eut massacré les catholiques russes, l'Europe entière se fût levée; on put impunément tuer des Juifs. D'ailleurs, et pour les mêmes raisons que les Juifs roumains, les Juifs russes se distinguent du reste de la population par leurs mœurs, leurs coutumes et leur éducation — sauf la minorité éclairée, très intelligente, des jeunes Juifs qui se précipitaient dans les universités avant que les portes ne leur en fussent fermées. — Ils ont une organisation intérieure, celle du *Kahal*, qui leur donne une sorte d'autonomie, et il est plus facile de les dénoncer comme un danger, au grand profit des institutions établies et aussi des capitalistes orthodoxes qui échappent ainsi aux colères populaires dont l'explosion est toujours à redouter.

On a souvent nié que l'antisémitisme officiel eut une origine religieuse; cela n'est cependant pas niable, et les Russes feraient encore bon marché peut-être du panslavisme, pour arriver à l'unité religieuse, unité qui leur paraît — du moins à quelques uns — indispensable pour avoir l'unité de l'Etat. La

(1) C'est ce qu'il y a de fort étrange dans l'approbation que quelques antisémites religieux en France et en Allemagne donnent — par chauvinisme, ou par passion — aux actes du gouvernement du Tzar. En approuvant les persécutions tzariennes contre les Juifs, ils approuvent implicitement celles contre les catholiques ou les luthériens qui leur sont si chers.

question nationale et la question religieuse ne font qu'une en Russie, le tzar étant à la fois chef temporel et chef spirituel, César et Pape ; mais on donne plus d'importance à la foi qu'à la race, et la preuve c'est que tout Juif qui consent à se convertir n'est point expulsé. Au contraire, on encourage le Juif à venir à l'orthodoxie. Tout enfant israélite, dès quatorze ans, peut abjurer contre le gré de ses parents ; un converti marié se trouve dégagé des liens qui l'unissent à sa femme et à ses enfants, une convertie rompt par le fait de sa conversion les engagements matrimoniaux, mais les conjoints non convertis sont toujours considérés comme mariés. Enfin les convertis adultes reçoivent, lors de leur abjuration, une somme de quinze à trente roubles, et les convertis enfants une somme de sept à quinze roubles. Pour engager encore les Juifs à venir à la religion grecque, on supprime les écoles rabbiniques; on restreint le nombre des synagogues — la synagogue de Moscou fut fermée en 1892 comme *chose indécente;* — on défend même aux Juifs de se réunir pour prier. Que deviennent dès lors les griefs des antisémistes contre les Juifs puisqu'ils consentent à garder chez eux ces juifs devenus chrétiens, en sachant parfaitement que le christianisme ne fera pas renoncer à leur rôle social ceux d'entre eux qui ne sont pas artisans, mais intermédiaires et capitalistes (1).

(1) Je n'ai pu qu'indiquer à grands traits l'antisémitisme roumain et l'antisémitisme russe. Il faudrait, pour les étudier complètement, plus que ces quelques pages, dans lesquelles il m'a été

Ainsi, dans cette Europe orientale, où l'état actuel des Juifs nous représente assez bien quelle fut leur condition dans le moyen âge, nous pouvons dire que les causes d'antisémitisme sont de deux sortes : causes sociales, et causes religieuses unies à des causes patriotiques. Il nous faut maintenant voir quelles sont les raisons qui entretiennent l'antisémitisme dans les pays où de légal il st devenu scripturaire, et, avant, tout examiner cet transformation et les manifestations auxquelles elle a donné lieu.

impossible de donner un tableau social de la Roumanie et de la Russie, et d'exposer la situation morale, psychologique, ethnologique et économique des Juifs de ces pays.

CHAPITRE IX

L'ANTISÉMITISME MODERNE ET SA LITTÉRATURE

Le Juif émancipé et les nations. — Les Juifs et la Révolution économique. — La bourgeoisie et le Juif. — La transformation
de l'antijudaïsme. — Antijudaïsme et antisémitisme. — Antijudaïsme instinctif et antisémitisme raisonné. — L'antijudaïsme
légal et l'antisémitisme scripturaire. — Classification de la littérature antisémitique. — L'antisémitisme chrétien et l'antijudaïsme du moyen âge. — L'antitalmudisme. — Gougenot des
Mousseaux, Chiarini, Rohling. — L'antisémitisme christiano-
social. — Barruel, Eckert, Dou Deschamps. — Chabeauty. —
Edouard Drumont et le pasteur Stœcker. — L'antisémitisme
économique. — Fourier et Proudhon ; Toussenel, Capefigue,
Otto Glagau. — L'antisémitisme ethnologique et national. —
L'Hégélianisme et l'idée de race. — W. Marr, Treitschke,
Schœnerer. — L'antisémitisme métaphysique. — Schopenhauer. — Hegel et l'extrême gauche Hégélienne. — Max Stirner.
— Duhring, Nietsche et l'antisémitisme antichrétien. — L'antisémitisme révolutionnaire. — Gustave Tridon. — Les griefs
des antisémites et les causes de l'antisémitisme.

Les Juifs émancipés pénétrèrent dans les nations
comme des étrangers, et il n'en pouvait être autre-

ment, nous l'avons vu, puisque depuis des siècles ils formaient un peuple parmi les peuples, un peuple spécial conservant ses caractères grâce à des rites stricts et précis, grâce aussi à une législation qui le tenait à l'écart et servait à le perpétuer. Ils entrèrent dans les sociétés modernes non comme des hôtes, mais comme des conquérants. Ils étaient semblables à un troupeau parqué ; soudain les barrières tombèrent et ils se ruèrent dans le champ qui leur était ouvert. Or, ils n'étaient pas des guerriers, de plus, le moment ne se prêtait pas aux expéditions d'une horde minuscule, mais ils firent la seule conquête pour laquelle ils étaient armés, cette conquête économique qu'ils s'étaient préparés à faire depuis de si longues années. Ils étaient une tribu de marchands et d'argentiers, dégradés peut-être par la pratique du mercantilisme, mais armés, grâce à cette pratique même, de qualités qui devenaient prépondérantes dans la nouvelle organisation économique. Aussi, il leur fut facile de s'emparer du commerce et de la finance et, il faut le répéter encore, il leur était impossible de ne pas agir ainsi. Comprimés, opprimés pendant des siècles, constamment retenus dans tous leurs élans, ils avaient acquis une formidable force d'expansion, et cette force ne pouvait s'exercer que dans un certain sens ; on avait limité leur effort, mais on n'en avait pas changé la nature, on ne la changea pas davantage le jour où on les libéra, et ils allèrent droit devant eux, dans le chemin qui leur était familier. L'état de choses les favorisa du reste singulièrement. A cette époque de grands bouleversements et de reconstructions, au moment où les nations se modifiaient, où les gouvernements se transformaient, où des principes nouveaux s'établissaient, où s'élaboraient de nouvelles conceptions sociales, morales et métaphysiques, ils furent les seuls à être libres. Ils étaient sans attaches aucunes avec ceux qui les entouraient ; ils n'avaient pas d'antique patrimoine à défendre ; l'héritage que l'ancienne société laissait à la société naissante n'était pas le leur ; les mille idées ataviques qui liaient au passé les citoyens des états modernes ne pouvaient influer en rien sur leur conduite, sur leur intellectualité, sur leur moralité : leur esprit n'avait pas d'entraves.

J'ai montré que leur libération ne put pas les changer et que nombre d'entre eux regrettèrent leur isolement passé, mais si encore ils s'efforcèrent de rester eux-mêmes, s'ils ne s'assimilèrent pas, ils s'adaptèrent merveilleusement en vertu même de leurs tendances spéciales aux conditions économiques qui régirent les nations dès le commencement de ce siècle.

La Révolution française fut, avant tout, une Révolution économique. Si on peut la considérer comme le terme d'une lutte de classes, on doit aussi voir en elle l'aboutissant d'une lutte entre deux formes du capital, le capital immobilier et le capital mobilier, le capital foncier et le capital industriel et agioteur. Avec la suprématie de la noblesse disparut la suprématie du capital foncier, et la suprématie de la bourgeoisie amena la suprématie du capital industriel et agioteur. L'émancipation du Juif est liée à l'histoire de la prépondérance de ce capital industriel. Tant que le capital foncier détint le pouvoir politique, le Juif fut privé de tout droit; le jour où le pouvoir politique passa au capital industriel, le Juif fut libéré et cela était fatal. Dans la lutte qu'elle avait entreprise, la bourgeoisie avait besoin d'auxiliaires ; le Juif fut pour elle un aide précieux, un aide qu'elle avait intérêt à délivrer. Dès la Révolution, le Juif et le bourgeois marchèrent ensemble, ensemble ils soutinrent Napoléon, au moment où la dictature devint nécessaire pour défendre les privilèges conquis par le Tiers et, lorsque la tyrannie impériale fut devenue trop lourde et trop oppressive pour le capitalisme, c'est le bourgeois et le Juif, qui, unis, préludèrent à la chute de l'empire par l'accaparement des vivres au moment de la campagne de Russie et aidèrent au désastre final, en provoquant la baisse de la rente, et en achetant la défection des maréchaux.

Après 1815, au début du grand développement industriel, quand les compagnies de canaux, de mines, d'assurances se formèrent, les Juifs furent parmi les plus actifs à faire prévaloir le système de l'association des capitaux, ou du moins à l'appliquer. Ils y étaient d'ailleurs les plus aptes, puisque l'esprit d'association avait été depuis des siècles leur seul soutien. Mais ils ne se contentèrent pas d'aider de cette façon pratique au triomphe de l'industrialisme, ils y aidèrent d'une façon théorique.

Ils se rangèrent autour du philosophe de la bourgeoisie, autour de Saint-Simon; ils travaillèrent à la diffusion et même à l'élaboration de sa doctrine. Saint-Simon avait dit (1): « Il faut confier l'administration du pouvoir temporel aux industriels » et « Le dernier pas qui reste à faire à l'industrie est de s'emparer de la direction de l'Etat et le problème suprême de nos temps est d'assurer à l'industrie la majorité dans les Parlements. » Il avait ajouté (2): « La classe industrielle doit occuper le premier rang, parce qu'elle est la plus importante de toutes : parce qu'elle peut se passer de toutes les autres et qu'aucune autre ne peut se passer d'elle; parce qu'elle subsiste par ses propres forces, par ses travaux personnels. Les autres classes doivent travailler pour elle, parce qu'elles sont ses créatures et qu'elle entretient leur existence; en un mot, tout se faisant par l'industrie, tout doit se faire pour elle. » Les Juifs contribuèrent à réaliser le rêve saint-simonien; ils se montrèrent les plus sûrs alliés de la bourgeoisie, d'autant qu'en travaillant pour elle ils travaillaient pour eux et, dans toute l'Europe, ils furent au premier rang du mouvement libéral qui, de 1815 à 1848, acheva d'établir la domination du capitalisme bourgeois.

Ce rôle du Juif n'échappa pas à la classe des capitalistes fonciers, et nous verrons que ce fut là une des causes de l'antijudaïsme des conservateurs, mais

(1) Saint-Simon : *Du Système industriel* (Paris, 1821).
(2) Saint-Simon : *Catéchisme des Industriels, 1er Cahier* (Paris, 1823.)

il ne valut pas à Israël la reconnaissance de la bourgeoisie. Quand celle-ci eut définitivement assis son pouvoir, lorsqu'elle fut tranquille et rassurée, elle s'aperçut que son allié juif n'était qu'un redoutable concurrent et elle réagit contre lui. Ainsi, les partis conservateurs, généralement composés de capitalistes agricoles, devinrent antijuifs dans leur lutte contre le capitalisme industriel et agioteur que représentait surtout le Juif, et le capitalisme industriel et agioteur devint à son tour antijuif à cause de la concurrence juive. L'antijudaïsme, qui avait été d'abord religieux, devint économique, ou, pour mieux dire, les causes religieuses, qui avaient jadis été dominantes dans l'antijudaïsme, furent subordonnées aux causes économiques et sociales.

Cette transformation qui correspondit au changement de rôle des Juifs, ne fut pas la seule. L'hostilité contre les Juifs, autrefois sentimentale, se fit raisonneuse. Les chrétiens d'antan détestaient les déicides instinctivement, et ils n'essayaient nullement de justifier leur animosité : ils la | témoignaient. Les antijuifs contemporains voulurent expliquer leur haine, c'est-à-dire, qu'ils la voulurent décorer : l'antijudaïsme se mua en antisémitisme. Comment se manifesta cet antisémitisme ? Il ne put se manifester que par des écrits. L'antisémistisme officiel était mort en Occident, ou il se mourait ; par conséquent la législation antijuive disparaissait aussi ; l'antisémitisme resta idéologique, il fut une opinion, une théorie, mais les antisémites eurent un but très net. Jusqu'à la Révolution, l'antijudaïsme littéraire avait corroboré l'antijudaïsme légal, depuis la Révolution et l'émancipation des Juifs, l'antisémitisme littéraire a tendu à restaurer l'antisémitisme légal dans les pays où il n'existe plus. Il n'y est pas encore arrivé, et nous n'avons donc à étudier que les manifestations scripturaires de l'antisémitisme, manifestations dont quelques-unes représentent l'opinion du grand nombre, car, si les littérateurs antisémites ont apporté des raisons aux antisémites inconscients, ils ont été engendrés par eux; ils ont tenté d'expliquer ce que le troupeau ressentait, et si parfois ils lui ont attribué d'étranges et invraisemblables mobiles, ils n'ont été le plus souvent que les échos des sentiments de leurs inspirateurs. Quels étaient ces sentiments ? Nous allons le voir tout en examinant la littérature antisémitique, et en même temps nous démêlerons les causes multiples de l'antisémitisme contemporain.

Il n'est pas possible, sauf pour quelques-unes, de classer les œuvres antisémitiques dans des catégories trop étroites, car chacune d'elles offre fréquemment de multiples tendances. Cependant elles ont chacune une dominante, d'après laquelle on peut établir leur classification, en se souvenant toujours qu'une œuvre rapprochée d'un type déterminé ne se rapporte pas seulement et uniquement à ce type. Nous diviserons donc l'antisémitisme en antisémitisme christiano-social, antisémitisme économique, antisémitisme ethnologique et national, antisémitisme métaphysique, antisémitisme révolutionnaire et antichrétien.

C'est la permanence des préjugés religieux qui généra l'antisémitisme christiano-social. Si les Juifs n'avaient pas changé en entrant dans la société, les sentiments qu'on éprouvait à leur égard depuis de si longues années n'auraient pu non plus disparaître. Les Israélites avaient dû leur émancipation à un mouvement philosophique coïncidant avec un mouvement économique et non à l'abolition des préventions séculaires dont on était animé contre eux. Ceux qui estimaient que le seul état possible était l'état chrétien voyaient de mauvais œil l'intrusion des Juifs, et la première manifestation de cette hostilité fut l'anti-talmudisme. On s'attaqua à ce qui était regardé, à juste titre, comme la forteresse religieuse des Juifs, au Talmud, et une légion de polémistes s'appliqua à montrer combien les doctrines talmudiques s'opposaient aux doctrines évangéliques. On releva contre le livre tous les griefs des controversistes d'antan, ceux qu'avaient énumérés les Juifs apostats dans les colloques, et qu'avait reproduits Raymond Martin, au treizième siècle, ceux de Pfefferkorn et ceux plus tard d'Eisenmenger. On ne changea même pas le procédé, même pas la facture ; on se servit des mêmes moules, on suivit, en écrivant des pamphlets, les mêmes traditions que les dominicains inquisitoriaux, et dans l'étude de la « mer » talmudique on n'apporta pas plus de sens critique. Du reste, les antisémites chrétiens de notre temps ont du juif, de ses dogmes et de sa race, la même conception que les antijuifs du moyen âge. Le juif les préoccupe et les hante, ils le voient partout, ils ramènent tout à lui, ils ont de l'histoire une conception identique à celle de Bossuet. Pour l'évêque, la Judée avait été le centre du monde ; tous les événements, les désastres et les joies, les conquêtes et les écroulements comme les fondations d'empire avaient pour primitive, mystérieuse et ineffable cause les volontés d'un Dieu fidèle aux Béné-Israël, et ce peuple tour à tour errant, créateur de royaumes et captif avait dirigé l'humanité vers son unique but : l'avènement du Christ. Ben Hadad et Sennacherib, Cyrus et Alexandre semblent n'exister que parce que Juda existe, et parce qu'il faut que Juda soit tantôt exalté et tantôt abattu, jusqu'à l'heure où il imposera à l'univers la loi qui doit sortir de lui. Mais ce que Bossuet avait conçu dans un but de glorification inouïe les antisémites chrétiens le rénovent avec des intentions contraires. Pour eux, la race juive, fléau des nations, répandue sur le globe, explique les malheurs et les bonheurs des peuples étrangers chez qui elle s'est implantée, et de nouveau l'histoire des Hébreux devient l'histoire des monarchies et des républiques. Châtiés ou tolérés, chassés ou accueillis, ils expliquent, par le fait même de ces diverses politiques, la gloire des États ou bien leur décadence. Raconter Israël, c'est raconter la France, ou l'Allemagne, ou l'Espagne. Voilà ce que voient les antisémites chrétiens, et leur antisémitisme est ainsi purement théologique, c'est celui des Pères, celui de

Chrysostome, de saint Augustin, de saint Jérôme. Avant la naissance de Jésus, le peuple juif a été le peuple prédestiné, le fils chéri de Dieu ; depuis qu'il a méconnu son Sauveur, depuis qu'il a été déicide, il est devenu le peuple déchu par excellence, et, après avoir fait le salut du monde, il en cause la ruine.

Dans certaines œuvres, cette conception est très nettement exposée, ainsi dans le livre peu connu de Gougenot des Mousseaux : *Le Juif, le Judaïsme et la Judaïsation des peuples chrétiens* (1). Pour Gougenot, les Juifs sont « le peuple à jamais élu, le plus noble et le plus auguste des peuples, le peuple issu du sang d'Abraham, à qui nous devons la mère de Dieu ». En même temps les Juifs sont les plus pervers et les plus insociables des êtres. Comment concilie-t-il ces contradictions ? En opposant le Juif mosaïste au Juif talmudiste, et la Bible au Talmud. C'est ainsi du reste que procèdent la plupart des antisémites chrétiens. « C'est le judaïsme et non le mosaïsme qui s'oppose à la réforme radicale des Juifs », dit l'abbé Chiarini dans un mémoire écrit pour servir « de guide aux réformateurs des Juifs » (2).

Toutefois, les antitalmudistes, quelles que soient leurs affinités et leur parenté avec les antijuifs du moyen âge, se placent à un point de vue un peu différent. Jadis on relevait surtout dans le Talmud des blasphèmes contre la religion chrétienne, ou bien on

(1) Gougenot des Mousseaux : *Le Juif, le Judaïsme et la Judaïsation des peuples chrétiens* (Paris, 1869).

(2) Chiarini : *Théorie du Judaïsme* (Paris, 1830).

y cherchait des arguments pour soutenir la divinité de Jésus-Christ ; désormais les ennemis du livre le poursuivent surtout comme œuvre antisociale, pernicieuse et destructive. D'après eux, le Talmud fait du Juif l'ennemi de toutes les nations, mais si quelques-uns, comme des Mousseaux et Chiarini, sont avant tout poussés, comme les théologiens d'antan, par le désir de ramener Israël dans le giron de l'Eglise (1), d'autres, comme le docteur Rohling (2), sont plutôt disposés à le supprimer, et le déclarent incapable de servir jamais au bien. Au contraire, car non seulement, disent-ils, ses doctrines sont incompatibles avec les principes des gouvernements chrétiens, mais encore il cherche à ruiner ces gouvernements pour en tirer profit.

On conçoit qu'après les bouleversements produits par la Révolution française, les conservateurs aient été appelés à rendre les Juifs responsables de la destruction de l'ancien régime. Lorsque, la tempête passée, ils jetèrent un coup d'œil autour d'eux, une des choses qui dut le plus les surprendre, fut assurément la situation du Juif. Hier le Juif n'était rien, il n'avait

(1) Ce souci du rôle futur des Juifs est exprimé par un livre singulier de M. Léon Bloy : *Le salut par les Juifs* (Paris, 1892). Dans le volume de documents et de notes qu'il a écrit à la suite de l'ouvrage de Dom Deschamps sur les *Sociétés secrètes*, M. Claudio Jannet émet cette opinion que les Juifs sont destinés sans doute à ramener le monde à Dieu. C'est tout à fait la vieille croyance théologique.

(2) A. Rohling : *Le Juif selon le Talmud* (Paris, 1888). Traduit de l'allemand.

aucun droit, aucun pouvoir, et aujourd'hui il brillait au premier rang ; non seulement il était riche, mais encore, comme il payait le cens, il pouvait être électeur et gouverner le pays. C'était lui que le changement social avait le plus favorisé. Aux yeux des représentants du passé, de la tradition, il parut qu'un trône avait été renversé et des guerres européennes déchaînées, uniquement pour que le Juif pût acquérir rang de citoyen, et la déclaration des Droits de l'Homme sembla n'avoir été que la déclaration des droits du Juif. Aussi les antisémites chrétiens ne se bornèrent-ils pas à s'indigner des spéculations des Juifs sur les biens nationaux ou sur les fournitures militaires (1), ils leur appliquèrent le vieil adage juridique : *fecisti qui prodes*. Si les Juifs avaient à ce point bénéficié de la Révolution, s'ils en avaient tiré un tel profit, c'est qu'ils l'avaient préparée, ou pour mieux dire qu'ils y avaient aidé de toutes leurs forces.

Il fallait cependant expliquer comment ce Juif, méprisé et haï, considéré comme une chose, avait eu le pouvoir d'accomplir de telles actions, comment il avait disposé d'une aussi formidable puissance. Ici intervient une théorie, ou plutôt une philosophie de l'histoire, familière aux polémistes catholiques. D'après ces historiens, la Révolution française, dont le contre-coup fut universel, et qui transforma toutes

---

(1) Je ne veux pas dire par là que les Juifs furent les seuls à spéculer de la sorte ; au contraire, parmi ceux qui spéculèrent, ils furent une infime minorité.

les institutions de l'Europe occidentale, ne fut que le
résultat et l'aboutissant d'une séculaire conspiration.
Ceux qui l'attribuent au mouvement philosophique
du dix-huitième siècle, aux excès des gouvernements
monarchiques, à une transformation économique fatale, à la décrépitude d'une classe, à l'affaiblissement
d'une forme du capital, à l'inévitable évolution des
concepts de l'autorité et de l'Etat, à l'élargissement
de la notion de l'individu, tous ceux-là, d'après les
historiens dont je parle, se trompent lourdement. Ce
sont des aveugles qui ne voient pas la vérité : la
Révolution fut l'œuvre d'une ou de plusieurs sectes,
dont la fondation remonte à la plus haute antiquité,
sectes poussées par un même désir et un même principe : le désir de dominer et le principe de destruction. Ces sectes ont procédé suivant un plan nettement déterminé, implacablement suivi, à la destruction de la Monarchie et de l'Eglise ; par leurs ramifica-
tions innombrables, elles ont couvert l'Europe d'un
filet aux mailles serrées et, à l'aide des moyens les
plus ténébreux, les plus abominables, elles sont par-
venues à saper le trône qui est le seul défenseur de
l'ordre social et de l'ordre religieux.

La genèse de cette conception historique se peut facilement trouver. Elle prit naissance sous la Terreur
même. La part que les loges maçonniques, les Illuminés, les Rose-croix, les Martinistes, etc., avaient
pris à la révolution, avait vivement frappé certains
esprits, qui furent portés à grossir l'influence et le
rôle de ces sociétés. Une des choses qui avait le plus

surpris ces observateurs superficiels, avait été le
caractère international de la Révolution de 1789, et
la simultanéité des mouvements qu'elle avait engen-
drés. Ils opposèrent son action générale à l'action
locale des révolutions précédentes, qui n'avaient
agité — ainsi en Angleterre — que les pays dans
lesquels elles étaient nées et, pour expliquer cette
différence, ils attribuèrent l'œuvre des siècles à une
association européenne, ayant des représentants au
milieu de toutes les nations, plutôt que d'admettre
qu'un même stade de civilisation, et de semblables
causes intellectuelles, sociales, morales et économiques, avaient pu produire simultanément les mêmes
effets. Les membres mêmes de ces loges, de ces
sociétés, contribuèrent à répandre cette croyance (1).
Ils exagérèrent eux aussi leur importance et ils affirmèrent que non seulement ils avaient, au dix-huitième siècle, travaillé aux changements qui se préparaient, ce qui était la vérité, mais encore ils
prétendirent qu'ils en étaient les lointains initiateurs. Ici cependant n'est pas le lieu de discuter
cette question ; il nous suffit d'avoir constaté l'existence de ces théories : nous allons montrer comment
elles vinrent en aide aux antisémites chrétiens.

Les premiers écrivains qui exposèrent ces idées, se
bornèrent à constater l'existence d'« une nation particulière qui a pris naissance et s'est agrandie dans les
ténèbres, au milieu de toutes les nations civilisées,

(1) Louis Blanc : *Histoire de la Révolution Française*, t. II,
p. 74.

avec le but de les soumettre toutes à sa domination » (1), ainsi que veut le démontrer le chevalier
de Malet, frère du général conspirateur, dans un livre
peu connu et fort médiocre d'ailleurs. Des hommes
comme le P. Barruel, dans ses *Mémoires sur le Jacobinisme* (2), comme Eckert, dans ses ouvrages sur la
franc-maçonnerie (3), comme Dom Deschamps (4),
comme Claudio Jannet, comme Crétineau Joly (5),
développèrent cette théorie et la systématisèrent,
ils essayèrent même d'en démontrer la réalité, et s'ils
n'atteignirent pas leur but, ils réunirent du moins tous
les éléments nécessaires pour entreprendre l'histoire
si curieuse des sociétés secrètes. En toutes leurs
œuvres, ils furent conduits à examiner quelle avait
été la situation des Juifs dans ces groupes et dans ces
sectes et, frappés des analogies que présentaient les

(1) *Recherches historiques et politiques qui prouvent l'existence
d'une secte révolutionnaire, son antique origine, son organisation,
ses moyens ainsi que son but ; et dévoilent entièrement l'unique
cause de la Révolution Française*, par le Chevalier de Malet.
Paris. Gide fils, libraire, 1817.

(2) Barruel : *Mémoires sur le Jacobinisme* (1797-1813). Le Père
Barruel fut le premier à exposer ces idées, et ceux qui le suivirent, n'ont fait à proprement parler que l'imiter et que le conti-
nuer.

(3) Eckert : *La Franc-Maçonnerie dans sa véritable signification*
(traduction Gyr., Liège, 1854). — *La Franc-Maçonnerie en elle-
même* (traduction Gyr., Liège, 1859).

(4) Dom Deschamps : *Les Sociétés secrètes et la Société*, avec
une introduction, des notes et des documents par Claudio Jannet.
Paris, 1883.

(5) Crétineau Joly : *L'Eglise romaine avant la Révolution*.
Paris, 1863.

rites mystagogiques de la Maçonnerie avec certaines traditions judaïques et kabbalistiques (1), illusionnés par tout ce décor hébraïque qui caractérise les initiations dans les loges, ils en conclurent que les Juifs avaient toujours été les inspirateurs, les guides et les maîtres de la Maçonnerie, bien plus même, qu'ils en avaient été les fondateurs, et que, avec son aide, ils poursuivaient tenacement la destruction de l'Eglise, depuis sa fondation.

On alla plus loin dans cette voie, on voulut prouver que les Juifs avaient gardé leur constitution nationale, qu'ils étaient encore gouvernés par des princes, des *nassi*, qui les menaient à la conquête du monde, et que ces ennemis du genre humain étaient en possession d'une organisation et d'une tactique redoutables. Gougenot des Mousseaux (2), Rupert (3), de Saint-André (4), l'abbé Chabauty (5), ont soutenu ces assertions. Quant à M. Edouard Drumont, toute la partie pseudo-historique de ses livres, lorsqu'elle n'est pas tirée du père Loriquet, n'est qu'un démar-

---

(1) Sur les traditions hébraïques dans la franc-maçonnerie, et sur les rapports de similitude des Maçons et des antiques Esséniens, voir Clavel : *Histoire pittoresque de la Franc-Maçonnerie* (Paris, 1843) ; Kauffmann et Cherpin : *Histoire philosophique de la Franc-Maçonnerie* (Lyon, 1856) et un article de M. Moïse Schwab sur les Juifs et la Maçonnerie publié dans l'*Annuaire des Archives israélites pour l'an 5650* (1889-1890). Voir aussi les divers ouvrages de J.-M. Ragon sur la Maçonnerie (Paris, Dentu).

(2) Gougenot des Mousseaux : *loc. cit.*

(3) Rupert : *L'Eglise et la Synagogue.* (Paris, 1859).

(4) De Saint-André : *Francs-maçons et Juifs.* (Paris, 1880).

(5) A. Chabauty : *Les Juifs nos maîtres.* (Paris, 1883).

quage maladroit et sans critique de Barruel, de Gougenot, de don Deschamps et de Crétineau Joly (1).

Toutefois, avec M. Drumont, comme avec le pasteur Stoecker, l'antisémitisme chrétien se transforme, ou plutôt, il emprunte à quelques sociologues des armes nouvelles. Si M. Drumont combat l'anticléricalisme du Juif, si M. Stoecker, soucieux de mériter le nom de second Luther, s'élève contre la religion juive destructice de l'état chrétien, d'autres préoccupations les dominent ; ils attaquent la richesse juive, et attribuent aux Juifs la transformation économique qui est l'œuvre de ce siècle. Ils poursuivent bien encore, dans l'Israélite, l'ennemi de Jésus, le meurtrier d'un dieu, mais ils visent surtout le financier, et en cela ils s'unissent à ceux qui professent l'antisémitisme économique.

Cet antisémitisme se manifesta dès les débuts de la finance et de l'industrialisme juif. Si on en trouve seulement des traces dans Fourier(2) et Proudhon, qui se bornèrent à constater l'action du Juif

(1) Il est à noter que dans la *France juive* (je veux dire dans les premiers chapitres), M. Drumont ne cite pas une seule fois Gougenot des Mousseaux, ni Barruel ; il cite trois fois Dom Deschamps en passant et une fois la *Vendée militaire* de Crétineau Joly, et cependant il a largement mis à contribution ces écrivains, à moins que ses *documents historiques* ne lui aient été fournis par des disciples de ceux que je viens de citer, ce qui est bien possible. Il n'est bien entendu question ici que de M. Drumont historien et non de M. Drumont polémiste.

(2) Fourier : le *Nouveau Monde industriel et sociétaire* (Paris, Librairie Sociétaire, 1848).

intermédiaire, agioteur et improductif (1), il anima des hommes comme Toussenel (2) et Capefigue (3); il inspira des livres tels que *Les Juifs rois de l'Epoque* et *l'Histoire des grandes opérations financières*, et plus tard, en Allemagne, les pamphlets d'Otto Glagau contre les banquiers et boursiers juifs (4). J'ai déjà indiqué du reste les origines de cet antisémitisme économique, comment, d'une part, les capitalistes fonciers rendirent le Juif responsable de la prépondérance fâcheuse pour eux du capitalisme industriel et financier, comment, de l'autre, la bourgeoisie nantie de privilèges se retourna contre le Juif jadis son allié, désormais son concurrent, et son concurrent étranger, car c'est à sa qualité d'étranger, de non assimi'é, que l'israëlite a dû l'excès d'animosité qui lui a été témoigné, et ainsi l'antisémitisme économique est lié à l'antisémitisme ethnologique et national.

Cette dernière forme de l'antisémitisme est mo-

---

(1) On trouve dans Karl Marx. (*Annales franco-allemandes*, 1844, p. 211,) et dans Lassalle les mêmes appréciations sur le Juif parasite que dans Fourier et Proudhon.

(2) Toussenel : *Les juifs rois de l'Epoque* (Paris, 1847). Toussenel corrobora ce livre par une violente campagne au journal *La Démocratie pacifique*. Du reste, sous la monarchie de Juillet, le mouvement antisémitique fut très violent et de nombreux pamphlets furent publiés contre les financiers juifs.

(3) Capefigue : *Histoire des grandes opérations financiéres.* (Paris, 1855-1855).

(4) Otto Glagau : *Der Boersen und gründergeschwindel in Berlin* (Leipzig, 1876). *Les besoins de l'Empire et le nouveau Kulturkampf* (Osnabruk, 1879).

derne, elle est née en Allemagne, et c'est aux Allemands que les antisémites français en ont emprunté la théorie.

C'est sous l'influence des doctrines Hégéliennes que fut élaborée en Allemagne cette doctrine des races, que Renan soutint en France (1). En 1840, et surtout en 1848, elle devient dominante, non seulement parce que la politique allemande la mit à son service, mais parce qu'elle s'accorda avec le mouvement nationaliste et patriotique qui poussa les nations, et avec cette tendance à l'unité, qui caractérisa tous les peuples de l'Europe. Il faut, disait-on alors, que l'Etat soit national; il faut que la nation soit une, et qu'elle comprenne tous les individus parlant la langue nationale et étant de même race. Plus encore, il importe que cet État national réduise les éléments hétérogènes; c'est-à-dire les étrangers. Or, le Juif n'est pas un aryen, il n'a pas les mêmes concepts que l'Aryen, concepts moraux, sociaux et intellectuels, il est irréductible, on doit donc l'éliminer, sinon il ruinera les peuples qui l'ont accueilli, et, parmi les antisémites nationalistes et ethnologues, quelques-uns affirment que déjà l'œuvre est faite.

(1) Dans les dernières années de sa vie, M. Renan avait abandonné la doctrine des races, de leur inégalite et do leur supériorité ou infériorité réciproque. On trouvera ces théories très nettement et clairement exposées dans le livre, remarquable à bien des points de vue, de M. de Gobineau : *L'inégalité des races* (Paris, Firmin Didot, 1884.)

Ces idées, reprises depuis par MM. de Treistchke (1) et Adolphe Wagner en Allemagne, par M. de Schoenerer en Autriche, par M. Pattaï en Hongrie, et, beaucoup plus tard, par M. Drumont en France (2), furent systématisées pour la première fois par W. Marr dans un pamphlet qui eut un certain retentissement, même en France : *La victoire du Judaïsme sur le Germanisme* (3). Marr y déclarait que l'Allemagne était la proie d'une race conquérante, celle des Juifs, race possédant tout et voulant judaïser l'Allemagne, comme la France d'ailleurs, et il concluait en disant que la Germanie était perdue. Il mêlait même à son antisémitisme ethnologique un antisémitisme métaphysique, si je puis dire, que déjà Schopenhauer avait professé (4), antisémi-

(1) H. von Treitschke : *Ein wort uber unser Judenthum*. (Un mot sur notre Judaïsme.) Berlin, 1888.

(2) M. Drumont est le type de l'antisémite assimilateur qui a fleuri ces dernières années en France, et qui a pullulé en Allemagne. Polémiste de talent, vigoureux journaliste, et satiriste plein de verve, M. Drumont est un historien mal documenté, un sociologue et surtout un philosophe médiocre, il ne peut sous aucun rapport être comparé à des hommes de la valeur de H. de Treitschke, d'Adolphe Wagner et d'Eugène Duhring. Il a cependant joué dans le développement de l'antisémitisme en France et même en Allemagne un rôle considérable, et il y a eu une grande influence de propagandiste.

(3) W. Marr : *Der sieg das Judenthum uber das Germanthum* (Berne, 1879). M. Bourueau consacra à cette brochure une étude dans le *Journal des Débats* du 5 novembre 1879.

(4) « Un Dieu comme ce Jéhovah, dit Schopenhauer, qui *animi causa*, pour son bon plaisir et de *gaîté de cœur* produit ce monde de misère et de lamentations et qui encore s'en félicite et s'applaudit avec son πάντα χαλά λίαν, voilà qui est trop. Considérons

14

tisme constant à combattre l'optimisme de la religion juive, optimisme que Schopenhauer trouvait bas et dégradant et auquel il opposait les conceptions religieuses grecques et hindoues.

Mais Schopenhauer et Marr ne représentent pas seuls l'antisémitisme philosophique. Toute la métaphysique allemande combattit l'*esprit juif* qu'elle considérait comme essentiellement différent de l'*esprit germanique*, et qui figurait pour elle le passé en opposition avec les idées du présent. Tandis que l'Esprit se réalise dans l'histoire du monde, tandis qu'il marche, les Juifs restent à un stade inférieur. Telle est la pensée Hégélienne, celle de Hegel et celle aussi de ses disciples de l'extrême gauche, de Feuerbach, d'Arnold Ruge et de Bruno Bauer (1) Max Stirner (2) a développé ces idées avec beaucoup de précision. Pour lui, l'histoire universelle a parcouru jusqu'ici deux âges. Le premier, représenté par l'antiquité dans lequel nous avions à élaborer et à éliminer l'*état d'âme nègre;* le deuxième, celui

donc à ce point de vue la religion des Juifs comme la dernière parmi les doctrines religieuses des peuples civilisés, ce qui concorde parfaitement avec ce fait qu'elle est aussi la seule qui n'ait absolument aucune trace d'immortalité.» (*Parerga und Paralipomena*, t. II, ch. XII, p. 312, Leipzig, 1874.)

(1) Nous reprendrons cela en détail dans notre *Histoire économique des juifs*, lorsque nous parlerons du rôle des Juifs en Allemagne au dix-neuvième siècle. — Voir là-dessus : Hegel, *Philosophie du droit*; Arnold Ruge : *Zwei Yahre in Paris*; Bruno Bauer: *Die judenfrage*; L. Feuerbach ; *L'essence du christianisme.*

(2) Max Stirner : *Der Einzige und sein Eigenthum*, Leipzig. 1882, pp. 22, 25, 31, 69.

du *mongolisme*, représenté par l'époque chrétienne. Dans le premier âge l'homme dépendait des choses, dans le second il est subjugué par des idées en attendant qu'il les domine et qu'il libère son moi. Or, les juifs « ces enfants vieillottement sages de l'antiquité, n'ont pas dépassé l'*état d'âme nègre*. Malgré toute la subtilité et toute la force de leur sagacité et de leur intelligence qui se rend maîtresse des choses avec un facile effort et les contraint à servir l'homme, ils ne peuvent découvrir l'esprit qui consiste à tenir les choses pour non avenues. » Nous trouvons une autre forme de l'antisémitisme philosophique dans Dühring, une forme plus éthique que métaphysique. Dühring en plusieurs traités, pamphlets et livres (1), attaque l'esprit sémitique, et la conception sémite du divin et de la morale qu'il oppose à la conception des peuples du Nord, et poussant logiquement jusqu'au bout les conséquences de ses prémisses, suivant du reste la doctrine de Bruno Bauer, il attaque le christianisme qui est la dernière manifestation de l'esprit sémitique : « Le christianisme, dit-il, n'a surtout aucune morale pratique qui, non susceptible de double interprétation, serait utilisable et saine. Par conséquent, les peuples n'en auront fini avec l'esprit sémitique que lorsqu'ils auront chassé de leur esprit ce deuxième aspect actuel de l'hébraïsme. »

---

(1) Notamment dans *Les Partis et la Question juive. Die Judenfrage als Frage der Racenschœdlichkeit.*

Après Dühring, Nietzsche (1), à son tour, a combattu la morale juive et chrétienne, qui selon lui est la *morale des esclaves*, en opposition avec *la morale des maitres*. Les Juifs et les chrétiens, par les prophètes et par Jésus, ont fomenté « la révolte des esclaves dans la morale » ; ils ont fait prédominer des conceptions basses et nuisibles, qui consistent à déifier le faible, l'humble, le misérable et à lui sacrifier le fort, l'orgueilleux et le puissant.

En France, quelques révolutionnaires athées, entre autres Gustave Tridon (2), et Regnard (3), ont pratiqué cet antisémitisme antichrétien qui se ramène en dernière analyse à l'antisémitisme ethnologique, de même que l'antisémitisme métaphysique proprement dit.

Nous pouvons donc réduire les diverses variétés de l'antisémitisme à trois : l'antisémitisme chrétien, l'antisémitisme économique, l'antisémitisme ethnologique. Dans l'examen que nous venons d'en faire, nous avons constaté que les griefs des antisémites étaient des griefs religieux, des griefs sociaux, des griefs ethnologiques, des griefs nationaux, des griefs intellectuels et moraux. Pour l'antisémite, le Juif est un individu de race étrangère, incapable de s'adapter, hostile à la civilisation et à la foi chrétiennes. immoral, anti-social, d'un intellect différent de l'in-

---

(1) Frédéric Nietzsche: *Humain trop humain* ; *Au-delà du Bien et du Mal*; *La Généalogie de la Morale*.

(2) Gustave Tridon : *Du Molochisme juif* (Bruxelles, 1884.)

(3) A. Regnard : *Aryens et Sémites*. (Paris, 1890.)

tellect aryen, et en outre déprédateur et malfaisant.

Nous allons maintenant étudier successivement ces griefs. Nous verrons s'ils sont fondés, c'est-à-dire si les causes réelles de l'antisémitisme contemporain leur correspondent, ou s'ils ne sont que des préjugés. Etudions d'abord le grief ethnologique.

CHAPITRE X

LA RACE

Le grief ethnologique. — L'inégalité des races. — Sémites et Aryens. — La supériorité aryenne. — La lutte des Sémites et des Aryens. — L'apport sémitique dans les civilisations dites aryennes. — La colonisation sémitique. — Les premières années de l'ère chrétienne et les judeo-chrétiens. — Les éléments juifs dans les nations européennes. — L'idée de race chez le Juif. — La supériorité juive. — Les origines de la race juive. — Les éléments étrangers dans la race juive. — Le prosélytisme juif. — Dans l'antiquité païenne. — Après l'ère chrétienne. — Les infiltrations ouroaltaïques dans la race juive. — Les Khazars et les peuples du Caucase. — Les diverses variétés de Juifs. — Dolichocéphales et Brachycéphales. — Askenazim et Séphardim. — Juifs de Chine, de l'Inde, d'Abyssinie. — La modification par le milieu et par la langue. — L'unité juive. — La nationalité.

Le Juif est un Sémite, il appartient à une race étrangère, nuisible, perturbatrice et inférieure : tel est le grief ethnologique des antisémites. Sur quoi repose-t-il ? Il repose sur une théorie anthropologique qui a engendré, ou tout au moins justifié, une théorie historique : la doctrine de l'inégalité des races dont il nous faut parler tout d'abord.

Depuis le dix-huitième siècle, on a essayé de classer les hommes, et de les distribuer dans certaines catégories déterminées, distinctes et séparées. Pour cela, on s'est basé sur des indices bien différents : sur la section des cheveux, section ovale (chez les nègres à chevelure laineuse) ou section ronde (1); sur la forme du crâne, large ou allongé (2); enfin sur la couleur de la peau. Cette dernière classification a prévalu ; désormais on distingue trois races humaines : la race noire, la race jaune et la race blanche. A ces races on attribue des aptitudes différentes et on les range par ordre de supériorité, la race noire au plus bas degré d'une échelle dont la race blanche occupe l'échelon supérieur. De même, pour expliquer mieux encore cette hiérarchie des races humaines, on repousse la doctrine religieuse du monogénisme, doctrine qui déclare que le genre humain descend d'un couple unique, et on lui oppose le polygénisme qui admet l'apparition simultanée de nombreux couples différents; conception plus logique, plus rationnelle et plus conforme à la réalité.

Cette classification a-t-elle des bases sérieuses et réelles? La croyance au monogénisme ou celle au polygénisme permettent-elles d'affirmer qu'il est des races élues et des races réprouvées? En aucune

(1) Ulotriques et Leïotriques.
(2) Brachycéphales et Dolichocéphales.

façon. Si l'on admet le monogénisme, il est bien évident que les hommes descendant tous d'un couple commun, ont les mêmes propriétés, le même sang, la même constitution physique et psychique. Si au contraire on accepte le polygénisme, c'est-à-dire l'existence initiale d'un nombre indéfini et considérable de bandes hétérogènes peuplant le globe, il devient impossible de soutenir l'existence de races originairement supérieures ou inférieures, car les premiers groupements sociaux se sont effectués par l'amalgame de ces bandes humaines hétérogènes dont nous ne saurions déterminer et encore moins classer les qualités et les vertus respectives. « Toutes les nations, dit M. Gumplowicz (1), les plus primitives qui nous apparaissent aux premières lueurs des temps historiques, seront pour nous les produits d'un processus d'amalgamation (déjà terminé aux temps préhistoriques) entre des éléments ethniques hétérogènes. » Donc, si on se place au point de vue de l'identité d'origine, la hiérarchie ethnologique est inadmissible, et l'on peut affirmer, avec Alexandre de Humboldt, qu'il « n'y a pas de souches ethniques qui soient plus nobles que les autres. »

La race est d'ailleurs une fiction. Il n'existe pas un groupe humain qui puisse se vanter d'avoir deux ancêtres initiaux et de descendre d'eux sans que jamais l'apport primitif ait été adultéré par un mélange; les races humaines ne sont point pures, c'est-à-dire,

(1) L. Gumplowicz : *La Lutte des races* (Paris, 1893).

à proprement parler, qu'il n'y a pas de race. « L'unité manque, affirme M. Topinard (1), les races se sont divisées, dispersées, mêlées, croisées en toutes proportions, en toutes directions depuis des milliers de siècles ; la plupart ont quitté leur langue pour celle des vainqueurs, puis l'ort abandonnée pour une troisième, sinon une quatrième ; les masses principales ont disparu et l'on se trouve en présence, non plus de races, mais de peuples. » Par conséquent, la classification anthropologique de l'humanité n'a aucune valeur.

Il est vrai que les partisans de la hiérarchie ethnologique s'appuient, à défaut de caractères anthropologiques, sur des caractères linguistiques. Les langues étant classées en monosyllabiques, agglutinantes, flexionnelles et analytiques, d'après leur évolution, on a établi, selon ces diverses formes du langage, l'élection ou la réprobation de ceux qui les parlent. Toutefois cette prétention n'est pas soutenable, car les Chinois, dont la langue est monosyllabique, ne sont inférieurs ni aux Yakoutes ni aux Kamtchalades dont la langue est agglutinante, ni aux Zoulous qui parlent un idiome flexionel, et il serait facile de démontrer que les Japonais et les Maggyars, dont la langue est agglutinante, ne sont nullement inférieurs à certains peuples dits aryens dont la langue est flexionnelle. Du reste, nous savons que le fait de parler un même idiome n'implique pas l'identité d'o-

(1) Dr P. Topinard : *L'Anthropologie.* (Paris, Biblioth. des sciences contemporaines. — Reinwald édit.)

rigine ; des tribus victorieuses ayant imposé de tout temps leur langue à d'autres tribus étrangères, sans que ces tribus y aient eu des aptitudes natives ; donc la classification des langues ne peut en rien déterminer la classification ethnique du genre humain.

Néanmoins et quelque insoutenable que soit la doctrine de l'inégalité des races, soit au point de vue linguistique, soit au point de vue anthropologique, elle n'en a pas moins dominé notre temps, et les peuples ont poursuivi et poursuivent encore cette chimère de l'unité ethnologique, qui n'est que l'héritage d'un passé mal informé et, à vrai dire, une forme de régression. L'antiquité eut les plus grandes prétentions à la pureté du sang, et aujourd'hui c'est chez les nègres africains et chez certains sauvages que l'idée de race est la plus répandue et la plus enracinée. Cela se comprend. Les premiers liens collectifs furent les liens du sang ; la première unité sociale, la famille, fut fondée sur le sang ; la cité fut considérée comme un élargissement de la famille, et à l'aurore de chaque ville, la légende plaça un couple ancestral, de même que dans certaines religions on plaça un couple initial aux débuts de l'humanité (1). Lorsque des éléments humains nouveaux arrivèrent dans ces agglomérations, on eut besoin de perpétuer cette croyance à l'identité origi-

(1) Le dixième chapitre de la Genèse nous présente un des types les plus parfaits de cette croyance, dans la généalogie de la postérité des fils de Noé ; à la tête de chaque groupe humain de chaque nation est placé un ancêtre.

nelle, on y arriva par la fiction de l'adoption et, dans ces civilisations lointaines il n'y eut place que pour l'enfant de la tribu et de la cité, ou pour l'adopté. L'étranger, dans toutes les législations primitives, fut l'ennemi, celui dont il fallait se garer, le perturbateur, celui qui troublait les croyances et les idées. Cependant, à mesure que les collectivités s'agrandirent, elles devinrent moins unes. Si l'on considère comme marque exclusive de l'unité la filiation sans rupture, nous avons vu que déjà, dans la préhistoire, les vastes hordes furent formées par l'agglomération de bandes hétérogènes, et les états, les premiers états historiques, furent à leur tour constitués par l'agglomération de ces hordes, qui déjà ne pouvaient réclamer le même ancêtre pour chacun de leurs membres. Malgré tout, jusqu'à nos jours, cette idée de la communauté d'origine s'est perpétuée. C'est qu'elle dérive d'un besoin essentiel : le besoin d'homogénéité, d'unité, besoin qui pousse toutes les sociétés à réduire leurs éléments dissemblables, et cette croyance à la pureté du sang n'est que la manifestation extérieure de ce besoin d'unité, c'est une façon d'en exprimer la nécessité, façon nette, simpliste et satisfaisante pour l'inconscient et pour le sauvage, mais en tout cas insuffisante et surtout indémontrable pour celui qui ne se contente pas du décor des choses.

De même la théorie de l'inégalité des races repose sur un fait réel ; elle devrait se formuler : l'inégalité des peuples, car il est de toute évidence que la destinée des différents peuples n'a pas été semblable, mais cela ne veut pas dire que l'inégalité de ces peuples fut originelle. Cela veut dire simplement que certains peuples se trouvèrent dans des conditions géographiques, climatériques et historiques, plus favorables que celles dont jouirent d'autres peuples, qu'ils purent par conséquent se développer plus complètement, plus harmoniquement ; et non qu'ils eurent des dispositions meilleures, ni une cervelle plus heureusement conformée. La preuve en est que certaines nations appartenant à la race blanche, dite supérieure, ont fondé des civilisations de beaucoup inférieures aux civilisations des jaunes ou même des noirs. Il n'y a donc pas de peuples ni de races *originairement* supérieurs, il y a des nations qui « *dans certaines conditions* ont fondé des empires plus puissants et des civilisations durables » (1).

Quoi qu'il en soit, et dans le cas qui nous occupe, ces principes ethnologiques, vrais ou faux, ont été, par le seul fait de leur existence, une des causes de l'antisémitisme ; ils ont permis de donner à une manifestation que nous reconnaîtrons plus tard nationaliste et économique, une apparence scientifique, et grâce à eux, les griefs des antisémites se sont fortifiés de raisons pseudo-historiques et pseudo-anthropologiques. En effet, non seulement on a admis l'existence des trois races nègre, jaune et blanche, rangées par ordre hiérarchique, mais dans ces races

(1) Léon Metchnikoff : *La Civilisation et les Grands Fleuves* (Paris, 1889).

mêmes on a établi des subdivisions, des catégories. On a affirmé d'abord que seule la race blanche et quelques familles de la race jaune étaient capables de créer des civilisations supérieures ; on a ensuite divisé cette race blanche en deux rameaux : la race aryenne et la race sémitique ; enfin on a assuré que la race aryenne devait être considérée comme la plus parfaite. De nos jours même, la race aryenne a été subdivisée en groupes, ce qui a permis aux anthropologistes et aux ethnologistes chauvins de déclarer que, soit le groupe celte, soit le groupe germain, devait être considéré comme le pur froment de cette race aryenne déjà supérieure. A la base de l'histoire de l'antiquité orientale, les historiens modernes placent ce problème qu'ils tiennent pour capital, d'autant plus qu'il est insoluble. A quelle souche appartiennent les peuples anciens ? sont-ils Aryas, Touraniens ou Sémites ? Telle est la question qui est posée aux débuts de toutes les recherches sur les nations de l'Orient. On modèle ainsi l'histoire, consciemment ou inconsciemment, sur les tableaux ethniques de la Genèse — tableaux que l'on retrouve chez les Babyloniens, et les Grecs primitifs — qui expliquaient rudimentairement la diversité des groupes humains, par l'existence de rejetons issus de parents uniques, rejetons ayant chacun engendré un peuple. Ainsi c'est la Bible qui est encore l'auxiliaire des antisémites, car, on en est encore, en ethnographie et en histoire, aux explications de la Genèse, à Sem, Cham et Japhet, remplacés par le Sémite, le Touranien et l'Arya, bien que ces divisions soient impossibles à justifier, soit linguistiquement, soit anthropologiquement, soit historiquement (1).

Sans nous arrêter à discuter si les races nègres sont capables ou non de civilisation (2), il nous faut voir ce que l'on entend par Aryens et par Sémites.

On appelle Aryens tous les peuples dont l'idiome dérive du sanscrit, langue que parlait un groupe humain qu'on nommait arya. Or, ce groupe « ne présente d'unité scientifiquement démontrable qu'au point de vue exclusivement linguistique » (3); toute unité anthropologique est indémontrable : les mensurations crâniennnes, les indices, les nombres ne fournissent aucune preuve. Dans ce chaos aryen, on trouve des types sémitiques, des types mongols, tous les types et toutes les variétés de types, depuis celui qui est propre à se développper moralement, intellectuellement et socialement, jusqu'à celui qui reste

(1) Cette classification a à peu près la même valeur que cette prétention des classes féodales qui, au moyen âge, justifiaient leur tyrannie en se prétendant japhétiques, tandis que le paysan et le serf, étaient chamites, ce qui légitimait les rapports de supérieur à inférieur.

(2) Nous savons que la civilisation si admirable de l'antique Egypte a été pour une bonne partie l'œuvre des nègres, auxquels vinrent en aide des rouges, des Sémites, des Touraniens, et quelques-unes de ces peuplades blanches, représentées encore de nos jours par ces Touaregs africains qui n'ont jamais fondé de société, ni rien de durable. Il existe encore en Afrique des ruines grandioses qui témoignent de l'existence d'une civilisation nègre fort développée à un moment de l'histoire.

(3) Léon Metchnikoff : *loc. cit.*

dans une durable médiocrité. On y observe des dolichocéphales et des brachycéphales, des hommes à peau brune, d'autres à peau jaunâtre et d'autres à peau blanche. Cependant, malgré que certaines de ces tribus de langue aryenne n'aient pas eu un développement sensiblement supérieur à celui de certaines agglomérations de nègres, on n'en affirme pas moins avec énergie que la race aryenne est la plus belle et la plus noble des races, qu'elle est productrice et créatrice par excellence, qu'à elle on doit les plus admirables métaphysiques, les plus magnifiques créations lyriques, religieuses et éthiques et que nulle autre race ne fut et n'est susceptible d'un pareil épanouissement. Pour arriver à un tel résultat, on fait naturellement abstraction de ce fait indiscutable que tous les organismes historiques ont été formés par les éléments les plus dissemblables, dont la part respective dans l'œuvre commune est impossible à déterminer.

Donc, la race aryenne est supérieure et elle a manifesté sa supériorité en s'opposant à la domination d'une race fraternelle et rivale : la race sémitique. Celle-ci est une race féroce, brutale, incapable de création, dépourvue d'idéal, et l'histoire universelle est représentée comme l'histoire du conflit entre la race aryenne et la race sémitique, conflit que nous pouvons encore aujourd'hui constater. Chaque antisémite apporte une preuve de ce séculaire combat. C'est la guerre de Troie qui est représentée par les uns comme la lutte de l'arya et

du sémite, et Pâris devient, pour les besoins de la
cause un brigand sémitique ravissant les belles
aryennes. Plus tard ce sont les guerres médiques
qui figurent une phase de ce grand combat, et l'on
peint le grand roi comme le chef de l'orient sémitique se ruant sur l'occident aryen; c'est ensuite
Carthage disputant à Rome l'empire du monde ;
c'est l'Islam marchant contre le Christianisme, et
l'on se plaît à montrer le Grec vainqueur du Troyen
et d'Artaxercès, Rome triomphant de Carthage et
Charles Martel arrêtant Abd-er-Rhaman. Les apologistes des aryas, de même qu'ils reconnaissent des
sémites dans les Troyens, ne veulent que voir des
aryens dans ces hordes hétérogènes et barbares qui
assiégèrent l'opulente Ilion et dans ces Mèdes qui
subjuguèrent l'Assyrie, ces Mèdes dont une seule
tribu — celle des Arya-Zantha — était aryenne,
tandis que la majorité était sans doute Touranienne;
ils veulent prouver que Summer et Accad, les édu-
cateurs des sémites, étaient des aryens, et quelques-
uns même ont attribué cette noble origine à l'antique Egypte. Ils ont fait mieux encore, ils ont dans
les civilisations sémitiques, fait la part du bon
et du mauvais, et c'est désormais un article du
catéchisme antisémite que tout ce qui est accep-
table, ou parfait dans le sémitisme a été emprunté
aux aryens.

Les antisémites chrétiens ont ainsi concilié leur
foi avec leur animosité, et n'hésitant pas devant
l'hérésie ils ont admis que les prophètes et Jésus

étaient des aryens (1), tandis que les antisémites antichrétiens considèrent le Galiléen et les nabis comme de condamnables et inférieurs sémites.

Ce que nous savons de l'histoire des nations antiques et modernes, nous autorise-t-il à accepter pour réelle cette rivalité, cette lutte, cette opposition instinctive de la race aryenne et de la race sémitique ? En aucune façon, puisque sémites et aryens se sont mêlés d'une façon continuelle et que l'apport sémitique dans toutes les civilisations dites aryennes, est considérable. Dix siècles avant l'ère chrétienne, les villes phéniciennes de la Méditerranée envoyèrent leurs émigrés dans les îles et successivement, après avoir fondé des cités qui couvrirent le côté nord de l'Afrique depuis Hadrumète et Carthage jusqu'aux îles Canaries, elles colonisèrent la Grèce que les envahisseurs aryens trouvèrent peuplée d'arborigènes jaunes et de colons sémites, à tel point qu'Athènes fut une ville toute sémitique. Il en fut de même en Italie, en Espagne, en France où les Phéniciens navigateurs fondèrent Nîmes, par exemple, comme ils avaient fondé Thèbes en Béotie, et vinrent à Marseille de même qu'ils atterrirent en Afrique. Ces éléments divers s'amalgamèrent plus tard, et ils s'harmonisèrent par l'effet du climat, du milieu mental,

(1) Cette théorie, qui a cet immense avantage de ne reposer sur aucun fondement, est née en Allemagne, et de là est passée en France et en Belgique. M. de Biez et M. Edmond Picard l'ont tour à tour soutenue; mais ils n'ont étayé leurs assertions d'aucune preuve, même illusoire. (Voir *Antisemiten-Spiegel*, p. 132 et seq. Danzig, 1892).

intellectuel et moral, mais ils ne restèrent pas inactifs. Les sémites transformèrent le génie hellène,
c'est-à-dire qu'ils lui permirent de se modifier, en
introduisant en lui des éléments étrangers. L'histoire des mythes helléniques est à ce point de vue
curieuse et instructive, et en comparant Héraclès
à Melqarth, ou Aschtoreth à Aphrodite on saisira cet
apport sémitique; de même, les coupes et les vases
phéniciens, exportés en grand nombre par les commerçants de Tyr et de Sidon, en servant de modèle
aux artistes grecs, permirent au subtil esprit des
Ioniens et des Doriens d'interpréter les mythes dont
ils offraient les images et l'imagerie phénicienne
aida beaucoup la mythologie iconologique grecque (1). Ce sont encore les Phéniciens qui apportèrent aux Hellènes l'alphabet emprunté aux hiéro-
glyphes de la vieille Egypte; ils les instruisirent
dans l'industrie minière et dans le travail des mé-
taux, comme l'Asie-Mineure, élève de l'Assyrie, les
initia à la sculpture, et nous avons encore des monuments qui témoignent de cette influence, ainsi
les lions de l'Acropole de Mycènes, et ces déesses
helléniques qui ont conservé le type des terres cuites
babyloniennes. Les Grecs, avec leur sens merveilleux de l'harmonie, de la beauté, avec leur science
de l'ordre, de l'orchestration, si je puis dire, malaxè-
rent ces idées orientales, les transformèrent et les

(1) Voir: Clermont-Ganneau : *L'Imagerie phénicienne et la
Mythologie iconologique chez les Grecs.* Paris, 1880; et : *Les Antiquités orientales.* Paris, 1890.

épurèrent, mais le peuple grec n'en fut pas moins un amalgame de races bien diverses, aryennes, touraniennes et sémitiques, peut-être chamites, et c'est à d'autres causes qu'à la noblesse et à la pureté de son origine qu'il dut son génie.

Cependant, les antisémites modernes admettraient à la rigueur l'importance du sémitisme dans l'histoire de la civilisation, en faisant, là encore, une classification. Il y a, disent-ils, des sémites supérieurs et des sémites inférieurs. Le Juif est le dernier des sémites, celui qui est improductif par essence, celui dont les hommes n'ont rien reçu et qui ne peut rien donner. Il est impossible d'accepter cette assertion. Il est vrai que la nation israélite n'a jamais manifesté de grandes aptitudes pour les arts plastiques, mais elle a accompli par la voix de ses prophètes une œuvre morale dont tout peuple a bénéficié : elle a élaboré quelques-unes des idées éthiques et sociales, qui sont le ferment de l'humanité ; si elle n'a pas eu des sculpteurs et des peintres divins, elle a eu de merveilleux poètes, elle a eu surtout des moralistes qui ont travaillé pour la fraternité universelle, des pamphlétaires vaticinateurs qui ont rendu vivante et immortelle la notion de la justice, et Isaïe, Jérémie, Ezéchiel, malgré leur violence, leur férocité même, ont fait entendre la grande voix de la souffrance qui veut non seulement être protégée contre la force abominable, mais encore être délivrée.

Du reste, si l'élément phénicien s'incorpora à l'élément pélasgique et hellène, à l'élément latin, à l'élément celte et à l'élément ibère, l'élément juif contribua aussi, en se mélangeant à d'autres, à former les agglomérations qui se sont alliées plus tard pour constituer les nations modernes. Dans ce vaste creuset que fut l'Asie-Mineure, creuset où se fondirent les peuples les plus divers, le Juif vint aussi s'abîmer et disparaître. A Alexandrie les Juifs, lentement hellénisés, firent de la cité un des centres les plus actifs de la propagande chrétienne. Ils furent parmi les premiers à se convertir, ils formèrent le noyau de l'Eglise primitive, à Alexandrie, à Antioche, à Rome et, lorsque les Ebionites disparurent, ils furent absorbés partout par la masse des convertis grecs ou romains.

Durant tout le moyen âge, le sang juif se mêla encore au sang chrétien. Les cas de conversion en masse furent extrêmement nombreux et le relevé serait intéressant à faire, de ceux qui, comme les Juifs de Braine (1), comme ceux de Tortose (2), comme ceux de Clermont convertis par Avitus, comme les vingt-cinq mille baptisés, dit-on, par saint Vincent Ferrer, disparurent au milieu des peuples parmi lesquels ils vivaient. L'Inquisition, si elle empêcha la judaïsation, ou si, du moins, elle essaya de l'empêcher, favorisa cette absorption des Juifs et si les antisémites chrétiens étaient logiques, ils maudiraient Torquemada et ses successeurs, qui aidèrent à souiller la pureté aryenne par l'adjonction du Juif.

(1) Saint-Prioux : *Histoire de Braine.*
(2) Les juifs de Tortose se convertirent par milliers à la suite de la Conférence ouverte à l'instigation de Jérôme de Santa-Fé.

Le nombre des Marranes, en Espagne fut énorme.
Dans presque toutes les familles espagnoles on
trouve, à un point de la généalogie, le Juif ou le
Maure; « les maisons les plus nobles sont pleines
de juifs », disait-on (1), et le cardinal Méndoza y
Bovadilla écrivit au seizième siècle un pamphlet sur
les macules des lignages espagnols (2). Il en fut ainsi
partout, et nous avons constaté (3) par le nombre
des apostats adversaires de leurs anciens coreligionnaires, que les Juifs furent accessibles à la sé-
duction chrétienne.

Nous avons ainsi répondu à ceux qui affirment la
pureté de la race aryenne; nous avons indiqué que
cette race fut, comme toutes les races, le produit
d'innombrables mélanges. Sans parler des temps
préhistoriques, nous avons fait voir que les conquêtes
perses, macédoniennes et romaines aggravèrent la
confusion ethnologique qui s'accrut encore en Europe au temps des invasions. Les races dites Indo-
germaines, déjà chargées d'alluvions, se mêlèrent
aux Tchoudes, aux Ongriens, aux Ouro-Altaïques.
Ceux des Européens qui croient descendre en droite
ligne des ancêtres aryas ne songent pas aux pays si
divers que ces ancêtres traversèrent en leurs longs
exodes, ni à toutes les peuplades qu'ils entraînèrent

(1) *Centinela contra Judios.*

(2) Francisco Mendoza y Bovadilla : *El Tizon de la Nobleza
Española, o maculas y sambenitos de sus Linajes.* (Barcelone, 1880
(Bibliotheca de obras raras). — Voir aussi Llorente : *Histoire de
l'Inquisition* (Paris. 1817.)

(3) Chap. VII.

15.

avec eux, ni à toutes celles qu'ils trouvèrent établies partout où ils séjournèrent, peuplades de races inconnues et d'origine incertaine, tribus obscures et ignorées dont le sang coule encore dans les veines des hommes qui se disent les hoirs des légendaires et nobles aryas, comme le sang des jaunes Dacyas et des noirs Dravidiens coule sous la peau des blancs Aryo-Indous.

Mais pas plus que l'idée de la supériorité aryenne, l'idée de la supériorité sémitique n'est justifiée, et cependant on l'a soutenue avec autant de vraisemblance. Il s'est rencontré des théoriciens pour affirmer, et même pour prouver, que les Sémites étaient la fleur de l'humanité et que ce qu'il y avait de bon dans l'aryanisme venait d'eux; on trouvera assurément un jour, si ce n'est déjà fait, quelque ethnologue dont le patriotisme démontrera, avec la même évidence, que le Touranien doit occuper le plus haut rang dans l'histoire et dans l'anthropologie.

Aujourd'hui, ceux qui se considèrent comme la plus haute incarnation du sémitisme, les Juifs, contribuent à perpétuer cette croyance à l'inégalité et à la hiérarchie des races. Le préjugé ethnologique est un préjugé universel, et ceux-là mêmes qui en souffrent, en sont les conservateurs les plus tenaces. Antisémites et philosémites s'unissent pour défendre les mêmes doctrines, ils ne se séparent que lorsqu'il faut attribuer la suprématie. Si l'antisémite reproche au Juif de faire partie d'une race étrangère et vile, le Juif se dit d'une race élue et supé-

rieure ; il attache à sa noblesse, à son antiquité
la plus haute importance et maintenant encore,
il est en proie à l'orgueil patriotique. Bien qu'il ne
soit plus un peuple, bien qu'il proteste contre ceux
qui veulent voir en lui le représentant d'une nation
campée parmi des nations étrangères, il n'en garde
pas moins au fond de lui-même cette vaniteuse persuasion et, ainsi, il est semblable aux chauvins de
tous les pays. Comme eux, il se prétend d'origine
pure, sans que son affirmation soit mieux étayée, et
il nous faut examiner de près l'assertion des ennemis
d'Israël et d'Israël lui-même : à savoir que les Juifs
sont le peuple le plus un, le plus stable, le plus im-
pénétrable, le plus irréductible.

Les documents nous manquent pour déterminer
l'ethnologie des Bené-Israël nomades, mais il est
probable que les douze tribus qui, selon les traditions, composaient ce peuple, n'appartenaient pas à
une souche unique ; c'étaient sans doute des tribus
hétérogènes car, pas plus que les autres nations, la
nation juive ne peut se vanter, en dépit de ses légendes, d'avoir été engendrée par un couple unique,
et la conception courante qui représente la tribu
hébraïque se divisant en sous-tribus (1) n'est qu'une
conception légendaire et traditionnelle, celle de la
Genèse qu'ont acceptée, à tort, une partie des historiens des Hébreux. Déjà composé d'unités diverses,
parmi lesquelles étaient sans doute des groupes tou-

(1) Ernest Renan : *Histoire du peuple d'Israël*, t. I.

raniens et kouschites, c'est-à-dire jaunes et noirs (1),
les Juifs s'adjoignirent encore d'autres éléments
étrangers pendant leur séjour en Egypte et dans ce
pays de Chanaan qu'ils conquirent. Plus tard, Gog et
Magog, les Scythes, en venant sous Josias aux portes
de Jérusalem, laissèrent peut-être leur trace en Israël.
Mais c'est à partir de la première captivité que les
mélanges augmentent. « Pendant la captivité de Babylone, dit Maïmonide (2), les Israélites se mêlant à
toutes sortes de races étrangères, eurent des enfants
qui, grâce à ces alliances, formèrent une sorte de
nouvelle confusion des langues », et cependant,
cette Babylonie, dans laquelle il existait des villes
comme Mahuza, presque entièrement peuplée de
Perses convertis au judaïsme, était considérée
comme contenant des Juifs de plus pure race que
les Juifs de Palestine. « Pour la pureté de la race,
disait un vieux proverbe, la différence entre les Juifs
des provinces romaines et ceux de la Judée est aussi
sensible que la différence entre une pâte de médiocre qualité et une pâte de fleur de farine; mais la
Judée elle-même est comme une pâte médiocre, par
rapport à la Babylonie. »

(1) A la base de toute civilisation on trouve les trois éléments :
le blanc, le jaune et le noir. Nous les voyons en Egypte, où ils
s'adjoignirent un élément rouge, en Mésopotamie, dans l'Inde, partout où de grands empires se créèrent, et l'on pourrait presque
affirmer que, pour fonder des civilisations durables, il faut la coo-
pération de ces trois types humains.

(2) Maïmonide : *Yad Hazaka* (la Main puissante). 1re partie
chap. 1er, art. IV.

C'est que la Judée avait connu bien des vicissitudes. Elle avait toujours été un pays de passage pour Miçraïm et pour Assur ; puis quand les Juifs étaient revenus de captivité, ils s'étaient alliés avec les Samaritains, avec les Edomites et les Moabites ; après la conquête de l'Idumée, par Hyrcan, il y avait eu des alliances juives et iduméennes, et pendant la guerre avec Rome, les vainqueurs latins, avaient, affirmait-on, engendré des fils. « Sommes-nous bien sûrs, disait mélancoliquement Rabbi Ulla à Juda ben Yehisquil, de ne pas descendre des païens qui, après la prise de Jérusalem, ont déshonoré les jeunes filles de Sion. »

Mais ce qui favorisa le plus l'introduction du sang étranger dans la nation israélite, ce fut le prosélytisme. Les Juifs furent par excellence un peuple de propagandistes, et, à partir de la construction du second Temple, à partir de la dispersion surtout, leur zèle fut considérable. Ils furent bien ceux dont l'Evangile dit qu'ils couraient « la terre et la mer pour faire un prosélyte (1) », et Rabbi Eliézer pouvait à bon droit s'écrier : « Pourquoi Dieu a-t-il disséminé Israël parmi les nations ? Pour lui recruter partout des prosélytes » (2). Les témoignages attestant cette ardeur prosélytique des Juifs abondent (3) et, durant les premiers siècles avant l'ère chrétienne, le ju-

(1) Math. xxiii.
(2) Talmud. Babli : Pessahim., f. 87.
(3) Horace, Sat. iv, 143. — Josèphe : Bell. Jud., vii, iii, 3. — Dion Cassius, xxxvii, xvii, etc., etc.

daïsme se propagea avec la même puissance qui caractérisa plus tard le christianisme et l'islamisme. Rome, Alexandrie, Antioche, où presque tous les Juifs étaient des gentils convertis, Damas, Chypre furent des centres du fusion : je l'ai montré déjà (1). De plus, les conquérants Haschmonides obligèrent les Syriens vaincus à se faire circoncire; des rois, entraînant leurs sujets avec eux, se convertirent, comme la famille de l'Adiabène, et, dans certains cantons de la Palestine même, la population fut très mêlée, ainsi en Galilée, dans ce « cercle des gentils» où devait naître Jésus.

Après l'ère chrétienne, la propagande juive ne cessa pas, elle s'exerca même par la force et quand sous Héraclius, Benjamin de Tibériade conquit la Judée, les chrétiens palestiniens se convertirent en masse. C'est la persistance, la continuité de cette propagande qui fut, comme je l'ai dit, une des causes de l'antisémitisme théologique. Pendant des siècles, les conciles légiférèrent et des mesures furent prises pour empêcher les Juifs d'attirer les fidèles à eux, pour leur défendre de circoncire leurs esclaves, pour leur interdire de se marier à des chrétiens. Mais jusqu'au moment des persécutions générales, c'est-à-dire quand il devint par trop dangereux d'être juif, les prescriptions canoniques furent impuissantes à arrêter ce prosélytisme, et parfois, lorsqu'un gros événement surgit, lorsqu'un scandale éclate, nous pouvons voir la propagande juive à l'œuvre. C'est

(1) Voir : ch. ɪɪ, ch. ɪɪɪ et chap. ɪv.

un évêque qui se convertit en 514, plus tard c'est le diacre Bodon (1) qui demande la circoncision et prend le nom d'Eliézer. Souvent les papes interviennent par des bulles, ainsi Clément IV en 1255 et Honorius IV en 1288 ; les rois eux-mêmes agissent, comme fit Philippe-le-Bel qui, en 1298, mandait aux justiciers du royaume, de « punir les Juifs qui amènent les chrétiens à leur religion par des présents. »

Dans l'Europe entière les Juifs attirèrent à eux des prosélytes, rajeunissant ainsi leur sang par l'adjonction d'un sang nouveau. Ils convertirent en Espagne, où les successifs conciles de Tolède défendent les mariages mixtes, en Suisse où un décret du quatorzième siècle condamne des jeunes filles à porter des chapeaux juifs pour avoir mis au monde des enfants de pères israélites ; en Pologne, au seizième siècle, malgré les édits de Sigismond Ier, au dire de l'historien Bielski (2). Et non seulement, ils firent alliance en Europe avec les nations dites aryennes, mais encore avec les Ouro-Altaïques, avec les Touraniens ; là, l'infiltration fut plus considérable.

Sur le littoral de la mer Noire et de la Caspienne, les Juifs étaient établis fort anciennement. On conte qu'Artaxerxès Ochos, pendant la guerre qu'il fit à l'Egypte et au roi Tachos (361 av. J.-C.), arracha des Juifs de leur pays et les transporta en Hyrcanie, sur les bords de la Caspienne. Si leur établissement en cette région n'est pas aussi ancien que le prétend

(1) Amolon. *Liber contra Judaeos.* — Migne, P. L, cxvi.
(2) Bielski : *Chronicon rerum Polonicarum.*

cette tradition, ils y étaient néanmoins fixés bien avant l'ère chrétienne, comme en témoignent les inscriptions grecques d'Anape, d'Olbia et de Panticapéia. Au septième et au huitième siècles ils émigrèrent de Babylonie et arrivèrent dans les villes tartares, Kerstch, Tarku, Derbend, etc. Là, en 620 environ, ils convertirent une peuplade entière, peuplade dont le territoire se trouvait dans le voisinage d'Astrakan : les Khazars (1). La légende s'est emparée de ce fait qui émut beaucoup les Juifs d'Occident, mais il ne peut, malgré cela, être mis en doute. Isidore de Séville, contemporain de la chose, en parle, et plus tard, au dixième siècle, Hasdaï ibn Schaprout, ministre du kalife Abd-el-Rhaman III, correspondit avec Joseph, dernier Chagan des Khazars, dont le royaume fut détruit par le prince Swiatislaw de Kiew. Les Khazars exercèrent une grande influence sur les tribus tatares voisines, celles des Poliane, des Séveriane et des Wiatitischi entre autres et firent parmi elles de nombreux prosélytes.

Au douzième siècle, des peuples tatares du Caucase se convertissent encore au judaïsme, ainsi que le rapporte le voyageur Pétahya de Ratisbonne (2). Au quatorzième siècle, dans les hordes qui, ayant à leur tête un certain Mamaï, envahirent les contrées en-

(1) Vivien de Saint-Martin : *Les Khazars*. (Paris, 1851.) — C. d'Ohsson : *Les peuples du Caucase*. Paris, 1828. — *Revue des Études juives*, t. XX, p. 144.

(2) Basnage : *Histoire des Juifs*, t. IX, p. 246, et Wagenseil : *Exercitationes*.

tourant le Caucase, se trouvaient de nombreux Juifs. Ce fut dans ce coin de l'Europe orientale que s'opéra activement la fusion des juifs et des ouro-altaïques, c'est là que le *Sémite* s'allia au *Touranien*, et aujourd'hui encore, en étudiant les peuples du Caucase, on trouve les traces de ce mélange parmi les trente mille Juifs de ce pays et parmi les tribus qui les entourent (1).

Aussi, cette race juive, présentée par les Juifs et les antisémites comme la plus inattaquable, la plus homogène des races, est-elle fort diverse. Les anthropologistes pourraient tout d'abord la diviser en deux parties bien tranchées : les dolichocéphales et les brachycéphales. Au premier type appartiennent les Juifs Sephardim, Juifs espagnols et portugais, ainsi que la majeure partie des Juifs d'Italie et du Midi de la France ; au deuxième on peut rattacher les Juifs Askenazim, c'est-à-dire les Juifs polonais, russes et allemands (2). Mais les Sephardim et les Askenazim ne sont pas les deux seules variétés de Juifs connus ; ces variétés sont nombreuses.

(1) Parmi les Tschetschnas établis à l'est et au nord-ouest du Caucase, le type juif est très répandu, de même que chez les Andis du Daghestan. Les Tats de la mer Caspienne sont considérés comme Juifs, et il existe beaucoup de Juifs parmi les tribus Tatares, les Koumiks, par exemple (voir Erckert : *Der Kaukasus und seine Völker*, Leipzig, 1887).

(2) Pour les Juifs dolichocéphales d'Afrique et d'Italie, voir les travaux de Pruner-Bey (*Mémoire de la Société d'anthropologie*, II, p. 432, et III, p. 82) et de Lombroso. — Pour les Juifs brachycéphales, voir Kopernicki et Mayer : *Caractères physiques de la population de la Galicie*, Cracovie, 1876 (en polonais).

En Afrique, on trouve des Juifs agriculteurs et nomades, alliés aux I. byles et aux Berbères près de
Sétif, de Guelma et de Biskra, aux frontières du
Maroc; ils vont en caravane jusqu'à Tombouctou,
et quelques-unes de leurs tribus, sur les confins
du Sahara, sont des tribus noires (1), ainsi les Daggatouns, comme sont noirs les Falachas Juifs de
l'Abyssinie (2). Dans l'Inde, on trouve des Juifs
blancs à Bombay, et des Juifs noirs à Cochin, mais
les Juifs blancs ont du sang mélanien. Ils s'établirent dans l'Inde au cinquième siècle, après les persécutions du roi perse Phéroces qui les chassa de
Bagdad; toutefois, on rapporte leur établissement à
une date plus reculée : à la venue des Juifs en Chine,
c'est-à-dire avant Jésus. Quant aux Juifs de Chine, ils
sont non seulement apparentés aux Chinois qui les
entourent, mais encore ils ont adopté les pratiques
de la religion de Confucius (3).

Donc le Juif a été incessamment transformé par
les milieux différents dans lesquels il a séjourné. Il
a changé parce que les langues diverses qu'il a parlées
ont introduit en lui des notions différentes et opposées, il n'est pas resté tel qu'un peuple uni et homogène, au contraire, il est à présent le plus hétérogène

(1) Mardochée Aby Serour : *Les Daggatouns*, Paris, 1880.
(2) Voir pour les Falachas : d'Abbadie : *Nouvelles annales des
Voyages*, 1845, III, p. 84, et Ph. Luzzato : *Archives israélites*,
1851-1854.
(3) Elie Schwartz : Le *Peuple de Dieu en Chine*. Strasbourg,
1880. — Abbé Sionnet : *Essai sur les Juifs de la Chine*, Paris,
1837.

de tous les peuples, celui qui présente les variétés les plus grandes, et cette prétendue race dont amis et ennemis s'accordent à vanter la stabilité et la résistance nous présente les types les plus multiples et les plus opposés, puisqu'ils vont du Juif blanc au Juif noir, en passant par le Juif jaune, sans parler encore des divisions secondaires, celles des Juifs aux cheveux blonds ou rouges, et celles des Juifs bruns, aux cheveux noirs.

Par conséquent, le grief ethnologique des antisémites ne s'appuie sur aucune base sérieuse et réelle. L'opposition des Aryens et des Sémites est factice; il n'est pas vrai de dire que la race aryenne et la race sémitique sont des races pures, et que le Juif est un peuple un et invariable. Le sang sémite s'est mélangé au sang aryen et le sang aryen au sang sémite; Aryens et Sémites ont tous deux reçu encore l'adjonction du sang touranien et du sang chamite, nègre ou négroïde, et dans la Babel de nationalités et de races qu'est actuellement le monde, la préoccupation de ceux qui cherchent à reconnaître dans leurs voisins quel est l'Aryen, le Touranien et le Sémite, est une préoccupation oiseuse.

Malgré cela, il est une part de vérité dans le grief que nous avons examiné, ou plutôt les théories des antisémites sur l'inégalité des races et sur la supériorité aryenne, les préjugés anthropologiques, en un mot, sont le voile qui couvre quelques-unes des réelles causes de l'antisémitisme.

Nous avons dit qu'il n'y a pas de races, mais il

existe des peuples et des nations; ce qu'on appelle improprement une race n'est pas une unité ethnologique, mais c'est une unité historique, intellectuelle et morale. Les Juifs ne sont pas un ethnos, mais ils sont une nationalité, ils sont de types variés, cela est vrai, mais quelle est la nation qui n'est pas diverse? Ce qui fait un peuple, ce n'est pas l'unité d'origine, c'est l'unité de sentiments, de pensée, d'éthique; voyons si les Juifs ne présentent pas cette unité, et si nous ne trouverons pas là, en partie, le secret de l'animosité qu'on leur témoigne.

CHAPITRE XI

NATIONALISME ET ANTISÉMITISME

Les Juifs dans le monde. — Race et nation. — Les Juifs sont-ils une nation ? — Le milieu, les lois, les coutumes. — La religion et les rites. — La langue et la littérature. — L'esprit Juif. — Le Juif croit-il à sa nationalité ? — La restauration de l'Empire juif. — Le chauvinisme juif. — Le Juif et les étrangers à sa loi — Le Talmud est-il antisocial ? — Autrefois et aujourd'hui. — La permanence des préjugés. — L'exclusivisme juif et la persistance du type. — Le principe des nationalités au dix-neuvième siècle. — En Allemagne et en Italie. — En Autriche, en Russie et dans l'Europe Orientale. — Le Pangermanisme et le Panslavisme. — L'idée de nationalité, le Juif et l'antisémitisme. — Les éléments hétérogènes dans les nations. — Elimination ou absorption. — L'Egoïsme national. — Conservation ou transformation. — Les deux tendances. — Le Patriotisme et l'Humanitarisme. — Nationalisme, internationalisme et antisémitisme. — Le cosmopolitisme juif et l'idée de patrie. — Les Juifs et la Révolution.

Il existe environ huit millions de Juifs, répandus sur la superficie du globe (1), dont les sept huitièmes

(1) Il est fort difficile d'évaluer exactement la population juive

environ habitent l'Europe (1), Parmi ces Juifs figurent
les Juifs bédouins qui vivent sur les confins du
Sahara, les Daggatoun du désert, les Falachas de
l'Abyssinie, les Juifs noirs de l'Inde, les Juifs mongo-
loïdes de Chine, les Juifs Kalmouks et Tatares du
Caucase, les Juifs blonds de Bohême et d'Allemagne,
les Juifs bruns du Portugal, du Midi de la France,
de l'Italie et de l'Orient, les Juifs dolichocéphales,
les Juifs brachycéphales et sous-brachycéphales,
tous Juifs que, d'après la section de leurs cheveux,
d'après la forme de leur crâne, d'après la couleur de
leur peau on pourrait classer, en vertu des meilleurs
principes de l'ethnologie, dans quatre ou cinq races
différentes, ainsi que nous le venons de montrer.

du globe. D'une part les antisémites majorent les chiffres probables, désireux qu'ils sont de montrer l'envahissement juif;
d'autre part, les Juifs, ou les philosémites, poussés par des intérêts contraires, diminuent à leur tour ces chiffres Les antisémites donnent ainsi couramment le nombre de 9 millions quand
ce n'est pas dix, les philosémites ou les Juifs, (voir Loeb, article
Juif du : *Dictionnaire de géographie* de Vivien de Saint-Martin
— Th. Reinach : *Histoire des Israélites*) donnent le nombre
de 6.300.000; mais, dans leurs évaluations, ils accusent pour les
Juifs russes 2.552.000, chiffre de beaucoup inférieur au chiffre
réel qui est de 4.500.000 au moins (Léo Errera : *Les Juifs
Russes*). J'ai donc adopté 8.000.000 de population totale, nombre
qui m'a paru se rapprocher le plus de la vérité.

(1) Il est possible que l'émigration croissante des Juifs polonais et russes aux Etats-Unis fasse varier ce chiffre. Il y a actuellement aux Etats-Unis 250 à 300 mille Juifs et si le nombre n'en
augmente pas énormément tous les ans, c'est que les Juifs des
Etats-Unis ont une tendance très marquée à se fondre dans la
population ambiante. Cela tient, à ce que la plupart des Juifs
immigrants appartiennent à la classe ouvrière.

Nous pourrions de même, en comparant par exemple les habitants des divers départements de la France, prouver que les différences qui existent entre un Provençal et un Breton, un Niçois et un Picard, un Normand et un Aquitain, un Lorrain et un Basque, un Auvergnat et un Savoyard, nous pourrions prouver que ces différences ne permettent pas de croire à l'existence de la race française.

Cependant, en procédant ainsi, nous aurons en réalité démontré que la race n'est pas une unité ethnologique, c'est-à-dire qu'aucun peuple ne descend de parents communs, et qu'aucune nation n'est formée par l'agrégation de cellules semblables. Mais nous n'aurons en aucune façon montré qu'il n'existe pas un peuple français, un peuple allemand, un peuple anglais, etc., et nous ne pourrions le faire, puisqu'il existe une littérature anglaise, une littérature allemande, une littérature française, toutes littératures différentes, exprimant de façon différente des sentiments communs il est vrai, mais dont la réaction objective et subjective n'est pas la même sur les divers individus qui en sont affectés, sentiments communs à la nature humaine, mais que chaque homme et chaque collectivité d'hommes ressent et exprime différemment. Nous avons dû repousser la notion anthropologique de la race, notion fausse et que nous verrons être la génératrice des pires opinions, des vanités les plus détestables et les moins justifiées, cette notion anthropologique qui tend à faire de chaque peuple une association de reclus orgueilleux et égoïstes, mais nous sommes obligés de constater l'existence d'unités historiques, c'est-à-dire de nations. A l'idée de race, nous substituons l'idée de nation, et encore faut-il nous expliquer car ce siècle a fait reposer sa croyance aux nationalités sur sa croyance à la race, à la race innée.

Qu'entend-on communément par nation? Selon Littré, une nation est une «réunion d'hommes habitant un même territoire, soumis ou non à un même gouvernement, ayant depuis longtemps des intérêts assez communs pour *qu'on les regarde comme appartenant à la même race* ». A cette définition de la nation, Littré oppose celle du peuple : « multitude d'hommes qui, bien que n'habitant pas le même pays, ont une même religion et une même origine ». Selon Mancini (1), la nation est une « communauté naturelle d'hommes unis par le pays, l'origine, les mœurs, la langue, et ayant conscience de cette communauté. » D'après Bluntschli (2) on peut définir le peuple : « la communauté de l'esprit, du sentiment, de la race, devenue héréditaire dans une masse d'hommes de professions et de classes différentes; masse qui, abstraction faite d'un lien politique, se sent unie par la culture et l'origine, spécialement par la langue et les mœurs, et étrangère aux autres. » Quant à la nation, toujours d'après Bluntschli, c'est

(1) Mancini : *Della Nazionalita come fondamenta del diritto delle genti* — Naples, 1873.
(2) Bluntschli : *Théorie générale de l'Etat* (Traduction A. de Riedmatten). Paris. 1891

cette « communauté d'hommes unis et organisés en Etat ». Ainsi qu'on le voit, on ne réussit à différencier le peuple de la nation qu'en faisant intervenir, soit une unité territoriale comme Littré, soit une unité statale comme Bluntschli, c'est-à-dire une chose extérieure, ou au-dessus de ceux qui composent ce peuple et cette nation que l'on peut en réalité identifier.

Résumons-nous. On appelle coutumièrement nation une agglomération d'individus, ayant une race, un territoire, une langue, une religion, un droit, des usages, des mœurs, un esprit, une destinée historique communs. Or, nous avons vu que la race commune, la race innée, la race signifiant même origine et pureté de sang n'était qu'une fiction ; l'idée de race n'est pas nécessairement liée au concept de nation, la preuve, c'est que les Basques, les Bretons, les Provençaux, quoique étant fort différents anthropologiquement, appartiennent quand même tous à la nation française. Quant à la communauté territoriale, elle n'est pas nécessaire non plus ; les Polonais, par exemple, n'ont pas de territoire commun et cependant il existe une nation polonaise. La langue semble n'être pas non plus indispensable, et l'on peut en effet invoquer le cas de la Suisse, de l'Autriche, de la Belgique, pays dans lesquels on parle deux ou plusieurs langues, mais ces pays, sauf la Suisse, organisée fédérativement, nous permettent d'affirmer au contraire que la langue est bien un signe de nationalité puisque, dans tous, ceux qui parlent la même langue aspirent

à se grouper, ou bien une langue tend à devenir
prépondérante et à ruiner les autres. La religion a
jadis été une des plus importantes forces qui contribuèrent à former les peuples. Il nous est impossible
de nous représenter ce que furent Rome, Athènes ou
Sparte, si nous négligeons les dieux de l'Olympe et
ceux du Capitole ; il en est de même de Memphis et
de Ninive, de Babylone et de Jérusalem, et que devient la société du moyen âge si nous faisons abstraction du christianisme ? L'action de la religion a été
prépondérante pendant de longs siècles, elle n'a plus
qu'une force extrêmement restreinte depuis quelques années, et ce n'est que dans certains pays, la
Russie par exemple, que l'unité de foi est poursuivie
et qu'on en fait un des éléments constitutifs et indispensables de la nationalité. Ailleurs, la multiplicité
des confessions religieuses n'est pas un obstacle à
l'unité ; cependant il est bon d'ajouter, que dans tous
les pays d'Europe, la religion fut la première unité
connue, et que tous les états et tous les peuples européens, en mettant à part l'Empire ottoman, furent
d'abord des états et des peuples chrétiens. La Réforme
fut le dernier effort unitéiste religieux, et, après les
guerres de religion, les édits de tolérance marquè-
rent la fin de la domination des dogmes sur les nationalités. Cependant, le christianisme a laissé son
empreinte sur les mœurs, les coutumes, la morale.
De quelque façon qu'on en juge les principes, la métaphysique, l'éthique, il a été un des plus importants facteurs des nations européennes et des indi-

vidus qui les composent; c'est le fonds commun sur lequel ont été bâtis des édifices différents; c'est une des notions fondamentales à laquelle bien d'autres ont été ajoutées, qu'on a travaillé différemment, mais qu'on trouve aux assises des sociétés modernes. Le christianisme a été un des éléments fixes de l'esprit des divers peuples de l'ancien et du nouveau continent, mais ce sont les mœurs, les coutumes, l'art, la langue et les mille idées propres qu'elle génère par la littérature et la philosophie, qui ont différencié les peuples et créé leur personnalité. Ce qui fait la dissemblance des individus, c'est la façon différente dont ils interprètent des idées générales et communes, la façon différente aussi dont ils sont impressionnés par les phénomènes, et la manière dont ils les traduisent. Il en est de même des collectivités. Elles se composent d'êtres variés, dont chacun il est vrai a son essence propre, mais qui, tous, suivent certaines directions communes. Qu'est-ce qui donne ces directions? c'est la langue, puis encore les traditions, les intérêts et les destinées historiques appartenant en commun à tous ces êtres. Mais à cela il faut ajouter, ainsi que le dit Mancini, la conscience de cette communauté. Cette conscience s'est élaborée lentement, au cours des âges, à travers les mille chocs extérieurs, les mille luttes intestines, mais le jour où les nations ont eu conscience d'elles-mêmes, ce jour-là seulement elles ont existé, et cette conscience une fois née, a été un facteur de plus de la nationalité. Sans elle, il n'est pas de nationalité; mais dès qu'elle existe, elle réagit à son tour sur le cerveau de chacun et c'est cette conscience de la nationalité, la dernière formée, qui est aussi la dernière à disparaître, lorsqu'ont disparu le territoire, les mœurs, les usages, les coutumes, la religion, et que la litttérature ne vit plus.

Il existe donc des nations. Ces nations peuvent parfois n'être pas constituées sous un même gouvernement, elles peuvent avoir perdu leur patrie, leur langue, mais tant que la conscience qu'elles ont d'elles-mêmes et de cette communauté de pensée et d'intérêts, qu'elles représentent par le décor fictif de la race, de la filiation, de l'origine, de la pureté du sang, tant que cette conscience n'a pas disparu, la nation persiste.

Prenons maintenant le Juif. Nous avons vu qu'il n'est pas, en tant que race, et ceux-là qui disent : « Il n'y a plus de peuple juif, il y a une communion juive étroitement unie à une race » (1), se trompent. Il nous reste à nous demander si le Juif ne fait pas partie d'une nation, nation composée d'éléments divers, comme toutes les nations, mais ayant quand bien même une unité. Or, si nous mettons à part les Falachas de l'Abyssinie, quelques tribus juives nomades peu connues de l'Afrique, les Juifs noirs de l'Inde et les Juifs de Chine, nous constatons qu'à côté des différences, signalées déjà, qui distinguent

_____

(1) A. Franck : *Annuaire de la Société des Études Juives,* IIe année, conférence sur *La Religion et la Science dans e Judaïsme.*

ces Juifs, il existe aussi entre eux des particularités, une individualité et un type communs. Cependant, ces Juifs ont vécu dans des pays bien opposés, ils ont été soumis à des influences climatériques bien diverses, ils ont été entourés de peuples bien dissemblables ; qu'est-ce qui a pu les maintenir tels qu'ils se sont maintenus jusqu'à nos jours ; pourquoi persistent-ils autrement que comme confession religieuse ? Cela provient de trois choses : une qui est dépendante des Juifs : leur religion ; la seconde, dont ils sont en partie responsables : leur condition sociale ; l'autre qui leur est extérieure : les conditions auxquelles ils ont été soumis.

Nulle religion autant que la religion juive ne fut aussi pétrisseuse d'âme et d'esprit. Presque toutes les nations ônt eu, à côté de leurs dogmes religieux, une philosophie, une morale, une littérature ; pour Israël la religion fut en même temps une éthique et une métaphysique, elle fut plus encore : elle fut une loi. Les Israélites n'eurent pas une symbolique indépendance de leur législation, non, il y eut pour eux — après le retour de la seconde captivité — Iahvé et sa loi, inséparables l'un de l'autre. Pour faire partie de la nation, il fallut accepter non seulement son dieu, mais encore toutes les prescriptions légales qui émanaient de lui et avaient un caractère de sainteté. Le Juif n'eût eu que Iahvé, il est probable qu'il se fût évanoui au milieu des différents peuples qui l'avaient reçu, comme s'évanouirent les Phéniciens qui ne portaient avec eux que Melqarth ; mais le Juif avait mieux que son dieu : il avait sa Thora, sa loi, et c'est elle qui le conserva. Cette loi, non seulement, il ne la perdit pas en perdant le territoire ancestral, mais, au contraire, il en renforça l'autorité ; il la développa, en augmenta la puissance et aussi la vertu. Quand Jérusalem eut été détruite, c'est la loi qui devint le lien d'Israël ; il vécut pour sa loi et par sa loi. Or cette loi était minutieuse et tatillonne, elle était la manifestation la plus parfaite de la religion rituelle, qu'était devenue la religion juive sous l'influence des docteurs, influence qu'on peut opposer au spiritualisme des prophètes dont Jésus continua la tradition. Ces rites qui prévoyaient chaque acte de la vie, et que les talmudistes compliquèrent à l'infini, ces rites façonnèrent la cervelle du Juif, et partout, en toutes les contrées, ils la façonnèrent de la même manière. Les Juifs, bien que dispersés, pensaient de la même façon, à Séville et à York, à Ancône et à Ratisbonne, à Troyes et à Prague ; ils avaient sur les êtres et les choses les mêmes sentiments et les mêmes idées ; ils regardaient avec les mêmes lunettes ; ils jugaient d'après des principes semblables, dont ils ne pouvaient s'écarter, car il n'était pas dans la loi de menues et de graves obligations, toutes avaient une valeur identique, puisqu'elles émanaient toutes de Dieu. Tous ceux que les Juifs attiraient à eux étaient pris dans ce terrible engrenage qui malaxait les esprits, et les coulait dans un moule uniforme. Ainsi la loi créait des particularités ; ces particularités les Juifs se les transmettaient parce qu'ils constituaient partout une association, association très serrée, se tenant fort à l'écart pour pouvoir accomplir les prescriptions légales, et n'ayant ainsi que plus de force de conservation, puisqu'elle était rebelle à la pénétration. Non seulement la loi créa des particularités, mais elle créa des types ; un type moral et même un type physique. Nous venons d'indiquer la formation du type moral, quant au type physique, il résulta par certains côtés de ce type moral. On sait l'influence qu'exerce sur l'individu physiologique, l'exercice des facultés mentales, et la direction de ces facultés. On sait que certains êtres voués aux mêmes besognes intellectuelles acquièrent des traits spéciaux et pareils. Il se forme sous nos yeux des types professionnels et on connaît les expériences de M. Galton sur cette création des caractères communs, par la pensée commune. Le type juif s'est formé d'une façon analogue à celle dont se sont formés et se forment le type du médecin, le type de l'avocat etc., types générés par l'identité de la fonction sociale et psychique. Le juif est un type confessionnel ; tel qu'il est, c'est la loi et le Talmud qui l'ont fait ; plus forts que le sang ou que les variations climatériques, ils ont développé en lui des caractères, que l'imitation et l'hérédité ont perpétués.

A ces caractères confessionnels, s'ajoutèrent des caractères sociaux. Nous avons dit (1) le rôle que

---

(1) Ch. vii.

joua le Juif pendant le moyen âge, comment des raisons intérieures et extérieures provenant de lois économiques et psychologiques, le poussèrent à devenir à peu près exclusivement commerçant, et surtout trafiquant d'or, à cette époque où le capital était forcément prêteur, pour être productif. Ce rôle fut général ; les Juifs ne le remplirent pas seulement dans une contrée spéciale, mais dans toutes. A leurs communes préoccupations religieuses, s'ajoutèrent donc des préoccupations sociales communes. Le Juif, être religieux, pensait déjà d'une certaine façon uniforme, partout où il se trouvait ; être social, il pensa encore identiquement ; ainsi se créèrent d'autres particularités, qui se propagèrent aussi, particularités dont la formation fut générale et simultanée chez tous les Juifs. Mais le Juif, bien qu'il s'isolât, n'était pas seul ; les peuples parmi lesquels il vivait réagissaient sur lui et pouvaient être des causes de changements. Le milieu naturel n'est pas tout pour l'homme qui vit en société. Certes son action est grande, et il peut parfois former, en grande partie, des nations (1), mais il existe un milieu social dont l'action n'est pas moins considérable, ce milieu social est fait par les lois, par les mœurs, par les coutumes. Si les Juifs avaient vécu dans des milieux sociaux différents, ils auraient sans doute été différents mentalement et aussi physique-

---

(1) Par exemple les transformations des Anglo-Saxons dans les Etats-Unis d'Amérique, et les transformations des Hollandais au Transvaal.

ment (1). Ce ne fut pas le cas, et le milieu social et politique fut pour eux le même partout. En Espagne, en France, en Italie, en Allemagne, en Pologne, la législation contre les Juifs fut identique, chose très explicable puisque ce fut, en tous ces pays, une législation inspirée par l'Église. Le Juif fut soumis aux mêmes restrictions, les mêmes barrières furent élevées devant lui, il fut régi par les mêmes lois. Il s'était déjà mis à part, on le mit à part; il s'était efforcé de se distinguer, on le distingua; il s'était retiré dans sa demeure pour pouvoir accomplir librement ses rites, on l'enferma dans les ghettos. Le jour où le Juif fut emprisonné dans ses juiveries, ce jour-là il eut un territoire, et Israël vécut absolument comme un peuple qui aurait une patrie; il garda, dans ses quartiers spéciaux, ses coutumes, ses mœurs et ses habitudes séculaires, précieusement transmises par une éducation que dirigeaient en tous lieux les mêmes principes invariables.

Cette éducation ne conservait pas seulement les traditions, elle conservait la langue. Le Juif parlait la langue du pays qu'il habitait, mais il ne la parlait que parce qu'elle lui était nécessaire dans ses transactions; rentré chez lui il se servait d'un hébreu corrompu, ou d'un jargon dont l'hébreu faisait la base. Lorsqu'il écrivait, il écrivait en hébreu, et la

(1) Si je parais dire là que tous les Juifs sont semblables physiquement, je veux parler seulement de la physionomie générale qui leur est commune sans préjudice des différences que j'ai exposées.

Bible et le Talmud ne constituent pas toute la littérature hébraïque. La production littéraire juive du huitième au quinzième siècle fut très grande. Il y eut une poésie néo-hébraïque, poésie synagogale qui fut surtout très abondante et très brillante en Espagne (1); il y eut une philosophie religieuse juive, qui naquit en Egypte avec Saadia, et que développèrent plus tard Ibn Gebirol et Maïmonide; il y eut une théologie juive avec Joseph Albo et Juda Lévita, et une métaphysique juive qui fut la Kabbale. Cette littérature, cette philosophie, cette théologie, cette métaphysique furent le bien commun des israélites de tous les pays. Jusqu'au moment où l'effort obscurantiste des rabbins eut fermé leurs oreilles et leurs yeux, jusqu'à ce moment leur esprit puisa aux mêmes sources, ils s'émurent aux mêmes pensées, ils révèrent les mêmes rêves, ils s'éjouirent aux mêmes rythmes, à la même poésie, les mêmes préoccupations les hantèrent et ainsi ressentirent-ils les mêmes impressions, qui façonnèrent pareillement leur esprit, cet esprit juif, formé de mille éléments divers, mais qui ne fut pas sensiblement différent, du moins dans ses tendances générales, du vieil esprit juif, car ceux qui contribuèrent à l'engendrer, furent nourris par l'antique Loi.

Donc, tous les Juifs eurent une religion, des mœurs,

(1) Voir Munk : *De la Poésie hébraïque après la Bible* dans le *Temps* du 19 janvier 1835, et les travaux de Zunz, Rapoport et Abraham Geiger. Voir aussi l'*Histoire des Juifs d'Espagne* d'Amador de los Rios (1875).

des habitudes, des coutumes pareilles, ils furent assujettis aux mêmes lois, civiles, religieuses, morales ou restrictives ; ils vécurent dans de semblables conditions ; ils eurent dans chaque ville un territoire, ils parlèrent la même langue, ils jouirent d'une littérature, ils spéculèrent sur les mêmes idées, idées persistantes et très anciennes. Cela déjà suffisait pour constituer une nation. Ils eurent mieux encore : ils eurent la conscience qu'ils étaient une nation, qu'ils n'avaient jamais cessé d'en être une. Quand ils quittèrent la Palestine, aux premiers siècles avant l'ère chrétienne, un lien toujours les relia à Jérusalem ; lorsque Jérusalem se fut abîmée dans les flammes, ils eurent leurs exilarques, leurs Nassis et leurs Gaons, ils eurent leurs écoles de docteurs, écoles de Babylone, écoles de Palestine, puis écoles d'Égypte, enfin écoles d'Espagne et de France. La chaîne traditionnelle ne fut jamais brisée. Toujours, ils se considérèrent comme des exilés et se bercèrent de ce songe du rétablissement du royaume terrestre d'Israël. Tous les ans, à la veille de Pâques, ils psalmodièrent du plus profond de leur être, par trois fois, la phrase consacrée : « Lechana aba Ierouchalaïm » (l'année prochaine à Jérusalem). Ils gardèrent leur vieux patriotisme, leur chauvinisme même, ils se regardèrent, malgré les désastres, malgré les malheurs, malgré les avanies, malgré l'esclavage, comme le peuple élu, celui qui était supérieur à tous les peuples, ce qui est la caractéristique de tous les peuples chauvins, aussi bien des Allemands que des

Français, que des Anglais actuels. Un moment, au début du moyen âge, le Juif fut en effet supérieur ; parce qu'il arriva au milieu de barbares enfants, lui l'héritier d'une civilisation déjà vieille, en possession d'une littérature, d'une philosophie, et surtout d'une expérience qui dut lui conférer un avantage. Il perdit cette supériorité, et au quatorzième siècle même il devint d'une culture inférieure à la culture générale de ceux dont la classe correspondait à la sienne ; mais il garda précieusement l'idée de sa suprématie, il continua à regarder avec dédain, avec mépris, tous ceux qui étaient étrangers à sa Loi. Son livre, le Talmud, animé d'un patriotisme étroit et farouche, le lui enseignait d'ailleurs. On a accusé ce livre d'être antisocial, et il y a du vrai dans cette accusation ; on a prétendu qu'il était l'œuvre légale et morale la plus abominable, et là on s'est trompé, car il n'est ni plus ni moins abominable que tous les codes particularistes et nationaux. S'il est antisocial, c'est en ce sens qu'il représenta, et qu'il représente, un esprit différent de celui des lois en vigueur dans les pays où les juifs habitèrent, et que les Juifs voulurent suivre leur code avant de suivre celui auquel tout membre de la société était assujetti, et encore ne fut-il et n'est-il antisocial que relativement, la loi n'ayant pas toujours été uniforme, ni la coutume invariable dans toutes les parties des États. A un moment de l'histoire il parut fatalement antihumain, puisque, alors que tout changeait, il restait immuable. Les antisémites chrétiens en ont montré la brutalité, parce que cette brutalité les choquait directement, mais rabbi Yochai disant : « Le meilleur des goïm, tue-le ! » ne fut pas plus féroce que saint Louis pensant que le moyen le plus recommandable de discuter avec un Juif, était de lui bouter de la dague dans le ventre, ou que le Pape Urbain III écrivant dans une bulle : « Il est permis à tout le monde de tuer un excommunié quand on le fait par un motif de zèle pour l'Église. »

Encore faut-il se rendre compte d'une chose. Quelques Juifs modernes et quelques philosémites, ont repoussé avec horreur ces aphorismes et ces axiomes qui ont été des aphorismes et des axiomes nationaux. Les invectives aux goïm, aux minéens, furent, disent-ils, adressées aux Romains, aux Hellènes, aux Juifs apostats, jamais elles n'ont visé les chrétiens. Il y a une grande part de vérité dans ces affirmations, une grande part d'erreur aussi. C'est en effet au temps où la nationalité juive fut menacée, au temps où l'esprit juif fut battu en brèche par l'esprit grec, et où l'influence hellénique menaça de devenir prépondérante, c'est à ce temps-là qu'il faut rapporter une partie des prescriptions contre les étrangers, prescriptions qui furent l'œuvre des Juifs défenseurs de leur esprit national. Plus tard, lors des guerres romaines, les malédictions devinrent plus âpres ; contre l'oppresseur on trouva tout permis, on préconisa toutes les violences, toutes les haines, et le Talmud fut l'écho de ces sentiments ; il enregistra préceptes et paroles, et il les perpétua. Lorsque le

17

judaïsme fut combattu par le christianisme naissant, toute la haine et toute la colère des sicaires, des patriotes, des pieux se reversa sur les Juifs qui se convertissaient : sur les minéens. En désertant la foi nationale, ils désertaient le combat contre Rome et contre l'étranger ; ils étaient traîtres à la patrie, à la religion juive, ils se désintéressaient d'une lutte qui était vitale pour Israël ; groupés autour de leurs nouvelles églises, ils regardaient d'un œil indifférent la gloire de la nation s'écrouler, son autonomie disparaître, et non seulement ils ne combattaient pas contre la louve, mais encore ils énervaient les courages de ceux qui les écoutaient. C'est contre eux, contre ces antipatriotes, que furent rédigées des formules de malédiction ; les Juifs les mirent au ban de leur société, il fut licite de les tuer, comme il était licite de tuer le « meilleur des goïm ». Dans toutes les périodes de luttes patriotiques, chez toutes les nations, on trouverait des exhortations semblables ; les proclamations des généraux, les appels aux armes des tribuns de tous les âges contiennent d'aussi odieuses formules. Quand les Français envahirent le Palatinat, par exemple, ce dut être une règle pour les Allemands, plus même, un devoir, que de dire : « Le meilleur des Français, tue-le ! » De même, lorsqu'à leur tour les Allemands entrèrent en France, ce fut sans doute au tour des Français de dire : « Le meilleur des Allemands, tue-le ! » C'est la guerre cruelle, abominable, qui engendre de tels sentiments, et chaque fois que l'esprit guerrier est réveillé par les circonstances, chaque fois la férocité antihumaine se manifeste. Chez les Juifs, dit-on encore, ces préceptes ne représentèrent que des opinions personnelles, on trouverait à côté d'eux, des formules morales, aussi humaines, aussi fraternelles, aussi pitoyables que les formules chrétiennes. C'est exact, et dans l'esprit des Pères qui écrivirent ces sentences, réunies dans le *Pirké Aboth* (1), ces sentences humanitaires eurent un sens général, mais le Juif du moyen âge, qui les trouva dans son livre, leur attribua un sens restreint ; il les appliqua à ceux de sa nation. Pourquoi ? parce que ce livre, le Talmud, contenait aussi les préceptes égoïstes, féroces et nationaux dirigés contre les étrangers. Conservés dans ce livre dont l'autorité fut immense, dans ce Talmud qui fut pour les Juifs un code, expression de leur nationalité, un code qui fut leur âme, ces affirmations, cruelles ou étroites, acquirent une force sinon légale, du moins morale. Le Juif talmudiste qui les rencontra leur attribua une valeur permanente, il ne les appliqua pas seulement aux ennemis grecs, romains et minéens, il les appliqua à tous ses ennemis, il en fit une règle générale vis-à-vis des étrangers à son culte, à sa loi, à ses croyances. Un jour vint où le Juif en Europe n'eut qu'un ennemi : le chrétien, qui le persécutait, le poursuivait, le massacrait, le brûlait, le martyrisait. Il ne put donc pas éprouver pour le chrétien un sentiment bien tendre, d'autant plus que

---

(1) *Pirké Aboth* (Traité des Principes) avec traduction française et notes, par A. Créhange (Paris, Durlacher).

tous les efforts de ce chrétien tendaient à détruire le judaïsme, à abolir cette religion qui était désormais la patrie juive. Le goï des Machabbées, le minéen des docteurs, devint le chrétien, et au chrétien on appliqua toutes les paroles de haine, de colère, de désespoir furieux qui se trouvaient dans le livre. Pour le chrétien, le Juif fut l'être abject, mais pour le Juif, le chrétien fut le goï, l'abominable étranger, celui qui ne craint pas les souillures, celui qui maltraite la nation élue, celui par qui souffre Juda. Ce mot goï renferma toutes les colères, tous les mépris, toutes les haines d'Israël persécuté, contre l'étranger, et cette cruauté du Juif vis-à-vis du non Juif est une des choses qui montre le mieux combien l'idée de nationalité était vivace chez les enfants de Jacob. Ils croyaient, ils crurent toujours être un peuple. Le croient-il encore aujourd'hui ?

Parmi les juifs qui reçoivent l'éducation talmudique, et c'est encore la majorité des juifs, en Russie, en Pologne, en Galicie, en Hongrie, en Bohême, dans l'Orient, parmi ces juifs l'idée de nationalité est encore aussi vivante qu'au moyen-âge. Ils forment encore un peuple à part, peuple fixe, rigide, figé par les rites scrupuleusement suivis, par les coutumes constantes et par les mœurs, hostile à toute nouveauté, à tout changement, rebelle aux efforts tentés pour le détalmudiser. En 1854, des rabbins anathématisèren les écoles d'Orient, fondées par des juifs français, et où on apprenait les sciences profanes; en 1856, à Jérusalem, on lança l'anathème contre l'école fondée par le docteur Franckel; en Russie, en Galicie, des sectes, telles que celles des Néo-Hassidim, s'opposent encore à toutes les tentatives faites pour civiliser les Juifs. Dans tous ces pays une minorité seulement échappe à l'esprit talmudique, mais la masse persiste dans son isolement et, quelque grands que soient son abjection et son abaissement, elle se tient toujours pour le peuple choisi, la nation divine.

Chez les Juifs occidentaux, chez les Juifs de France, d'Angleterre, d'Italie, chez une grande partie des Juifs allemands (1), cette aversion intolérante pour l'étranger a disparu. Le Talmud n'est plus lu par ces Juifs, et la morale talmudique, du moins la morale nationale du Talmud, n'a plus de prise sur eux. Ils n'observent plus les six cent treize lois, ils ont perdu l'horreur de la souillure, horreur qu'ont gardée les juifs orientaux; la plupart ne savent plus l'hébreu ; ils ont oublié le sens des antiques cérémonies; ils ont transformé le judaïsme rabbinique, en un rationalisme religieux; ils ont délaissé les observances familières, et l'exercice de la religion se réduit pour eux à passer quelques heures par an dans une synagogue, en écoutant des hymnes qu'ils n'entendent plus. Ils ne peuvent pas se rattacher à un dogme, à un symbole : ils n'en ont pas; en abandonnant les pratiques talmudiques, ils ont abandonné ce qui faisait leur unité, ce qui contribuait à former leur esprit. Le Talmud avait formé la nation juive après

(1) Je mets à part les Juifs des provinces polonaises de l'Allemagne.

sa dispersion ; grâce à lui, des individus d'origines diverses avaient constitué un peuple ; il avait été le moule de l'âme juive, le créateur de la race ; lui et les lois restrictives des sociétés avaient modelé le Juif. Les législations abolies, le Talmud dédaigné, il semble que la nation juive ait dû inévitablement mourir, et cependant les juifs occidentaux sont encore des Juifs. Ils sont des Juifs, parce qu'ils ont gardé vivace et vivante leur conscience nationale ; ils croient toujours qu'ils sont une nation, et croyant cela, ils se conservent. Quand le Juif cesse d'avoir la conscience de sa nationalité, il disparaît ; tant qu'il a cette conscience, il permane. Il n'a plus de foi religieuse, il ne pratique plus, il est irreligieux, il est quelquefois athée, mais il permane parce qu'il a la croyance à sa race. Il a gardé son orgueil national, il s'imagine toujours être une individualité supérieure, un être différent de ceux qui l'entourent, et cette conviction l'empêche de s'assimiler, car, étant toujours exclusif, il refuse en général de se mêler par le mariage aux peuples qui l'entourent. Le moderne judaïsme prétend n'être plus qu'une confession religieuse ; mais il est encore en réalité un *ethnos*, puisqu'il croit l'être, puisqu'il a gardé ses préjugés, son égoïsme, et sa vanité de peuple, croyance, préjugés, égoïsme et vanité qui le font apparaître comme étranger aux peuples dans le sein desquels il subsiste, et ici nous touchons à une des causes les plus profondes de l'antisémitisme. L'antisémitisme est une des façons dont se manifeste le principe des nationalités.

Qu'est-ce que la question des nationalités? On entend par là « ce mouvement qui porte certaines populations ayant la même origine et la même langue, mais faisant partie d'Etats différents, à se réunir de façon à constituer un seul corps politique, une seule nation » (1).

En même temps que la Révolution proclama les droits des peuples, elle bouleversa la vieille conception autoritaire et dynastique sur laquelle étaient fondées les nations ; les territoires, jadis propriété et domaine des rois, devinrent les domaines des peuples qui les occupaient. Le gouvernement royal constituait par lui-même l'unité nationale, le gouvernement représentatif, constitutionnel, plaça son unité autre part : dans la communauté d'origine et dans la communauté de langue. Le lien artificiel étant rompu, on chercha un lien naturel ; il y eut un effort des nations pour conquérir une individualité ; elles tendirent toutes vers l'unité qui leur manquait. C'est vers 1840 surtout que les idées nationales se manifestèrent, c'est elles qui se mirent à l'œuvre et l'Europe contemporaine fut fondée par elles. La théorie de l'Etat national fut élaborée par les savants, les historiens, les philosophes, les poètes de tout un âge. « Tout peuple est appelé à former un état, a le droit de se former en état. L'humanité se divise en peuples, le monde doit se partager en états corres-

(1) Laveleye : *Le Gouvernement dans la Démocratie*, T. I, p. 53 (Paris, 1891).

pondants. *Tout peuple est un Etat, tout Etat une personne nationale* » (1). Cette théorie, ces idées devinrent des forces puissantes et irrésistibles. Ce sont
elles qui firent l'unité de l'Allemagne, celle de l'Italie et furent les causes de l'irrédentisme; ce sont
elles qui créent encore le séparatisme en Irlande et
en Autriche, qui provoquent les luttes entre Magyares et Slaves, entre Tchèques et Allemands.
C'est sur ces idées de nationalités que se basèrent,
et que se basent, la Russie et l'Allemagne pour constituer leur empire, leur empire pangermanique ou
panslavique, et n'est-ce point ce panslavisme et ce
pangermanisme qui agitent l'Orient européen, n'est-
ce point de leur choc lointain ou proche que dépendent les destinées de cette partie de l'Europe?

Il ne peut être question ici de discuter la légitimité
ou la non légitimité de ce mouvement. Il suffit, pour
ce qui nous intéresse, d'en constater l'existence.
Comment les peuples traduisent-ils cette tendance à
l'unité? De deux façons : en réunissant sous le même
gouvernement tous les individus qui parlent la langue nationale, ou en réduisant les éléments hétérogènes qui coexistent dans les nations, au profit d'un
de ces éléments qui devient prépondérant, et dont
les caractéristiques deviennent dès lors des caractéristiques nationales. Ainsi, les Allemands s'efforcent
d'assimiler les Alsaciens et les Polonais; les Russes
obligent les Polonais à entretenir les universités

---

(1) Bluntschli, *Théorie générale de l'Etat*, p. 84.

russes qui les dénationalisent; en Autriche, les Allemands tentent d'absorber les Tchèques; en Hongrie
« les orphelins slovaques sont enlevés du pays où on
parle leur langue et transférés dans des comitats
magyares » (1). Si ces éléments hétérogènes ne se
laissent pas absorber, il y a lutte, lutte souvent
violente, et qui se manifeste de multiples façons :
depuis la persécution jusqu'à parfois l'expulsion.

Or, au milieu de toutes les nations de l'Europe,
les Juifs existent comme une communauté confessionnelle, croyant à sa nationalité, ayant conservé un
type particulier, des aptitudes spéciales et un esprit
propre. Les nations, en luttant contre les éléments
hétérogènes qu'elles contenaient, furent conduites à
lutter contre les Juifs, et l'antisémitisme fut une des
manifestations de cet effort que firent les peuples
pour réduire les individualités étrangères.

Pour réduire ces individualités, il faut les absorber ou les éliminer, et le procès de réduction sociale
n'est pas sensiblement différent du procès de réduction physiologique. A l'origine, lorsque les bandes
humaines hétérogènes couvrirent le globe, elles
luttèrent pour l'existence et pensèrent ne pouvoir se
développer qu'en supprimant l'étranger qui coexis-
tait à leurs côtés. Le cannibalisme est au premier degré
de l'élimination. Quand les nations se formèrent
par la fusion et l'homogénéisation des hordes hétérogènes, elles tendirent plutôt à absorber l'étranger,

(1) J. Novicow: *Les luttes entre sociétés humaines.* Paris, 1893.

bien que la tendance à l'élimination subsistât toujours. Arrivées à un certain stade de développement, les sociétés primitives furent pour l'isolement, pour l'exclusivisme, pour la haine mutuelle; les caractères nationaux étant en formation évitèrent tout choc, toute altération, et l'exclusivisme fut peut-être nécessaire pendant un certain temps pour constituer des types. Lorsque ces types furent solidement formés, il devint utile d'adjoindre des cellules nouvelles à l'agrégat primitif, sous peine de voir cet agrégat se cristalliser et s'immobiliser comme cela est arrivé en certains cas; on permit donc à l'étranger de s'introduire dans la nation, mais on le permit avec de grandes précautions en entourant la naturalisation et l'adoption de mille règles, et celui qui voulut rester étranger dans la société fut soumis à des restrictions très gênantes. Les lois furent très dures à ceux qui n'étaient pas des nationaux. La loi juive est accusée d'avoir été impitoyable pour le non juif, mais la loi romaine n'a pas été tendre pour le non romain, qui était sans droit, comme le non grec à Athènes et à Sparte. Aujourd'hui encore l'exclusivisme, ou l'égoïsme, national se manifeste de la même façon, il est encore aussi vivace que l'égoïsme familial dont il n'est qu'une extension; on peut même constater que, par une sorte de régression, il s'affirme actuellement avec plus de force. Tout peuple semble vouloir élever autour de lui une muraille de Chine, on parle de conserver le patrimoine national, l'âme nationale, l'esprit national et le mot hôte reprend dans nos civilisations contemporaines le même sens qu'il acquit dans le droit romain : le sens d'*hostis*, d'ennemi. On limite de toutes les manières les droits économiques et les droits politiques de l'immigrant. On s'oppose aux immigrations, on expulse même les étrangers lorsque leur nombre devient par trop considérable, on les regarde comme un danger pour la culture nationale, qu'ils modifient; on ne se rend pas compte que c'est là une condition de vie pour cette culture même. C'est que nous vivons à une période de changements, et que l'avenir ne s'ouvre pas bien nettement devant les peuples. Bien des hommes sont inquiets du futur; ils sont attachés aux vieilles coutumes, ils voient dans toute transformation la mort de la société dont ils font partie, et, conservateurs opposés à cette transformation, ils haïssent profondément tout ce qui est susceptible d'amener une modification, tout ce qui est différent d'eux, c'est-à-dire l'étranger.

A ces égoïstes nationaux, à ces exclusivistes, les Juifs sont apparus comme un danger, parce qu'ils ont senti que ces Juifs étaient encore un peuple, un peuple dont la mentalité ne s'accordait pas avec la mentalité nationale, dont les concepts s'opposaient à cet ensemble de conceptions sociales, morales, psychologiques, intellectuelles, qui constitue la nationalité. Aussi, les exclusivistes sont devenus antisémites parce qu'ils pouvaient reprocher aux Juifs un exclusivisme tout aussi intransigeant que le leur, et tout l'effort antisémiste tend, nous l'avons vu déjà (1), à rétablir les lois anciennes, limitatives des droits des Juifs considérés comme étrangers. Ainsi se réalise cette contradiction fondamentale et perpétuelle de l'antisémitisme nationaliste : parce que le Juif ne s'est pas assimilé, n'a pas cessé d'être un peuple, l'antisémitisme est né dans les sociétés modernes, mais quand l'antisémitisme a eu constaté que le Juif n'était pas assimilé, il le lui a reproché violemment et, en même temps, il a pris, quand il l'a pu, toutes les mesures nécessaires pour empêcher son assimilation future.

Toutefois, à côté de ces tendances nationalistes, des tendances contraires, opposées, existent. Au-dessus des nationalités il y a l'humanité ; or, cette humanité si fragmentée au début, composée de milliers de tribus ennemies se dévorant l'une l'autre, cette humanité devient très homogène. Les divers peuples, malgré leurs différences, possèdent un fond commun ; au-dessus de toutes les consciences nationales, une conscience générale se forme ; il y avait jadis des civilisations, nous marchons maintenant vers *une civilisation ;* autrefois, Athènes s'opposait à sa voisine Sparte ; désormais, si les dissemblances de nation à nation persistent, les ressemblances s'accentuent. De même que chaque individu d'une nation possède à côté de ses qualités spéciales, qui constituent son essence et sa personnalité, des qualités communes à ceux qui parlent la même langue et ont

_____

(1) Ch. ix.

les mêmes intérêts que lui; de même l'humanité civilisée acquiert des caractères semblables, bien que chaque nation garde sa physionomie. Les relations entre les peuples, chaque jour plus fréquentes, amènent une communion plus intime. La science, l'art, la littérature, deviennent de plus en plus cosmopolites. A côté du patriotisme se place l'humanitarisme, à côté du nationalisme se place l'internationalisme, et la notion d'humanité acquerra bientôt plus de force que la notion de patrie, qui se modifie et perd de cet exclusivisme que les égoïstes nationaux veulent perpétuer. De là antagonisme entre les deux tendances. A l'internationalisme, déjà si puissant, le patriotisme s'oppose avec une violence inouïe. Le vieil esprit conservateur s'exalte; il se dresse contre le cosmopolitisme qui le vaincra un jour; il combat avec âpreté ceux qui le favorisent, et c'est là encore une cause d'antisémitisme.

En effet, bien que souvent extrêmement chauvins, les Juifs sont d'essence cosmopolite; ils sont l'élément cosmopolite de la famille humaine, dit Schœffle. Cela est fort juste, car ils possédèrent toujours au plus haut point cette extrême facilité d'adaptation, signe du cosmopolitisme. A leur arrivée dans la Terre Promise, ils adoptèrent la langue de Chanaan, après soixante-dix ans passés en Babylonie, ils eurent oublié l'hébreu et rentrèrent à Jérusalem en parlant un jargon araméen ou chaldaïque; au premier siècle avant et après l'ère chrétienne, la langue hellénique pénétra les juiveries. Dispersés, les Juifs

devinrent fatalement cosmopolites. Ils ne se ratta-
chèrent plus en effet à aucune unité territoriale, et
n'eurent qu'une unité religieuse. Ils eurent bien
une patrie, mais cette patrie, la plus belle de toutes,
comme chaque patrie d'ailleurs, fut placée dans le
futur, ce fut la Sion rénovée, à laquelle nulle terre
n'est comparée, ni comparable; patrie spirituelle
qu'ils aimèrent d'un si ardent amour qu'ils devinrent
indifférents à toute terre, et que chaque pays leur
parut également bon, ou également mauvais. Ils vécurent enfin dans des conditions telles, et si affreuses,
qu'on ne put leur demander de se donner une patrie
d'élection, et. leur instinct de solidarité aidant, ils
restèrent internationalistes.

Les nationalistes furent conduits à les regarder
comme les plus actifs propagateurs des idées d'internationalisme; ils trouvèrent même que le seul
exemple de ces sans-patrie séculaires était mauvais,
et qu'ils détruisaient par leur présence l'idée de la
patrie, c'est-à-dire chaque idée spéciale de la patrie.
C'est pour cela qu'ils devinrent antisémites, ou plutôt
c'est pour cela que leur antisémitisme se renforça.
Non seulement ils accusèrent les Juifs d'être des étrangers, mais encore d'être des étrangers destructeurs.
Le conservatisme des exclusivistes rattacha le cosmopolitisme à la révolution; il reprocha aux Juifs
d'abord leur cosmopolitisme, ensuite leur esprit et
leur action révolutionnaires. Le Juif a-t-il réellement des tendances à la Révolution? Nous allons
l'examiner.

CHAPITRE XII

L'ESPRIT RÉVOLUTIONNAIRE DANS LE JUDAÏSME

Communisme et Révolution. — L'agitation juive. — L'optimisme et l'eudémonisme d'Israël. — Les théories sur la vie et sur la mort. — L'immortalité de l'âme et la résignation. — Le matérialisme et la haine de l'injustice. — L'idée de contrat dans la théologie juive. — L'idée de justice. — Les prophètes et la justice. — Le retour de Babylone, les Ebionims et les Anavims. — La conception de la divinité. — Autorité divine et gouvernement terrestre. — Les Zélateurs et l'anarchisme. — L'égalité humaine. — Le Riche et le Mal. — Le Pauvre et le Bien. — Le Iahvéisme et la Liberté. — Le libre arbitre, la raison humaine et la puissance divine. — L'individualisme juif. — La subjectivité juive et le sentiment du moi. — L'idéalisme hébraïque. — L'idée de Justice, l'idée d'Egalité, l'idée de Liberté et leur réalisation possible. — Les temps messianiques. — Le Messie et la révolution. — L'instinct révolutionnaire et le talmudisme. — Les Juifs modernes et la révolution.

Rechercher les tendances révolutionnaires du judaïsme n'est point examiner le communisme juif. D'ailleurs, de ce que les institutions dites mosaïques furent inspirées par des principes socialistes, on n'en inférerait pas nécessairement que l'esprit révolutionnaire ait toujours guidé Israël.

Communisme et révolution ne sont pas des termes inséparables, et si, de nos jours, nous ne pouvons prononcer le premier de ces mots sans évoquer fatalement l'autre, cela tient aux conditions économiques qui nous régissent et à ce que nous regardons comme impossible la transformation des sociétés actuelles, basées sur la propriété individuelle, sans un déchirement violent. Dans un état capitaliste, le communiste est considéré comme un révolutionnaire, mais on ne se rend pas compte qu'un partisan du capital privé serait considéré de la même façon dans un état communiste. Dans l'un et l'autre cas cette conception serait juste, car, tour à tour, communiste ou individualiste manifesterait à la fois un mécontentement et un désir de changement, ce qui est le propre de l'esprit révolutionnaire.

Si l'on a pu dire des Juifs, avec M. Renan, qu'ils furent un élément de progrès ou tout au moins de transformation, si on a pu les regarder comme des ferments de révolution, et cela en tout temps, comme nous le verrons, ce n'est pas à cause des lois sur le grapillage, sur le salaire des ouvriers, sur la restitution des vêtements pris en gage, sur les années sabbatiques et jubilaires que l'on trouve dans l'Exode, dans les Nombres, dans le Lévitique, etc. (1),

_____

(1) Lévitique, xix, xxv ; Exode, xxii ; Nombres, xxv.

c'est parce qu'ils furent toujours des mécontents.

Je ne veux pas prétendre par là qu'ils aient été simplement des frondeurs ou des opposants systématiques à tout gouvernement, — car ils n'étaient pas uniquement irrités contre un Ahab ou un Ahazia, — mais l'état des choses ne les satisfaisait pas; ils étaient perpétuellement inquiets, en l'attente d'un mieux qu'ils ne trouvaient jamais réalisé. Leur idéal n'étant pas de ceux qui se contentent d'espérance — ils ne l'avaient pas placé assez haut pour cela — ils ne pouvaient guère endormir leurs ambitions par des rêves et des fantômes. Ils se croyaient en droit de demander des satisfactions immédiates et non des promesses lointaines. De là cette agitation constante des Juifs, qui se manifesta non seulement dans le prophétisme, dans le messianisme et dans le christianisme, qui en fut le suprême aboutissement, mais encore depuis la dispersion et alors d'une façon individuelle.

Les causes qui firent naître cette agitation, qui l'entretinrent et la perpétuèrent dans l'âme de quelques Juifs modernes, ne sont pas des causes extérieures, telles que la tyrannie effective d'un prince, d'un peuple, ou d'un code farouche; ce sont des causes internes, c'est-à-dire qui tiennent à l'essence même de l'esprit hébraïque. A l'idée que les Israélites se faisaient de Dieu, à leur conception de la vie et de la mort, il faut demander les raisons des sentiments de révolte dont ils furent animés.

Pour Israël, la vie est un bienfait, l'existence que Dieu a donnée à l'homme est bonne; vivre est en

soi-même un bonheur. Quand l'Ecclésiaste (1), en une
brève minute, déclara que le jour de la mort était
préférable à celui de la naissance, il était troublé
par la pensée hellène, et son aphorisme n'avait
qu'une valeur individuelle. La vie, selon l'Hébreu,
doit donner à l'être toutes les joies et ce n'est que
d'elle qu'il doit les attendre.

Par opposition, la mort est le seul mal qui puisse
affliger l'homme, c'est la plus grande des calamités ;
elle est si horrible et si épouvantable qu'être frappé
par elle est le plus terrible des châtiments. « Que la
mort me serve d'expiation », disait le mourant, car
il ne pouvait concevoir de punition plus grave que
celle qui consistait à mourir. L'unique récompense
qu'ambitionnaient les pieux était que Iahvé les fît
mourir rassasiés de jours, après des années passées
dans l'abondance et la jubilation.

D'ailleurs, quelle autre récompense que celle-là
eussent-ils attendue ? Ils ne croyaient pas à la vie future, et ce n'est que tardivement, sous l'influence du
Parsisme peut-être, qu'ils admirent l'immortalité de
l'âme. Pour eux l'être finissait avec la vie, il s'en-
dormait jusqu'au jour de la résurrection, il n'avait
rien à espérer que de l'existence, et les peines qui
menacaient le vice, comme les satisfactions qui
accompagnaient la vertu, étaient toutes de ce monde.

La philosophie du Juif, ou pour mieux dire son
eudémonisme, fut simple ; il dit avec l'Ecclésiaste :
« J'ai reconnu qu'il n'y a de bonheur qu'à se réjouir

(1) *Ecclésiaste*, xvii, 1.

et à se donner du bien-être pendant la vie (1). » Réaliste ainsi, il chercha à se développer au mieux de ses désirs ; n'ayant qu'un nombre restreint d'années à lui dévolu, il voulut en jouir, et ce ne furent point des plaisirs moraux qu'il demanda, mais des plaisirs matériels, propres à embellir, à rendre douce son existence. Comme le paradis n'existait pas, il ne pouvait attendre de Dieu, en retour de sa fidélité, de sa piété, que des faveurs tangibles ; non des promesses vagues, bonnes pour des chercheurs d'au-delà, mais des réalisations formelles, se résolvant en un accroissement de la fortune, une augmentation du bien-être. Si le Juif se voyait frustré des avantages qu'il pensait être dus à son attachement, son âme était profondément perturbée ; avec Job, il préférait croire qu'il avait péché sans le savoir, et que, après lui avoir fait expier ses fautes par la pauvreté, Iahvé le traiterait comme ce même Job à qui fut accordé « le double de tout ce qu'il avait possédé (2) ».

N'ayant aucun espoir de compensation future, le Juif ne pouvait se résigner aux malheurs de la vie ; ce n'est que fort tard qu'il put se consoler de ses maux en songeant aux béatitudes célestes. Aux fléaux qui l'atteignaient, il ne répondait ni par le fatalisme du musulman, ni par la résignation du chrétien : il répondait par la révolte. Comme il était en possession d'un idéal concret, il voulait le réaliser, et

(1) Eccles., III, 12.
(2) Job, XLII, 10.

tout ce qui en retardait l'avènement provoquait sa colère.

Les peuples qui ont cru à l'au-delà, ceux qui se sont bercés de chimères douces et consolantes, et se sont laissés endormir par le songe de l'éternité ; ceux qui ont possédé le dogme des récompenses et des châtiments, du paradis et de l'enfer, tous ces peuples ont accepté la pauvreté, la maladie, en courbant la tête. Le rêve des jubilations futures les a soutenus, et ils se sont accommodés, sans fureur, de leurs ulcères et de leur dénuement. Ils se sont consolés des injustices de ce monde, en pensant à l'allégresse qui serait leur part dans l'autre ; ils ont consenti, en l'attente des douceurs paradisiaques, à plier sans se plaindre, devant le fort qui tyrannise.

« La haine de l'injustice est singulièrement diminuée par l'assurance des compensations d'outre-tombe », dit Ernest Renan. Qu'importent, en effet, pour ceux qui croient à une survie éternelle durant laquelle règnera l'immuable et souveraine équité, qu'importent les si brèves iniquités terrestres dont la mort libère ? La foi en l'immortalité de l'âme est une conseillère de résignation ; cela est si vrai, que l'on voit l'intransigeance judaïque s'apaiser à mesure que s'affirme en Israël le dogme de la pérennité.

Mais cette idée de la continuité et de la persistance de la personnalité ne contribua nullement à la formation de l'être moral chez les Juifs. Primitivement, ils ne partagèrent pas les espérances des Pharisiens postérieurs ; après que Iahvé avait clos leurs paupières, ils n'attendaient plus que l'horreur du Schéol. Aussi, l'important pour eux était la vie ; ils cherchaient à l'embellir de tous les bonheurs, et ces forcenés idéalistes, qui conçurent la pure idée du Dieu un, furent, par un saisissant et explicable contraste, les plus intraitables des sensualistes. Iahvé leur avait assigné sur la terre un certain nombre d'années ; il leur demandait, pendant cette existence, trop courte toujours au gré de l'Hébreu, un culte fidèle et scrupuleux ; en retour, l'Hébreu réclamait de són Seigneur des avantages positifs.

C'est l'idée de contrat qui domina toute la théologie d'Israël. Quand l'Israélite remplissait ses engagements vis-à-vis de Iahvé, il exigeait la réciprocité. S'il se croyait lésé, s'il jugeait que ses droits n'étaient pas respectés, il n'avait aucune bonne raison de temporiser, car la minute de bonheur qu'il perdait était une minute qu'on lui volait, et que jamais on ne pourrait lui rendre. Aussi tenait-il à l'exécution intégrale des réciproques obligations ; il voulait qu'entre lui et son Dieu fussent placées des balances justes ; il tenait une exacte comptabilité de ses devoirs et de ses droits, cette comptabilité était une part de la religion, et Spinoza a pu justement dire (1) : « Les dogmes de la religion chez les Hébreux n'étaient pas des enseignements, mais des droits et

---

(1) *Traité théolog. polit.*, ch. XVII.

des prescriptions : la piété c'était la justice, l'impiété c'était l'injustice et le crime. »

L'homme que loue le Juif, ce n'est pas le saint, ce n'est pas le résigné : c'est le juste. L'homme charitable n'existe pas pour ceux de Juda ; il ne peut être question de charité en Israël, mais seulement de justice : l'aumône n'est qu'une restitution. D'ailleurs, qu'a dit Iahvé ? Il a dit : « Vous aurez des balances justes, des poids justes, des *épha* justes et des *hin* justes (1) » ; il a dit encore : « Tu n'auras point égard à la personne du pauvre, et tu ne favoriseras pas la personne du grand, mais tu jugeras ton prochain selon la justice (2). »

De cette conception, aux âges primitfs d'Israël, sortit la loi du talion. Evidemment des esprits simples, pénétrés de l'idée de justice, devaient fatalement arriver à : « Œil pour œil, dent pour dent ». C'est plus tard que s'adoucit la rigueur du code, quand on eut une compréhension plus exacte de ce que devait être l'équité.

Le Iahvéisme des prophètes reflète ces sentiments. Le Dieu qu'ils louent veut : « Que la droiture soit comme un courant d'eau, et la justice comme un courant intarissable » (3) ; il dit : « Parce que moi, Iahvé, je fais charité, jugement et justice sur la terre ; c'est par là que je suis réjoui (4). » Connaître la jus-

(1) Levit., xix, 36.
(2) Levit., xix, 15.
(3) Amos, v, 23, 24.
(4) Jérémie, ix, 24.

tice, c'est connaître Dieu (1), et la justice devient une émanation de la divinité; elle prend un caractère révélé. Pour Isaïe, Jérémie, Ezéchiel, elle fait partie du dogme, elle a été proclamée pendant les théophanies sinaïques, et peu à peu naît cette idée : Israël doit réaliser la justice.

C'est ce désir qui guide tous les grands vaticinateurs, avant et pendant la captivité. Si le peuple élu ne pratique pas la justice, il en sera puni comme de son idolâtrie. S'il est conduit en esclavage, ce n'est pas seulement parce qu'il a adoré Aschera et Kamosch, qu'il a sacrifié sur les hauts lieux, qu'il a déshonoré le sanctuaire, c'est aussi parce qu'il est pourri d'iniquité.

Toutes les écoles prophétiques étaient pénétrées de ces pensées. Les prophètes se croyaient envoyés pour travailler à l'avènement de la justice. Ce qui les frappait le plus était évidemment l'inégalité des conditions. Tant qu'il y aurait des pauvres et des riches, on ne pourrait espérer le règne de l'équité. Selon les nabis inspirés, les riches étaient l'obstacle à la justice, et celle-ci ne devait être amenée que par les pauvres. Aussi les *anavim* et les *ebionim*, les affligés et les pauvres, se rassemblaient-ils autour des prophètes leurs défenseurs. Avec eux, ils protestaient contre les exactions; en retour, les prophètes les présentaient comme modèles, et d'après eux, ils traçaient le portrait du juste : « Le juste est celui qui marche

(1) Jérémie, XXII, 15, 16.

droit et parle vrai, — qui méprise un gain acquis par extorsion, — qui secoue les mains pour repousser les présents, — qui ferme son oreille quand on lui parle de sang, — qui clôt ses yeux pour ne pas voir le mal (1). » Ils indiquaient aux riches leur devoir, et ils parlaient au nom de Iahvé : « Voici le jeûne que j'aime. C'est de rompre les chaînes de l'injustice ; de dénouer les liens de tous les jougs ; de renvoyer libres ceux qu'on opprime ; de briser toute servitude. C'est de partager son pain avec l'affamé, de donner une maison au malheureux sans asile (2). »

Au retour de Babylone, la population juive forma un noyau considérable de *pauvres, justes, pieux, humbles, saints*. Une grande partie des Psaumes sortit de ce milieu. Ces psaumes sont, pour la plupart, des diatribes violentes contre les riches ; ils symbolisent la lutte des ébionim contre les puissants. Quand les psalmistes parlent aux possesseurs, aux *repus*, ils disent volontiers, avec Amos : « Ecoutez-moi, mangeurs de pauvres, grugeurs des faibles du pays » (3), et dans tous ces poèmes, écrits entre l'exil de Babylone et les Machabées (589 et 167), le pauvre est glorifié. Il est l'ami de Dieu, son prophète, son oint ; il est bon, ses mains sont pures ; il est intègre et juste ; il fait partie du troupeau dont Dieu est le berger.

Le riche est le méchant, c'est un homme de vio-

(1) Isaïe, xxxiii, 15.
(2) Isaïe, lviii, 6, 7.
(3) Amos, viii, 4.

lence et de sang ; il est fourbe, perfide, orgueilleux ; il fait le mal sans motif ; il est méprisable, car il exploite, opprime, persécute et dévore le pauvre. Mais son grand crime, c'est qu'il ne rend pas la justice ; c'est qu'il a des juges corrompus qui condamnent *à priori* le pauvre (1).

Excités par les paroles de leurs poètes, les ébionim ne s'endormaient pas dans leur misère, ils ne se plaisaient pas dans leurs maux, ils ne se résignaient pas à la pauvreté. Au contraire, ils rêvaient au jour qui les vengerait des iniquités et des opprobres, au jour où le méchant serait abattu et le juste exalté : au jour du Messie. L'ère messianique, pour tous ces humbles, devait être l'ère de la justice. N'était-ce pas en parlant de ce temps qu'Isaïe avait dit : « Pour magistrature, je te donnerai paix, pour gouvernement, justice. On n'entendra plus le bruit des pleurs. Celui qui bâtira une maison y demeurera ; celui qui plantera un verger en mangera le fruit. On ne bâtira plus pour qu'un autre jouisse ; on ne plantera plus pour qu'un autre consomme (2) ? »

Quand Jésus viendra, il répètera ce qu'ont dit les ébionim psalmistes, il dira : « Heureux ceux qui ont faim et soif de la justice, car ils seront rassasiés » (3) ; il anathématisera les riches, et s'écriera : « Il est plus facile à un chameau de passer par le trou d'une

---

(1) Ps. xxvi, 10 ; lxxxii, 2, 3 ; lviii, 2 ; xxii ; xxxxviii ; lxix ; cii, 1, 12 ; cvii, etc.

(2) Isaïe, 1, 17.

(3) Matth., v, 6.

aiguille qu'à un riche d'entrer dans le royaume des cieux (1). » Sur ce point, la doctrine chrétienne sera purement juive, nullement hellénique, et c'est parmi les ébionim que Jésus trouvera ses premiers partisans.

Donc, la conception que les Juifs se firent de la vie et de la mort, fournit le premier élément à leur esprit révolutionnaire. Partant de cette idée que le bien, c'est-à-dire le juste, devait se réaliser non pas outre-tombe, — puisque outre-tombe il y a le sommeil, jusqu'au jour de la résurrection du corps, — mais pendant la vie, ils cherchèrent la justice et, ne la trouvant jamais, perpétuellement insatisfaits, ils s'agitèrent pour l'avoir.

Ce fut leur conception de la divinité qui leur donna le second élément. Elle les conduisit à concevoir l'égalité des hommes, elle les mena même à l'anarchie ; anarchie théorique et sentimentale, parce qu'ils possédèrent toujours un gouvernement, mais anarchie réelle, car ce gouvernement, quel qu'il ait été, ils ne l'acceptèrent jamais de bon cœur.

Soit que les Juifs aient honoré Iahvé comme leur dieu national, soit qu'ils se soient élevés avec les prophètes jusqu'à la croyance au Dieu un et universel, ils n'ont jamais spéculé sur l'essence divine. Le judaïsme ne se posa aucune des questions métaphysiques essentielles, soit sur l'au-delà, soit sur la nature de Dieu : « Les sublimes spéculations n'ont

Marc, x, 25.

aucun rapport avec l'Écriture, dit Spinoza; et, pour
ce qui me concerne, je n'ai appris, ni pu apprendre,
par l'Écriture sacrée, aucun des attributs éternels de
Dieu » (1); et Mendelssohn ajoute : « Le judaïsme ne
nous a révélé aucune des vérités éternelles (2). »

Les Israélites considéraient Iahvé comme un monarque céleste, un monarque qui aurait donné une
charte à son peuple et aurait pris des engagements
envers lui, en exigeant, en retour, l'obéissance à ses
lois et à ses prescriptions. Pour les anciens Hébreux,
et plus tard pour les Talmudistes, les Béné-Israël
seuls pouvaient jouir des prérogatives conférées par
Iahvé ; pour les prophètes, il était licite à toutes les
nations de prétendre aux privilèges, puisque Iahvé
était le dieu universel et non l'égal de Dagon ou de
Baal Zeboub.

Mais Iahvé était « le chef suprême du peuple
hébreu » (3); il était le maître tout-puissant et redoutable, le roi unique, jaloux de son autorité, punissant
férocement ceux qui se montraient rebelles à sa
toute-puissance. C'était à lui que devait toujours avoir
recours tout bon Juif, dans la bonne comme dans la
mauvaise fortune. C'était un crime que de s'adresser
aux hommes et non au dieu Iahvé, et Iehouda Ma-
kkabi s'étant allié avec Rome et avec Mithridatès Ier,
s'attira cet anathème de Rabbi Iosé-ben-Iohanan :
« Maudit soit celui qui met son appui dans des créa-

(1) Spinoza : *Lettres,* xxxiv.
(2) Mendelssohn : *Jérusalem.*
(3) Munk : *Palestine.*

tures de chair et qui éloigne son cœur d'Iahvé! »
Iahvé est ton fort, ton bouclier, ta citadelle, ton
espérance, disent les Psaumes.

Tous les Juifs sont les sujets d'Iahvé ; il l'a dit lui-
même : « C'est de moi que les enfants d'Israël sont
esclaves (1). » Quelle autorité peut donc prévaloir
auprès de l'autorité divine? Tout gouvernement,
quel qu'il soit, est mauvais, puisqu'il tend à se substituer au gouvernement de Dieu ; il doit être combattu, puisque Iahvé est le seul chef de la république
judaïque, le seul auquel l'Israélite doive obéissance.

Quand les prophètes insultaient les rois, ils représentaient le sentiment d'Israël. Ils donnaient une
expression aux pensées des pauvres, des humbles, de
tous ceux qui, étant directement malmenés par la
puissance des rois ou celle des riches, étaient plus
portés, par cela même, à critiquer ou à nier le bien
fondé de cette tyrannie. Comme ces anavim et ces
ébionim ne tenaient pour maître que Iahvé, ils étaient
poussés à se révolter contre la magistrature humaine;
ils ne la pouvaient accepter et, dans les époques de
soulèvement, on vit Zadok et Juda le Galiléen entraîner avec eux les zélateurs en criant : « N'appelez
personne votre maître. » Zadok et Juda étaient
logiques ; quand on place son tyran dans les cieux,
on n'en peut subir ici-bas.

Nulle autorité n'étant compatible avec celle de
Iahvé, il s'ensuivait fatalement qu'aucun homme ne

(1) Levit., xxv, 55.

pouvait s'élever au-dessus des autres; le dur maître céleste amenait l'égalité terrestre, et déjà le primitif mosaïsme portait en lui cette égalité sociale. Devant Dieu tous les hommes sont égaux; ils sont égaux devant la loi, puisque la loi est une émanation divine, et les malheureux, en parlant des riches, ont raison de dire à Néhémie : « Notre chair est comme la chair de nos frères ; nos enfants sont comme leurs enfants (1). »

C'est Dieu lui-même qui commande cette égalité, et ce sont encore les puissants qui sont l'obstacle à sa réalisation. Les humbles, qui vivent en commun, la pratiquent ; ils suivent les préceptes communistes du Lévitique, de l'Exode, des Nombres, préceptes inspirés par des préoccupations égalitaires. Quant aux riches, ils oublient que Iahvé tira tous les hommes du même limon, ils méconnaissent l'égalité que Dieu a proclamée. Aussi, ils oppriment le peuple, ils emplissent leurs maisons des dépouilles du pauvre, ils broutent sa vigne, ils font des veuves leur proie, des orphelins leur butin (2), et c'est grâce à leurs iniquités que l'inégalité subsiste.

Contre eux, contre ces possesseurs et ces grands, les prophètes lancent l'anathème; les psalmistes fulminent : « Dieu des vengeances, Éternel ! Dieu des vengeances, parais ! (3), » crient-ils. Ils reprochent au riche l'abondance de ses trésors, son luxe, son

(1) Néhémie, v, 5.
(2) Isaïe, iii ; x.
(3) Ps. xciv.

amour des voluptés ; tout ce qui contribue à l'élever matériellement au-dessus de ses frères ; tout ce qui peut lui donner cet orgueil impie de se croire fait d'une autre poussière que le pasteur des montagnes qui paît ses brebis et craint Dieu ; tout ce qui lui fait oublier cette vérité divine : les hommes sont égaux entre eux, puisqu'ils sont les enfants d'Iahvé qui a prétendu donner à chacun de ses sujets une part égale de la terre qu'ils foulent, une part égale de jouissances et de bonheurs.

La haine de l'Israélite contre le riche fauteur d'injustice se compliquait d'une haine contre le riche négateur des prescriptions égalitaires. Comme il ne pouvait attribuer une origine divine à la richesse, comme il ne pouvait croire que Iahvé la distribuait, rompant ainsi le pacte qui l'engageait avec sa nation, l'Hébreu décrétait que toute fortune venait du mal, du péché ; il disait que tout bien était mal acquis. Pour accorder ses idées de justice et d'équité avec la réalité qui lui montrait David prenant la femme d'Uri, Ahab spoliant Naboth, il déclarait que la prospérité du méchant était un pur mirage, qu'elle durait peu ; que, tôt ou tard, le Sabaoth redoutable étendait sa droite sur ceux qui violaient sa loi, et les faisait rentrer dans le néant.

Toutefois, les pauvres, les anavim, ne voyaient pas leurs désirs s'accomplir ; toujours, devant eux, narguant leur misère, les riches s'étalaient. Alors ils attribuaient à leurs propres péchés la détresse dont ils étaient affligés ; ils reportaient leurs espérances au temps du Messie, à ce temps où tous les hommes seraient jugés avec équité, où tous seraient égaux, où tous seraient libres, car ils avaient l'amour de la liberté.

Cette passion contribua aussi à la formation de l'esprit révolutionnaire des Juifs, et en parlant de liberté, je n'entends pas la liberté politique. L'idée de la liberté politique naquit en Israël surtout au temps des Antiokhos et à l'époque de la domination romaine, lorsque, soit Epipha ou Sidétès, soit Aulus Gabinius ou les autres proconsuls, fomentèrent les persécutions religieuses, provoquant ainsi les grands mouvements nationalistes des Zélotes et des Sicaires.

Mais, si la conception de la liberté politique fut tardive, celle de la liberté individuelle exista toujours chez les Israélites, car elle fut un corollaire inévitable de leur dogme sur la divinité, elle découla de leur théorie sur la création de l'homme.

D'après cette théorie, tout pouvoir appartenait à Dieu, et le Juif ne pouvait être dirigé que par Iahvé. Il ne rendait compte de ses actes qu'à l'Adonaï qui gouverne les cieux et la terre; aucun de ses semblables n'avait le droit de restreindre son action ni de lui imposer sa volonté; vis-à-vis des créatures de chair, il était libre, et il devait être libre. Cette conviction rendait l'Hébreu incapable de discipline et de subordination, elle le portait à rejeter toutes les entraves dont les rois ou les patriciens auraient voulu le lier, et les princes judéens ne régnèrent jamais que sur un peuple de révoltés, inapte à subir tout joug et toute contrainte.

On pourrait croire que, pensant ainsi, les Juifs abdiquaient leur liberté entre les mains du maître qu'ils reconnaissaient; il n'en est rien, et ils ne furent jamais des fatalistes comme les Musulmans. Ils revendiquaient vis-à-vis de Iahvé leur libre arbitre, et, sans souci de la contradiction, en même temps qu'ils se courbaient sous les volontés de leur Seigneur, ils se dressaient en face de lui pour affirmer la réalité, l'inviolabilité de leur moi.

N'avaient-ils pas été faits à l'image de Dieu, et leur être ne participait-il pas de ce Dieu? C'est parce qu'ils avaient été modelés sur leur Créateur que leurs frères humains ne devaient pas commettre ce sacrilège de les opprimer; mais Iahvé, qui avait fait don aux hommes de l'intelligence, n'était pas libre de les empêcher de diriger cette intelligence selon leur gré. L'histoire de la dispute de Rabbi Eliézer et des rabbins, ses collègues, nous donne un exemple assez topique, et elle mérite d'être rapportée.

Au cours d'une discussion doctrinale, la voix divine se fit entendre et, intervenant dans le débat, elle donna raison à Rabbi Eliézer. Les collègues du favorisé n'acceptèrent pas la décision céleste; un d'entre eux, Rabbi Josué, se leva et déclara: « Ce ne sont pas des voix mystérieuses, c'est la majorité des sages qui doit décider désormais des questions de doctrine. La raison n'est plus cachée dans le ciel, ce n'est plus dans les cieux qu'est la Loi; elle a été donnée à la terre, et c'est à la raison humaine qu'il appartient de la comprendre et de l'expliquer (1). »

Si les paroles divines étaient ainsi accueillies quand elles se permettaient de violenter les individus et de vouloir imposer à la raison humaine une volonté étrangère à sa volonté propre, comment étaient acceptées les paroles humaines ! M. Renan a eu raison lorsqu'il a dit des Sémites : « Rien ne tient donc dans ces âmes contre le sentiment indompté du moi (2) », *la personnalité humaine* et cela est plus spécialement vrai des Juifs.

Après Iahvé, ils ne crurent qu'au moi. A l'unité de Dieu correspondit l'unité de l'être ; au Dieu absolu, l'être absolu. Aussi la subjectivité fut-elle toujours le trait fondamental du caractère sémitique ; elle conduisit souvent les Juifs à l'égoïsme, et cet égoïsme s'exagérant chez quelques Talmudistes, ils finirent par ne plus guère connaître, en fait de devoirs, que les devoirs envers soi-même. C'est cette subjectivité qui, tout autant que le monothéisme, explique l'incapacité que montrèrent les Juifs dans tous les arts plastiques. Quant à leur littérature, elle fut purement subjective ; les prophètes juifs, comme les psalmistes, comme les poètes de Job et du Cantique des Cantiques, comme les moralistes de l'Ecclésiaste et de la Sagesse, ne connurent qu'eux-mêmes, et ils généralisèrent leurs sentiments ou leurs sensations personnelles. Cette subjectivité permet aussi de comprendre pourquoi de tout temps, de nos jours encore,

(1) Talmud : *Baba Mezia*, 59 a.
(2) Ernest Renan : *Histoire générale des langues sémitiques*.

les Juifs ont montré tant d'aptitudes pour la musique, le plus subjectif de tous les arts.

Ainsi, indéniablement, ils furent des individualistes, et ces hommes, si ardents à la poursuite des avantages terrestres, nous apparaissent, grâce à leur intransigeante conception de l'être, comme d'intraitables idéalistes. Or l'individualiste, imbu d'idéalisme, est et sera partout et toujours un révolté. Il ne voudra jamais permettre à quiconque de violer son moi sacré, et nulle volonté ne pourra prévaloir contre la sienne.

Nous avons dégagé tous les éléments dont fut formé l'esprit révolutionnaire dans le judaïsme : ce sont l'idée de justice, celle d'égalité et celle de liberté. Cependant, si, parmi les nations, celle d'Israël fut la première qui prôna ces idées, d'autres peuples, à divers moments de l'histoire, les soutinrent, et pour cela ils ne furent pas des peuples de révoltés comme le peuple juif. Pourquoi? Parce que, si ces peuples furent convaincus de l'excellence de la justice, de l'égalité et de la liberté, ils ne tinrent pas leur réalisation totale comme possible, au moins dans ce monde, et par conséquent ils ne travaillèrent pas uniquement à leur avènement.

Au contraire, les Juifs crurent non seulement que la justice, la liberté et l'égalité pouvaient être les souveraines du monde, mais ils se crurent spécialement missionnés pour travailler à ce règne. Tous les désirs, toutes les espérances que ces trois idées faisaient naître finirent par se cristalliser autour d'une idée centrale : celle des temps messianiques, de la venue du Messie, qui devait être envoyé par Iahvé pour asseoir la puissance des reines terrestres.

Les prophètes entretinrent Israël dans ce rêve d'une ère de bonheur et de prospérité, et les Psaumes d'après l'exil contribuèrent encore à augmenter la croyance à l'époque bénie où le méchant ne serait plus, où « les pauvres posséderont la terre et se réjouiront dans la paix (1) ». Depuis la sortie de Babylone jusqu'à l'agonie de la nation juive, ce songe messianique berça les Judéens. La tyrannie des Antiokhos, l'oppression romaine, ne rendirent ces espérances que plus indispensables aux Juifs. Ils se consolèrent des épreuves en songeant au jour de la délivrance ; l'image du libérateur se forma peu à peu pour eux et elle était toute vivante dans l'âme de ceux qui entendirent la voix de Iohanan le Baptiste crier : « Le royaume des cieux va venir ! », dans le cœur de ceux qui suivirent Jésus.

De ces espoirs, qu'au premier siècle avant et après l'ère chrétienne, tant d'hommes déçurent, toute une littérature naquit ; mais ici je ne puis que mentionner *le Livre de Daniel*, *les Psaumes de Salomon*, *l'Assomption de Moïse*, *le Livre d'Enoch*, *le 4ᵉ Livre d'Ezra*, *les Oracles sibyllins* ; il m'est impossible d'analyser ces apocalypses et ces oracles. Presque tous prédisent l'Heure qui verra s'ouvrir le temps messianique ; ils décrivent les symptômes qui annonceront le Messie.

(1) Ps. xxxvii, 10, 11.

Ils s'accordent aussi pour dire que ce moment amènera la mort du mal, et la Sibylle les résume tous lorsqu'elle vaticine : « Des cieux étoilés, le Messie descendra sur les hommes, et avec lui la concorde sainte, la foi, l'amour, l'hospitalité. De ce monde il chassera l'iniquité, le blâme, l'envie, la colère, la folie. Plus de pauvreté, de meurtres, de contestations mauvaises, de querelles tristes, de vols nocturnes. Plus rien de ce qui est pervers... Les hommes pieux habiteront heureusement les villes et les riches campagnes (1). » La terre sera délivrée de l'injustice, on ne connaîtra plus d'inégalité et tous les hommes seront libres.

A aucun de ceux qui se présentèrent comme le Messie, Israël n'a voulu croire. Il a repoussé tous ceux qui se dirent envoyés de Dieu ; il a refusé d'entendre Jésus, Barkokeba, Theudas, Alroy, Sérénus, Moïse de Crête, Sabbataï Zévi. C'est que jamais Israël ne vit son idéal devenir réel. Nul des prophètes qui vinrent vers lui n'apporta dans les plis de sa robe la divine justice, ni l'égalité triomphante, ni l'indestructible liberté ; les Juifs ne virent pas, à la voix de ces oints, tomber les chaînes, s'écrouler les murs des prisons, se pourrir la verge de l'autorité, se dissiper comme fumée vaine les trésors mal acquis des riches et des spoliateurs.

Nonobstant leur long esclavage, en dépit des années de martyre qui furent leur partage, malgré

(1) *Oracles sibyllins*, III, 573, 585.

les siècles d'humiliations qui abaissèrent leur caractère, déprimèrent leur cerveau, rétrécirent leur intelligence, transformèrent leurs goûts, leurs coutumes, leurs aptitudes, les débris de Juda n'abjurèrent pas leur rêve, ce rêve si vivace, qui avait été pendant les guerres de l'indépendance leur soutien et leur inspirateur.

Les bûchers, les massacres, les spoliations, les insultes, tout contribua à leur rendre plus chère cette justice, cette égalité et cette liberté qui ne furent pour eux, durant bien des ans, que les plus vains des mots. La grande voix des prophètes annonçant que le méchant serait un jour châtié eut toujours écho dans ces âmes tenaces qui ne voulaient pas plier et qui méprisaient la réalité si misérable, pour se bercer de l'idée du temps futur; ce temps futur dont avaient parlé Amos et Isaïe, Jérémie et Ezéchiel, et tous ceux qui, s'accompagnant sur les instruments à cordes, avaient chanté les *mizmorim*. Quelque noir que fut le présent, Israël ne cessa jamais de croire à l'avenir.

On disait aux Juifs: « Qu'attendez-vous le Messie; obstinés, ne savez-vous qu'il est venu? » Les Juifs répondaient par un sarcasme; ils haussaient les épaules et répliquaient: « Le Messie n'est pas venu, puisque nous souffrons, puisque la famine désole le pays, puisque la peste noire et le noble accablent les tristes hères! » Mais si on leur faisait entendre que leur Mashiah ne viendrait jamais, ils redressaient leur tête courbée, et, têtus, ils disaient: « Mashiah

19

viendra un jour, et ce jour-là on comprendra la parole du psalmiste : « J'ai vu le méchant dans toute » sa puissance ; il s'étendait comme un arbre ver- » doyant. Il a passé et voici. Il n'est plus ; je le » cherche et il ne se trouve plus », et ce sont les pauvres, les justes qui posséderont la terre. »

Les pratiques étroites dans lesquelles les docteurs enserrèrent les Juifs endormirent leurs instincts de révolte. Sous les liens des lois talmudiques, ils sentirent chanceler en eux les idées qui toujours les avaient soutenus, et on peut dire qu'Israël ne put être vaincu que par lui-même. Le Talmud n'abaissa pourtant pas tous les Juifs ; parmi ceux qui le rejetèrent, il s'en trouva qui persistèrent dans cette croyance que la justice, la liberté et l'égalité devaient advenir en ce monde ; il y en eut beaucoup qui crurent que le peuple de Iahvé était chargé de travailler à cet avènement. C'est ce qui fait comprendre pourquoi les Juifs furent mêlés à tous les mouvements révolutionnaires, car ils prirent à toutes les révolutions une part active, comme nous le verrons en étudiant leur rôle dans les périodes de trouble et de changement (1).

(1) C'est une longue étude qu'il faudrait pour montrer le rôle des Juifs dans les révolutions. Cette étude, nous espérons l'entreprendre. et nous en réunissons dès maintenant les éléments ; elle fera partie d'un livre, dans lequel nous pensons reprendre tout ce chapitre ainsi qu'une partie du chapitre suivant ; nous y ferons une critique plus approfondie des idées que nous avons exprimées, et nous examinerons si les Juifs de tous temps, ou du moins parmi les Juifs de tous temps, quelques-uns n'ont point essayé de les réaliser.

Maintenant il nous reste à savoir comment le Juif manifesta ses tendances révolutionnaires, s'il fut réellement, comme on l'en accuse, un élément de perturbation dans les sociétés modernes, et nous sommes conduits à examiner les causes religieuses, politiques et économiques de l'antisémitisme.

CHAPITRE XIII·

LES JUIFS ET LES TRANSFORMATIONS DE LA SOCIÉTÉ. — LES CAUSES POLITIQUES ET RELIGIEUSES DE L'ANTISÉMITISME.

Les Juifs agents révolutionnaires. — Le Juif du moyen âge et l'incrédulité. — Le rationalisme juif et la foi chrétienne. — Les Juifs et les sociétés secrètes. — Les Juifs dans la Révolution française et dans les révolutions du siècle. — Les Juifs et le socialisme. — Les transformations politiques, sociales et religieuses de la société contemporaine. — Les griefs des conservateurs et l'antisémitisme. - - Le Juif perturbateur et dissolvant. — La judaïsation des peuples chrétiens et l'affaiblissement de la foi. — Le Juif est-il encore antichrétien ? — La persistance des préjugés contre les Juifs — Le meurtre rituel. — Les Juifs et le Talmud. — La Synagogue et l'indifférence religieuse chez les Juifs. — Les Juifs émancipés. — Les Juifs, le libéralisme et l'anticléricalisme. — Le judaïsme et l'État chrétien. — La lutte moderne. — Esprit conservateur et esprit révolutionnaire. — Tradition et transformation. — L'âge de transition et l'antisémitisme. — Le Juif dans la société.

Ainsi, le grief des antisémites paraît fondé : le Juif a l'esprit révolutionnaire ; conscient ou non, il est un agent de révolution. Toutefois le grief se complique, car l'antisémitisme accuse les Juifs d'être la cause des révolutions. Examinons ce que vaut cette accusation.

Tel qu'il était, avec ses dispositions, avec ses tendances, il était inévitable que le Juif jouât un rôle dans les révolutions : il l'a joué. Dire, avec la plupart des adversaires d'Israël, que toute perturbation, toute révolte, tout bouleversement vient du Juif, a été causée, provoquée par le Juif, et que si les gouvernements changent et se transforment, c'est parce que le Juif a préparé ces changements et ces transformations dans ses conseils mystérieux, cela est excessif. Affirmer une telle chose, c'est méconnaître les plus élémentaires des lois historiques, c'est attribuer à un élément infime une part injustifiée, c'est ne voir qu'une des plus minimes faces de l'histoire tout en en négligeant les mille côtés. Le dernier Juif fût mort en défendant les remparts de Sion, que la destinée des sociétés n'eût pas été changée; dans cette prodigieuse résultante qui est le progrès, la composante juive eût pu manquer, l'état social eût évolué quand même; d'autres facteurs eussent remplacé le facteur juif et accompli son œuvre économique. La Bible restant et le christianisme aussi, l'œuvre intellectuelle et morale du Juif se fût faite sans lui. Le Juif n'est donc pas le moteur du monde, l'hélice grâce à laquelle nous marchons vers une rénovation; toutefois ceux qui, par prudence, nous le montrent comme étant sans importance aucune, et ceux qui, allant plus loin encore, affirment le conservatisme du Juif, commettent une erreur aussi grave que l'erreur des antisémites.

Le Juif est conservateur, dit-on. Il faut encore expliquer dans quel sens et de quelle manière. Il est conservateur vis-à-vis de lui-même, conservateur de ses traditions, de ses rites, de ses coutumes, à tel point conservateur qu'il s'est immobilisé et que nous pourrions revivre la vie du moyen âge dans les juiveries de Galicie, de Pologne et de Russie. Mais c'est en réalité moins le Juif que le Talmudisme qui est conservateur. Nous venons de le voir, c'est seulement le Talmud qui put vaincre le Juif, dompter ses instincts de révolte, et l'étude du Talmud, étude exclusive, obligatoire, le détourna de puiser dans la Bible : les docteurs tuèrent les prophètes. Cependant il ne faut pas oublier que les Talmudistes furent à un moment des philosophes et des philosophes rationalistes (1). Au dixième siècle, les Rabbanites, que les Karaïtes avaient d'ailleurs précédé dans cette voie, voulurent soutenir la religion par la philosophie. Saadia, gaon de Sora, soutint qu' à côté « de l'autor ité de l'écriture et de la tradition » il y avait l'autorité de la raison et il proclama « non seulement le droit, mais aussi le devoir, d'examiner la croyance

---

(1) Le Talmud est du reste tout imprégné de ce rationalisme. Le célèbre passage concernant la dispute entre R. Eliézer et ses collègues en témoigne. Le miracle, y est-il dit, « ne suffit pas à prouver une vérité.» (Talmud : *Baba Mezia*, 59), à voir p. 320.

religieuse (1) ». Au onzième siècle, Ibn Gebirol, l'Avicebron des scolastiques, donna par sa *Source de vie* une impulsion à la philosophie arabe, et j'ai parlé déjà de Maïmonide et de son œuvre.

Ce sont ces rationalistes et ces philosophes qui, du dixième au quinzième siècle, jusqu'à la Renaissance, furent les auxiliaires de ce qu'on pourrait appeler la révolution générale dans l'humanité. Ils aidèrent, en une certaine mesure, l'homme à se débarrasser des liens religieux et, s'ils n'eurent peut-être pas, aux débuts de cette période, la conscience très nette de leur œuvre, ils ne l'accomplirent pas moins. En ce temps où le catholicisme et la foi chrétienne étaient le fondement des états, les combattre ou fournir des armes à ceux qui les attaquaient, c'était faire œuvre de révolutionnaire. Or, des théologiens qui en appelaient à la raison pour soutenir des dogmes, ne pouvaient aboutir qu'au contrôle de ces dogmes, et par conséquent à leur ébranlement. L'exégèse, le libre examen sont fatalement destructeurs, et ce sont les Juifs qui ont créé l'exégèse biblique, ce sont eux qui, les premiers, ont critiqué les symboles et les croyances chrétiennes. Déjà, les Juifs palestiniens avaient réprouvé l'incarnation qu'ils regardaient comme une déchéance divine, par conséquent impossible, idée reprise plus tard par Spinoza dans son *Traité théologico-politique*. La polémique juive anti-chrétienne se basa là-dessus et sur des arguments

(1) S. Munk: *Mélanges de philosophie juive et arabe* (Paris, 1859), p. 478.

positivistes si je puis dire. Nous avons un modèle de
ces derniers dans le *Contre Celse* d'Origène ; or nous
savons que Celse avait emprunté ses objections rationalistes aux Juifs de son temps, et j'ai montré dans
ce livre (1), l'importance de la littérature des controversistes du moyen âge. Si on les étudiait de près,
on trouverait chez eux toutes les critiques des exégètes de notre époque. On pourrait toutefois faire
observer, pour contester le rôle révolutionnaire des
Juifs, que la plus grande partie de leur exégèse ne pouvait s'adresser qu'aux Juifs et que, par conséquent,
elle n'était pas perturbatrice, d'autant que l'israélite
savait la concilier avec la minutie de ses pratiques
et l'intégrité de sa foi. Ceci n'est point toutefois exact,
et les doctrines juives sortirent de la synagogue de
deux façons différentes ; d'abord les Juifs purent,
grâce aux controverses publiques, exposer à tous
leurs idées ; ensuite ils furent les propagateurs de la
philosophie arabe et, au douzième siècle, ses commentateurs lorsqu'on condamna dans les mosquées
Al Farabi et Ibn Sina, et lorsque les sectes musul-
manes orthodoxes livrèrent au bûcher les écrits des
Aristotéliciens arabes. Les Juifs dès lors traduisirent
en hébreu les traités des Arabes et ceux d'Aristote, et
ce sont ces traductions, à leur tour traduites en latin,
qui permirent aux scolastiques, dont les plus re-
nommés « tels qu'Albert le Grand et saint Thomas
d'Aquin, étudièrent les œuvres d'Aristote dans les

(1) Chap. vii.

versions latines faites de l'hébreu » (1) de connaître
la pensée grecque.

Les Juifs ne se bornèrent pas là. Ils appuyèrent
le matérialisme arabe qui ébranla si fortement la foi
chrétienne et répandit l'incrédulité, à ce point qu'on
affirma l'existence d'une société secrète ayant juré
la destruction du christianisme (2). Pendant ce treizième siècle, où s'élabora la Renaissance humaniste,
sceptique et païenne, où les Hohenstaufen soutinrent la science aux dépens du dogme et encouragèrent l'épicuréisme, les Israélites furent au premier
rang des exégètes, des rationalistes. A cette cour de
l'Empereur Frédéric II, « centre d'indifférence religieuse », ils furent choyés, bien accueillis et écoutés.
C'est eux, ainsi que l'a montré Renan (3) qui créèrent l'averroïsme, c'est eux qui firent la célébrité de
cet Ibn-Roschd, cet Averroës dont l'influence fut si
grande, et sans doute contribuèrent-ils à répandre
les « blasphèmes » des impies arabes, blasphèmes
qu'encourageait l'Empereur, amoureux de science et
de philosophie, que les théologiens symbolisèrent
par le blasphème des *Trois Imposteurs* : Moïse, Jésus
et Mahomet, et que concrétisèrent ces paroles des
Soufis arabes : « Qu'importe la caaba du Musulman,
la synagogue du Juif ou le couvent du chrétien », et
M. Darmesteter a eu raison d'écrire : « Le Juif a été

(1) S. Munk : *loc. cit.*
(2) Poème de la *Descente de saint Paul aux Enfers*, cité par
Ernest Renan : *Averroès et l'Averroïsme*, p. 284.
(3) E. Renan, *loc. cit.*

19.

le docteur de l'incrédule, tous les révoltés de l'esprit sont venus à lui, dans l'ombre ou à ciel ouvert. Il a été à l'œuvre dans l'immense atelier de blasphème du grand empereur Frédéric et des princes de Souabe ou d'Aragon » (1).

Chose digne de remarque, si d'une part les Juifs averroïstes, incrédules, sceptiques et blasphémateurs sapèrent le christianisme en répandant le matérialisme et le rationalisme, ils générèrent cet autre ennemi des dogmes catholiques : le panthéisme. En effet, le *Fons vitæ* d'Avicebron fut la source où puisèrent de nombreux hérétiques. Il est possible, probable même, que David de Dinant et Amaury de Chartres aient été influencés par le *Fons vitæ*, qu'ils connurent d'après la traduction latine faite au douzième siècle par l'archidiacre Dominique Gundissalinus, et assurément Giordano Bruno a fait des emprunts à cette *Source de Vie*, d'où son panthéisme dérive en partie (2).

Si donc les Juifs ne furent pas la cause de l'ébranlement des croyances, de l'affaiblissement de la foi, ils peuvent être comptés parmi ceux qui amenèrent cette décrépitude et les changements qui s'ensuivirent. Ils n'eussent pas existé que les Arabes et les

(1) James Darmesteter : *Coup d'œil sur l'histoire du peuple juif.* Paris, 1881.

(2) Pour tout ce qui concerne Ibn Gebirol (Avicebron), son rôle dans la philosophie du moyen âge et surtout dans les discussions entre Thomistes et Scotistes, lire les études de Munk dans les *Mélanges de philosophie juive et arabe* et Hauréau : *Histoire de la Philosophie scholastique* (Paris, 1872-1850).

théologiens hétérodoxes les eussent remplacés, mais ils existèrent et, existant, ils ne furent pas inactifs. D'ailleurs, leur esprit travaillait au-dessus d'eux, et la Bible devint l'utile servante du libre examen. La Bible fut l'âme de la réforme, elle fut l'âme de la révolution religieuse et politique anglaise ; c'est la Bible à la main que Luther et les révoltés anglais préparèrent la liberté, c'est par la Bible que Luther, Mélanchton et d'autres encore vainquirent le joug de la théocratie romaine, et la tyrannie dogmatique; ils les vainquirent aussi par l'exégèse juive que Nicolas de Lyra avait transmise au monde chrétien. *Si Lyra non Lyrasset, Lutherus non saltasset,* disait-on, et Lyra était l'élève des Juifs; il était tellement pénétré de leur science exégétique qu'on l'a cru Juif lui-même. Là encore, les Juifs ne furent pas la cause de la Réforme, et il serait absurde de le soutenir, mais ils en furent les auxiliaires. Voilà ce qui doit séparer l'historien impartial de l'antisémite. L'antisémite dit : le Juif est le « préparateur, le machinateur, l'ingénieur en chef des révolutions » (1) ; l'historien se borne à étudier la part que le Juif, étant donné son esprit, son caractère, la nature de sa philosophie et de sa religion, a pu prendre au procès et aux mouvements révolutionnaires. J'entends par procès révolutionnaire, la marche idéologique de la révolution, ou plutôt de ce que les conservateurs appellent la révolution, et qui peut se représenter

(1) Gougenot des Mousseaux : *Le Juif, le judaïsme et la judaïsation des peuples chrétiens,* p. xxv.

d'un côté par la destruction lente de l'état chrétien et l'affaiblissement de l'autorité religieuse, d'un autre côté par une évolution économique. Je viens d'indiquer très brièvement quel avait été le rôle idéologique du Juif pendant le moyen âge, au moment de la Réforme et pendant la Renaissance italienne ou des Juifs averroïstes, comme Elie del Medigo, professèrent à cette université de Padoue, dernier refuge de la philosophie arabe (1). On pourrait le poursuivre en montrant par exemple ce que Montaigne, ce demi-juif, doit à ses origines, et s'il n'en tira pas son scepticisme et son incrédulité.

Il faudrait encore étudier le rationalisme exégétique de Spinoza et ses rapports avec la critique chrétienne des livres sacrés ; il faudrait montrer quels sont les éléments juifs de la métaphysique de celui que ses contemporains présentèrent comme le prince des athées (2) et qui fut, selon Schleiermacher, ivre de Dieu, il faudrait enfin suivre l'influence du spinosisme dans la philosophie, surtout à la fin du

(1) J. Burckhart : *La civilisation en Italie au temps de la Renaissance* (Paris, 1885).

(2) Sur Spinoza et l'athéisme, lire la *Vie de Spinoza* par Colerus, qui fut de ses adversaires, et parmi les nombreux ouvrages publiés contre Spinoza et l'athéisme au dix-septième siècle, voir le *de Tribus impostoribus* de Kortholt, où revit la légende de l'Averroïsme: voir encore le traité du docteur Musaeus, professeur de théologie à Jene « homme de grand génie » dit le bon Colerus qui « Spinoza pestilentium fœtum acutissimis, queis solet telis confodit ». On connaît aussi les caricatures diaboliques de Spinoza qui furent publiées avec cette légende : « Signum reprobationis in vultu gerens ».

dix-huitième et au commencement du dix-neuvième
siècles, quand ce petit Hébreu rachitique, polisseur
de verres, devint le maître et le « refuge ordinaire »
de Gœthe (1), le saint qu'adorèrent Novalis et Schleiermacher, l'inspirateur des premiers romantiques et
des métaphysiciens allemands.

De même, dans tout le terrible antichristianisme
du dix-huitième siècle, il importerait d'examiner
quel fut l'apport, je ne dis pas du Juif, mais de l'esprit juif. Il ne faut pas oublier qu'au dix-septième
siècle, les savants, les érudits comme Wagenseil,
comme Bartolocci, comme Buxtorf, comme Wolf,
firent sortir de l'oubli les vieux livres de polémique
hébraïque, ceux qui attaquaient la trinité, l'incarnation, tous les dogmes et tous les symboles, avec
l'âpreté judaïque, et la subtilité que possédèrent
ces incomparables logiciens que forma le Talmud.
Non seulement ils publièrent les traités dogmatiques
et critiques, les *Nizzachon* et les *Chizuk Emuna* (2),
mais encore ils traduisirent les libelles blasphéma-
toires, les vies de Jésus, comme le *Toledot Jeschu*
et le dix-huitième siècle répéta sur Jésus et sur la
Vierge les fables et les légendes irrespectueuses des
pharisiens du deuxième siècle, qu'on retrouve à la
fois dans Voltaire et dans Parny, et dont l'ironie ra-
tionaliste, âcre et positive, revit dans Heine, dans
Bœrne et dans d'Israëli, comme la puissance de raisonnement des docteurs renaît dans Karl Marx et la

(1) Gœthe : *Mémoires*, liv. xvi ; *Annales*, 1811.
(2) Voir ch. vii. — Wolf : *Bibl. Hebr.*, t. IV, p. 639.

fougue libertaire des révoltés hébraïques dans l'en-
thousiaste Ferdinand Lassalle.

Mais je n'ai esquissé là, à gros traits, que la fonction du Juif dans le développement de certaines
idées qui contribuèrent à la révolution générale ; je
n'ai pas dit comment il se montra dans l'action révolutionnaire et de quelle façon il y aida. Qu'il ait été
un ferment d'évolution économique, je pense l'avoir
déjà montré à plusieurs reprises (1) ; fût-il aussi ce
que les conservateurs l'accusent d'avoir été ; c'est-
à-dire un agent de désordre : l'ordre et l'harmonie
étant représentés par la monarchie chrétienne. S'il
en fallait croire Barruel, Crétineau-Joly, Gougenot
des Mousseaux, dom Deschamps, Claudio Jannet,
tous ceux qui ne voient dans l'histoire que l'œuvre
des sociétés secrètes, l'importance des Juifs dans
les révolutions et les bouleversements sociaux serait capitale. Or il est impossible d'admettre cette
conception pseudo-historique. Assurément, pendant les dernières années du dix-huitième siècle,
les associations clandestines prirent une grande
importance ; si elles ne furent pas les élaboratrices
des théories humanitaires, rationalistes et anti-au-
toritaires, elles les propagèrent merveilleusement,
et en outre elles furent de grandes agitatrices. On
ne peut nier que l'illuminisme et le martinisme
n'aient été de puissants préparateurs de révolutions,

_____

(1) J'espère le montrer mieux encore dans mon *Histoire économique des Juifs,* dont le *Rôle des Juifs dans la Révolution* ne for-
mera qu'une partie.

mais ils ne prirent précisément de l'importance que lorsque dominèrent les théories qu'ils représentaient et loin d'être les causes de cet état d'esprit qui fonda la Révolution, ils en furent un des effets, effet qui retentit à son tour sur la marche des événements.

Quels furent maintenant les rapports des Juifs et de ces sociétés secrètes? Voilà qui n'est pas facile à élucider, car les documents sérieux nous manquent. Evidemment ils ne dominèrent pas dans ces associations, comme le prétendent les écrivains que je viens de nommer, ils ne furent pas « nécessairement l'âme, le chef, le grand-maître de la maçonnerie » ainsi que l'affirme Gougenot des Mousseaux (1). Il est certain cependant qu'il y eut des Juifs au berceau même de la franc-maçonnerie, des Juifs kabbalistes, ainsi que le prouvent certains rites conservés ; très probablement, pendant les années qui précédèrent la Révolution française, ils entrèrent en plus grand nombre encore dans les conseils de cette société, et fondèrent eux-mêmes des sociétés secrètes. Il y eut des Juifs autour de Weishaupt, et Martinez de Pasqualis, un Juif d'origine portugaise, organisa de nombreux groupes illuministes en France et recruta beaucoup d'adeptes (2) qu'il initiait au dogme de la réintégration. Les loges martinezistes furent mystiques, tandis que les autres ordres de la francmaçonnerie étaient plutôt rationalistes ; ce qui peut

(1) Gougenot des Mousseaux : *loc. cit.*
(2) M. Matter : *Saint Martin et le philosophe inconnu.* Paris, 1862.

permettre de dire que les sociétés secrètes représentèrent les deux côtés de l'esprit juif : le rationalisme pratique et le panthéisme, ce panthéisme qui, reflet métaphysique de la croyance au dieu un, aboutit parfois à la théurgie kabbalistique. On montrerait facilement l'accord de ces deux tendances, l'alliance de Cazotte, de Cagliostro (1), de Martinez, de Saint-Martin, du comte de Saint-Germain, d'Eckartshausen, avec les encyclopédistes et les jacobins, et la façon dont, malgré leur oppostion, ils arrivèrent au même résultat, c'est-à-dire l'affaiblissement du christianisme. Cela, encore une fois, servirait uniquement à prouver que les Juifs purent être les bons agents des sociétés secrètes, parce que les doctrines de ces sociétés s'accordaient avec leurs propres doctrines, mais non qu'ils en furent les initiateurs. Le cas de Martinez de Pasqualis est tout à fait spécial, et toutefois il ne faut pas oublier qu'avant d'organiser ses loges, Martinez était déjà initié aux mystères de l'illuminisme et de la Rose-Croix.

Pendant la période révolutionnaire, les Juifs ne restèrent pas inactifs. Etant donné leur petit nombre à Paris, on les voit occuper une place considérable, comme électeurs de section, officiers de légion, ou assesseurs, etc. Ils ne sont pas moins de dix-huit à Paris, et il faudrait dépouiller les archives de province pour déterminer leur rôle général. Parmi ces dix-huit, quelques-uns même méritent d'être

(1) On a souvent affimé que Cagliostro était juif, mais sans apporter à l'appui de cette affirmation des preuves sérieuses,

signalés. Ainsi le chirurgien Joseph Ravel, membre du conseil général de la Commune, qui fut exécuté après le Neuf Thermidor, Isaac Calmer, président du comité de surveillance de Clichy, exécuté le 29 messidor an II ; enfin Jacob Pereyra, ancien commissaire du pouvoir exécutif de la Belgique auprès de Dumouriez, et qui, membre du parti des Hébertistes, fut jugé et condamné en même temps qu'Hébert et exécuté le 4 germinal an II (1).

Nous avons vu comment, groupés autour du Saint-Simonisme, ils achevèrent la révolution économique dont 1789 avait été une étape (2), et quelle fut l'importance dans l'école d'Olinde Rodrigues, de d'Eichtal et d'Isaac Péreire. Pendant la seconde période révolutionnaire, celle qui part de 1830, ils montrèrent plus d'ardeur encore que pendant la première. Ils y étaient d'ailleurs directement intéressés, car, dans la plupart des états de l'Europe, ils ne jouissaient pas encore de la plénitude de leurs droits. Ceux-là mêmes d'entre eux qui n'étaient pas révolutionnaires par raisonnement et tempérament le furent par intérêt ; en travaillant pour le triomphe du libéralisme, ils travaillaient pour eux. Il est hors de doute que par leur or, par leur énergie, par leur talent, ils soutinrent et secondèrent la révolution européenne.

(1) Voir Emile Campardon : *Le Tribunal révolutionnaire de Paris*, Paris, 1866. — *Procès instruit et jugé au tribunal révolutionnaire contre Hébert et consorts* (1-4 Germinal). Paris, an II. — Léon Kahn : *Les juifs à Paris*. Paris, 1889.

(2) Capefigue : *Histoire des grandes opérations financières.* — Toussenel : *Les juifs rois de l'Epoque.*

Durant ces années, leurs banquiers, leurs industriels, leurs poètes, leurs écrivains, leurs tribuns, mus
par des idées bien différentes d'ailleurs, concoururent
au même but. « On les vit, dit Crétineau-Joly (1),
barbe inculte et le dos voûté, l'œil ardent, parcourir
en tous sens ces malheureuses contrées. Ce n'était
pas la soif du luxe qui, contrairement à leurs habitudes, leur prêtait une pareille activité. Ils s'imagi-
naient que le christianisme ne résisterait pas aux
innombrables attaques auxquelles la société se trouvait en butte et ils accouraient demander à la croix
du Calvaire une réparation de 1840 années de souffrances méritées .»

Ce n'était pourtant pas ce sentiment qui poussait
Moses Hess, Gabriel Riesser, Heine et Boerne en
Allemagne, Manin en Italie, Jellinek en Autriche,
Lubliner en Pologne, bien d'autres encore, qui combattirent pour la liberté, et voir dans cette universelle agitation, qui secoua l'Europe jusqu'après 1848,
l'œuvre de quelques Juifs désireux de se venger du
Galiléen est une conception étrange ; mais quelle
que soit la fin poursuivie, fin intéressée ou fin
idéale, les juifs furent à cette époque parmi les plus
actifs, les plus infatigables propagandistes. On les
trouve mêlés au mouvement de la Jeune Allemagne;
ils furent en nombre dans les sociétés secrètes qui
formèrent l'armée combattante révolutionnaire, dans
les loges maçonniques, dans les groupes de la Char-

---

(1) Crétineau-Joly : *Histoire du Sonderbund.* Paris, 1850, p. 195.

bonnerie, dans la Haute Vente romaine, partout, en
France, en Allemagne, en Suisse, en Autriche, en
Italie.

Quant à leur action et à leur influence dans le socialisme contemporain, elle fut et elle est, on le sait, fort
grande ; on peut dire que les Juifs sont aux deux pôles
de la société contemporaine. Ils ont été parmi les fondateurs du capitalisme industriel et financier et ils ont
protesté avec la véhémence la plus extrême contre ce
capital. A Rothschild correspondent Marx et Lassalle ;
au combat pour l'argent, le combat contre l'argent,
et le cosmopolitisme de l'agioteur devient l'internationalisme prolétarien et révolutionnaire. C'est Marx
qui donna l'impulsion à l'Internationale par le manifeste de 1847, rédigé par lui et Engels, non qu'on
puisse dire qu'il « fonda » l'Internationale, ainsi que
l'ont affirmé ceux qui considèrent toujours l'Internationale comme une société secrète dont les Juifs
furent les chefs, car bien des causes amenèrent la
constitution de l'Internationale, mais Marx fut l'inspirateur du meeting ouvrier tenu à Londres en 1864,
et d'où sortit l'association. Les Juifs y furent nombreux, et dans le conseil général seulement on trouve
Karl Marx, secrétaire pour l'Allemagne et pour la
Russie, et James Cohen, secrétaire pour le Danemark (1). Beaucoup de Juifs affiliés à l'Internationale

(1) Outre Marx et Cohen, on peut citer Neumayer, secrétaire du
bureau de Correspondance de l'Autriche , Fribourg, qui fut un
des directeurs de la Fédération Parisienne de l'Internationale dont
firent partie aussi Loeb, Haltmayer, Lazare et Armand Lévi ;
Léon Frankel qui dirigea la section allemande à Paris ; Cohen

jouèrent plus tard un rôle pendant la Commune (1)
où ils retrouvèrent d'autres coreligionnaires.

Quant à l'organisation du parti socialiste, les Juifs
y contribuèrent puissamment. Marx et Lassalle en
Allemagne (2), Aaron Libermann et Adler en Autriche, Dobrojanu Ghérea en Roumanie, Gompers, Kahn
et de Lion aux Etats-Unis d'Amérique, en furent ou
en sont encore les directeurs ou les initiateurs. Les
Juifs russes doivent occuper une place à part dans ce
bref résumé. Les jeunes étudiants, à peine évadés
du ghetto, participèrent à l'agitation nihiliste ; quelques-uns — parmi lesquels des femmes — sacri-
fièrent leur vie à la cause émancipatrice, et à côté de
ces médecins et de ces avocats israélites, il faut
placer la masse considérable des réfugiés artisans
qui ont fondé à Londres et à New-York d'importantes
agglomérations ouvrières, centres de propagande
socialiste et même communiste anarchiste (3).

qui fut délégué de l'association des cigariers de Londres au Congrès de l'Internationale tenu à Bruxelles en 1868 ; Ph. Coenen qui
fut, au même Congrès, délégué de la section anversoise de l'Internationale, etc. — Voir : O. Testut : *L'Internationale*. Paris, 1871,
et *L'Internationale au ban de l'Europe*. Paris, 1871-1872 — Fribourg:
L'association internationale des travailleurs. Paris, 1891.

(1) Entre autres Fribourg et Léo Frankel.

(2) Il y a encore quatre députés social-démocrates juifs au Reichs-
tag allemand ; et parmi les jeunes socialistes, collectivistes et communistes anarchistes, on compte de nombreux Juifs. Citons aussi
parmi les réformateurs autrichiens, le docteur Hertzka, le promoteur de la colonie de Freiland, essai d'organisation sociale.
Voir *Un Voyage à terre libre*, par Téhodor Hertzka — Paris, Léon
Chailley, éditeur).

(3) En avril 1891, les Israélites révolutionnaires de Londres ont

J'ai donc très brièvement esquissé l'histoire révolutionnaire des Juifs, ou du moins ai-je tenté d'indiquer comment on pourrait l'entreprendre ; j'ai fait voir comment ils procédèrent idéologiquement et activement, comment ils furent de ceux qui préparent la révolution par la pensée, et de ceux qui la traduisent en acte. On m'objectera qu'en devenant révolutionnaire, le Juif devient le plus souvent athée et qu'ainsi il cesse d'être Juif. Ce n'est que d'une certaine façon, en ce sens surtout que les enfants du Juif révolutionnaire se fondent dans la population qui les entoure, et que, par conséquent, les Juifs révolutionnaires s'assimilent plus facilement ; mais en général les Juifs, même révolutionnaires, ont gardé l'esprit juif, et s'ils ont abandonné toute religion et toute foi, ils n'en ont pas moins subi, ataviquement et éducativement, l'influence nationale juive. Cela est surtout vrai pour les révolutionnaires israélites qui vécurent dans la première moitié de ce siècle, et dont Henri Heine et Karl Marx nous offrent deux bons modèles.

Heine, que l'on considéra en France comme un Allemand, et à qui, en Allemagne, on reprocha d'être Français, fut avant tout Juif. C'est parce qu'il

fêté l'anniversaire de la fondation de leur club de Berner Street. « Depuis sept ans, déclara l'orateur qui fit l'historique du mouvement social juif, les révolutionnaires juifs ont paru, et partout où il y a des Juifs, à Londres, en Amérique, en Australie, en Pologne et en Russie, il y a des Juifs révoltés et anarchistes ». (En parlant de sept ans, il veut surtout parler de la date d'entrée des *prolétaires* juifs dans le mouvement révolutionnaire.)

fut Juif qu'il célèbra Napoléon et qu'il eut pour le César l'enthousiasme des Israélites allemands, libérés par la volonté impériale. Son ironie, son désenchantement sont semblables au désenchantement et à l'ironie de l'Ecclésiaste ; il a, comme le Kohélet, l'amour de la vie et des joies de la terre, et, avant d'être abattu par la maladie et la douleur, il tenait la mort pour le pire des maux. Le mysticisme de Heine vient de l'antique Job, et la seule philosophie qui l'attira jamais réellement fut le panthéisme, la doctrine naturelle au Juif métaphysicien qui spécule sur l'unité de Dieu et la transforme en l'unité de substance. Enfin son sensualisme, ce sensualisme triste et voluptueux de l'*Intermezzo*, est purement oriental, et on en trouverait les origines dans le Cantique des Cantiques. Il en est de même pour Marx. Ce descendant d'une lignée de rabbins et de docteurs hérita de toute la force logique de ses ancêtres ; il fut un talmudiste lucide et clair, que n'embarrassèrent pas les minuties niaises de la pratique, un talmudiste qui fit de la sociologie, et appliqua ses qualités natives d'exégète à la critique de l'économie politique. Il fut animé de ce vieux matérialisme hébraïque qui rêva perpétuellement d'un paradis réalisé sur la terre et repoussa toujours la lointaine et problématique espérance d'un éden après la mort; mais il ne fut pas qu'un logicien, il fut aussi un révolté, un agitateur, un âpre polémiste, et il prit son don du sarcasme et de l'invective, là où Heine l'avait pris : aux sources juives.

On pourrait encore montrer, ce que Boerne, ce que Lassalle, ce que Moses Hess et Robert Blum tinrent de leur origine hébraïque, de même pour d'Israéli, et ainsi on aurait la preuve de la persistance. chez les penseurs, de l'esprit juif, cet esprit juif que nous avons signalé déjà chez Montaigne et chez Spinoza. Mais si les écrivains, les savants, les poètes, les philosophes et les sociologues israélites, ont conservé cet esprit, en est-il de même de cette masse qui, actuellement, vient au socialisme ou à l'anarchie? Ici, il faut distinguer. Ceux dont je parle, ces Juifs de Londres, des Etats-Unis d'Amérique, de Hollande, d'Allemagne, d'Australie, acceptent les doctrines révolutionnaires parce qu'ils sont des prolétaires, parce qu'ils appartiennent à la classe désormais en lutte avec le capital et, s'ils s'attachent à la révolution, ils le font en vertu des lois sociales qui les poussent. Ainsi, ils ne provoquent pas la révolution, ils y adhèrent, ils la suivent et ne la génèrent pas, et cependant ces groupements ouvriers, détachés de la foi ancienne, ayant abandonné toute religion, toute croyance même, n'étant plus juifs au sens religieux du mot, sont juifs au sens national. Ceux de Londres et des Etats-Unis qui ont abandonné leur pays d'origine, fuyant la Pologne et surtout la Russie où ils sont persécutés, se sont fédérés entre eux; ils ont formé des groupes qui se font représenter aux congrès ouvriers sous le nom de « groupes de langue juive »; ils parlent un jargon allemand mêlé d'hébreu et, non seulement ils le parlent, mais encore

ils publient leurs journaux de propagande en cet
idiome et ils les impriment en caractères hébraïques (1). L'on objectera que chassés de leur patrie et arrivant en un pays dont ils ignoraient la
langue, ils ont été obligés de s'unir et qu'ils conti-
nuaient tout naturellement à se servir de l'hébræo-
germain qui leur était familier; cette objection est
très juste, mais il faut observer qu'en d'autres contrées, ainsi en Hollande, en Galicie, les Juifs ouvriers
nationaux forment aussi des associations spéciales (2).

Donc le Juif prend part à la révolution et il y prend
part en tant que juif, c'est-à-dire tout en restant juif.
Est-ce pour cela que les conservateurs chrétiens sont
antisémites, et cette aptitude révolutionnaire des Juifs
est-elle une cause d'antisémitisme? Disons d'abord
que la majorité des conservateurs ignore cette action
historique et idéologique du Juif; elle n'est connue,
et encore très approximativement, que des théoriciens
et des littérateurs antisémites. Aussi l'animosité
contre Israël ne vient pas de ce qu'il a aidé à préparer la Terreur, ni de ce que Manin a délivré Venise
et Marx organisé l'Internationale. L'antisémite —

---

(1) A Londres se publie un de ces journaux : *Der Arbeiter
Freund* ; à New-York il s'en publie deux dont l'un quotidien : *Die
Arbeiter Zeitung*, et un hebdomadaire : *Freie Arbeiter Stimme*,
paraît en outre une revue mensuelle, *Die Zukunft*. Ces journaux
et revues sont soit socialistes, soit communistes-anarchistes.

(2) Les socialistes juifs de Hollande publient un journal dont le
titre est : *Ons' Blad, organe des socialistes israélites*. Les ouvriers
socialistes juifs de Galicie publient à Lemberg un journal en
caractères hébraïques et en jargon hébræo-germain : *La Vérité*.

antisémite conservateur et chrétien — dit : « Si la
société contemporaine est si différente de la société
anté-révolutionnaire, si la foi religieuse a diminué,
si le régime politique s'est transformé, si l'agio, la
spéculation, le capital industriel, financier et cosmopolite dominent désormais, la faute en est au Juif. »
Ici il faut préciser. Le Juif est depuis des siècles dans
ces nations, qui meurent de lui, affirme-t-on ; pourquoi le poison a-t-il mis si longtemps à évoluer ?
Parce que jadis le Juif était hors la société, qu'on le
tenait soigneusement à l'écart. Telle est la réponse
habituelle. Depuis que le Juif est entré dans les sociétés, il a été perturbateur et il a travaillé comme
une taupe à la destruction des séculaires assises sur
lesquelles reposaient les états chrétiens. Ainsi s'explique la décrépitude des peuples, leur décadence,
leur abaissement intellectuel et moral : ils sont
comme le corps humain qui souffre de l'ingestion des
corps étrangers, et chez qui la présence de ces corps
provoque des convulsions et des maladies. Le Juif
agit par sa seule présence, à la façon d'un dissolvant ;
il détruit, il perturbe, il provoque les réactions les
plus terribles. L'introduction du Juif dans les nations
est funeste à ces nations ; elles meurent de l'avoir accueilli. Telle est la vue simpliste que les antisémites
conservateurs ont des changements sociaux. Pour
eux, il n'y a pas de variations économiques, pas de
transformation du capital, pas de modifications de la
conscience humaine ; il n'y a que deux choses qu'ils
mettent en présence : jadis était une société floris-

sante et prospère, établie sur de solides principes moraux, politiques et religieux, désormais cette société
a bouleversé les anciennes conceptions éthiques, elle
n'a plus les idées salutaires et bonnes sur l'autorité
et sur la hiérarchie nécessaires pour sauvegarder les
associations humaines; or, dans l'ancienne société, le
Juif n'était pas admis, il est au contraire largement
accueilli dans la seconde. On a vu là un rapport de
cause à effet, et l'on a attribué aux Juifs l'œuvre des
âges, l'œuvre des mille efforts qui concourent à modifier chaque nation.

On ne s'est pas borné à cette accusation. Le Juif
n'est pas seulement un destructeur, a-t-on affirmé,
c'est un bâtisseur aussi ; orgueilleux, ambitieux, autoritaire, il cherche à ramener tout à lui. Il ne se
contente pas de déchristianiser, il judaïse; il détruit
la foi catholique ou protestante, il provoque à l'indifférence, mais il impose à ceux dont il ruine les
croyances, sa conception du monde, de la morale et
de la vie ; il travaille à son œuvre séculaire : l'a-
néantissement de la religion du Christ.

Les antisémites chrétiens ont-ils raison ou se
trompent-ils ; le Juif est-il toujours haineusement
antichrétien — je dis haineusement, car il est antichrétien par définition et parce qu'il est Juif, comme
il est antimusulman, comme il s'oppose à tout ce
qui n'est pas son principe — a-t-il gardé ses antiques
sentiments? Il les a gardés partout où, précisément,
il est en dehors de la société, partout où il vit à part,
dans des ghettos, sous la direction de ses docteurs qui

font alliance avec les gouvernements pour l'empêcher de voir la lumière, partout où domine le Talmud; dans cet orient de l'Europe où règne encore l'antisémitisme légal. Dans l'Europe occidentale, où le Talmud est désormais ignoré, où le *hèder* juif a été remplacé par l'école, cette haine a disparu, dans les mêmes proportions qu'a disparu la haine du chrétien contre le Juif. Car il ne faut pas l'oublier, si l'on parle souvent de l'animosité du Juif contre le chrétien, on parle rarement de cette animosité du chrétien contre le Juif, animosité qui persiste toujours. Le préjugé, ou pour mieux dire les préjugés contre les Juifs, ne sont pas morts. On croit encore à l'odeur juive, un antisémite allemand a même déclaré que le pape Pie IX était Juif, et qu'il l'avait reconnu en flairant la pantoufle que le pontife lui donnait à baiser. Certains ont gardé confusément la croyance aux infirmités spéciales des Juifs; à côté d'une médecine antisémite, se vouant à la recherche des maladies juives, il y a des écrivains qui dissertent gravement sur les types des tribus juives (1). On retrouve dans les livres antisémites toutes les assertions des pamphlets du moyen âge, que déjà le dix-septième siècle avait repris, assertions que corro-

(1) M. Edouard Drumont par exemple, dans la *France juive*, t. I, p. 34-35. Pour la beauté de sa démonstration, M. Drumont a même imaginé une tribu nouvelle, dont il est le premier à parler : la tribu de Jacob, et il en détermine sans hésiter les caractéristiques bien que, dit-il, « dans l'état actuel de cette science embryonnaire, on ne peut formuler aucune règle précise ». Je le crois aisément.

borent encore des croyances populaires. Mais le préjugé le plus vivace, celui qui symbolise le mieux le séculaire combat du judaïsme contre le christianisme, c'est le préjugé du meurtre rituel. Le Juif a besoin de sang chrétien pour célébrer sa pâque, dit-on encore. Quelle est l'origine de cette accusation, qui date du douzième siècle (1) ?

On voit nettement comment naquit l'identique accusation que les Romains portèrent contre les premiers chrétiens : elle provint d'une conception réaliste de la Cène, d'une interprétation littérale des paroles consacrées sur la chair et le sang de Jésus (2). Mais comment les Juifs, dont les livres mosaïstes protestent de l'horreur du sang, ont-ils eu à pâtir et pâtissent-ils encore d'une telle croyance ? La question demanderait à être discutée à fond. Il faudrait examiner les théories de ceux qui prétendent que les sacrifices humains sont d'origine sémitique, tandis qu'en réalité on les trouve dans tous les peuples, à un certain stade de civilisation (3) ; il faudrait montrer,

(1) C'est à Blois, en 1171, que pour la première fois les Juifs furent accusés d'avoir crucifié un enfant à l'occasion de leur fête de Pâques. Le comte Théobald de Chartres, après avoir soumis l'accusateur des Juifs à l'épreuve de l'eau, épreuve qui lui fut favorable, fit brûler, comme coupables, trente-quatre Juifs et dix-sept Juives.

(2) Les Mandéens accusaient les chrétiens de pétrir leurs hosties avec le sang d'un enfant juif, et les Chinois affirment que les missionnaires catholiques égorgent leurs enfants et font des philtres avec leurs cœurs. Certaines émeutes, en Chine, n'ont pas eu d'autre cause.

(3) Jephté, sacrifiant sa fille, correspond à Agamemnon immolant

comme l'a fait M. Delitzch en Allemagne, que nul livre hébraïque, talmudique ou kabbalistique, ne contient la prescription du meurtre rituel (1), ce que fit déjà Wagenseil (2). On prouverait ainsi et on a prouvé que la religion juive ne demande pas de sang, mais aura-t-on prouvé ainsi que jamais aucun Juif n'en versa ? Non certes, et assurément, pendant le moyen âge, il dut y avoir des Juifs meurtriers, des Juifs que les avanies, les persécutions poussaient à la vengeance et à l'assassinat de leurs persécuteurs ou de leurs enfants même. Cependant cela ne nous donne pas l'explication de la légende populaire. Elle est née d'abord de cette idée répandue que le Juif était fata-

la sienne. Aux holocaustes molochistes, répondent les holocaustes bibliques. Cette idée barbare du sacrifice de l'individu à la divinité ou à la collectivité se trouve partout ; elle est arrivée à son apogée avec la religion chrétienne qui est la religion du perpétuel sacrifice sanglant, dans laquelle le taureau et le bélier des sacrifices mithriaques sont remplacés par la victime humaine mourant sans cesse, tandis qu'on communie de sa chair et de son sang, dernier vestige symbolique du cannibalisme religieux. La théorie du sacrifice est encore puissante dans l'idéologie morale et sociale ; il serait curieux de l'étudier comme vestige des pratiques anciennes.

(1) *La superstition du sang dans l'humanité et les rites sanguinaires,* par le docteur Hermann L. Strack, docteur en théologie et en philosophie, professeur extraordinaire de théologie protestante à Berlin. Munich, 1892, — F. Delitzch : *Echec et Mat aux menteurs Rohling et Justus.* Erlangen, 1883.

(2) Wagenseil : *Benachrichtigung Wegen einiger Juden schaft angehend vicht Sachen* .. Altdorf, 1707. Le deuxième mémoire de ce livre a pour titre : *Judæos non uti sanguine christiano ;* il a d'autant plus d'importance que Wagenseil est extrêmement hostile aux Juifs dont il a publié les livres de polémique dans ses *Tela Ignea Satanæ.*

lement poussé, chaque année, à reproduire figurati-
vement, à la même époque, le meurtre du Christ ;
c'est pour cela que dans les actes légendaires des enfants martyrs, on montre toujours la victime cruci-
fiée e subissant le supplice de Jésus, parfois même,
on la représente couronnée d'épine et le flanc percé.
A cette croyance générale s'ajoutèrent les préventions, souvent justifiées, contre les Juifs adonnés aux
pratiques magiques. En effet, au moyen âge, le Juif
fut considéré par le peuple comme le magicien par
excellence ; en réalité, certains Juifs se livrèrent à
la magie ; on trouve beaucoup de formules d'exorcisme
dans le Talmud, et la démonologie talmudique et
cabbalistique est très compliquée (1). Or, on sait
la place que le sang occupa toujours dans les opérations de sorcellerie. Dans la magie chaldéenne il eut

(1) Les exemples de Juifs magiciens et astrologues sont très nombreux. Dès les premières années de leur séjour à Rome, ils
disaient la bonne aventure près de la porte Capène. Dans la
légende de Saint Léon le Thaumaturge et d'Héliodore, c'est un
magicien célèbre juif qui instruit Héliodore. Sédéchias, le médecin de l'empereur Louis, volait, dit-on, en l'air. Yéchiel de Paris
était renommé par la puissance de ses enchantements ; de nombreux Juifs étaient astrologues auprès des princes ; encore, au seizième siècle, le Juif Hélias fut astrologue du dernier Visconti.
Les Juifs et les Sarrazins de Salamanque s'adonnèrent beaucoup
à la magie, c'est par eux que les livres magiques se répandirent ;
de même à Tolède. Dans le ghetto de Rome jusqu'au dix-huitième
siècle, les Juifs vendaient des amulettes et des philtres. Aussi, Tri-
thème raconte-t-il l'histoire d'un Juif qui se transformait en loup
et de l'Ancre assimile les Juifs aux sorciers. La légende de Simon
le Magicien n'est pas non plus étrangère à cette idée que tous
les Juifs sont des magiciens.

une importance capitale ; en Perse, il était rédemp-
teur et délivrait ceux qui se soumettaient aux pratiques du Taurobole et du Kriobole (1). Le moyen âge
fut hanté par le sang comme il fut hanté par l'or.
Pour les alchimistes, pour les goëtes, le sang était le
véhicule de la lumière astrale. Les élémentaires,
disaient les mages, s'emparent du sang perdu pour
s'en faire un corps, et c'est dans ce sens que Para-
celse ait que le sang que perdent les hon.mes crée
des fantômes et des larves. On attribuait au sang,
surtout au sang vierge, des vertus inouïes ; le sang
était guérisseur, évocateur, préservateur, il pouvait
servir à la recherche de la pierre philosophale, à la
composition des philtres et des enchantements (2).
Or, il est fort probable, certain même, que des Juifs
magiciens durent immoler des enfants; de là, la formation de la légende du sacrifice rituel. On établit

(1) C'était une croyance grecque que les larves demandaient du
sang pour se manifester. On connaît la façon dont Ulysse évoqua
Tirésias (*Odyssée* : Rhapsodie XI), en sacrifiant des victimes dont
les ombres venaient boire le sang. De même, Cicéron accusa Vati-
nius d'égorger des enfants pour attirer les mânes avec leur sang.
Chez les Celtes aussi, le sang jouait un grand rôle. Quand Wor-
tiger, roi des Bretons, sur le conseil des druides, voulut bâtir au
pays des Gals une forteresse pour se défendre des Anglais et des
Saxons, Merlin arrosa les fondements de l'édifice avec le sang
d'un enfant.
(2) Il suffit de rappeler le procès du maréchal de Retz, et le
maréchal ne fut pas un cas isolé. Jusqu'au dix-huitième siècle on
pratiqua encore des messes noires dans lesquelles des enfants
étaient sacrifiés. Quant au pouvoir thérapeutique du sang, on y
crut longtemps. Louis XV ne fut-il pas accusé par la rumeur
populaire de prendre des bains de sang ?

une relation entre les actes isolés de certains goëtes et leur qualité de juif ; on déclara que la religion juive, qui approuvait la mise en croix du Christ, recommandait en outre de répandre le sang chrétien, et on chercha obstinément des textes talmudiques et kabbalistiques qui puissent justifier de telles assertions. Or, ces recherches n'ont abouti que par suite de fausses interprétations, comme au moyen âge, ou de falsifications semblables à celles récentes du docteur Rohling que M. Delitzch a démenties (1). Donc, quels que soient les faits énoncés, ils ne peuvent prouver que, chez les Juifs, le meurtre des enfants ait été ou soit encore rituel, pas plus que les actes du maréchal de Raitz et des prêtres sacrilèges qui célèbrent la messe noire ne signifient que l'Eglise recommande dans ses livres l'assassinat et les sacrifices humains. Existe-t-il encore, dans des pays orientaux, quelques sectes où l'on pratique de telles coutumes ? C'est possible (2) ; des Juifs font-ils partie de semblables associations ? rien ne permet de l'affirmer ; mais le préjugé général du meurtre rituel n'en reste pas moins sans fondement ; on ne peut attribuer les meurtres d'enfants, je parle des meurtres

---

(1) F. Delitzch, *loc. cit.*

(2) En 1814 se fonda en Bavière une secte chrétienne appelée « les frères et les sœurs en prières », dont les adeptes sacrifiaient des hommes à Dieu. Le fondateur de cette secte se nommait Pœschl. De même en Suisse en 1815, un certain Joseph Ganz fonda une association semblable, à laquelle il donna le même nom, et dont les membres pratiquaient les mêmes rites.

démontrés, et ils sont fort rares (1), qu'à la vengeance ou aux préoccupations de magiciens, préoccupations qui ne sont pas plus spécialement juives que chrétiennes.

La persistance de ces préjugés est significative, car elle montre quel vieux levain de défiance gît dans les âmes contre les déicides. Assurément, l'antisémite chrétien ne croit pas que le Juif qu'il coudoie journellement, le Juif moderne, celui qui a abandonné ses mœurs séculaires, se serve du sang des petits enfants à époques fixes et pour faire son salut, mais il croit qu'il appartient à une race qui, par haine du nom de Jésus, a recommandé ces sacrifices rituels, et il déclare volontiers que si le Juif civilisé a délaissé ces abominables et surannées coutumes, il a gardé ses sentiments. Il ne perce plus les hosties pour en recueillir le sang (2), mais il attaque Christ dans son église, il complote perpétuellement la ruine de

(1) Voir le rapport de Ganganelli, plus tard pape sous le nom de Clément XIV, rapport qui conclut à la fausseté des accusations lancées contre les Juifs, après avoir contrôlé les cas de meurtre rituel qui étaient mis à la charge des Juifs (*Revue des Etudes Juives*, avril-juin 1889). Il est bon d'ailleurs de faire remarquer que les corps d'enfants qui avaient servi aux opérations magiques n'étaient jamais retrouvés et que les goètes les incinéraient prudemment.

(2) La fréquence des légendes sur les hosties sanglantes montre à quel point le moyen âge fut matérialiste, tout en produisant les mystiques les plus subtils. Quant aux Juifs accusés de recueillir le sang des hosties, l'accusation est absurde, car jamais le Juif n'a cru à la présence du Christ dans l'hostie. S'il y avait cru, il y a des chances pour qu'il se fût converti. C'était même généralement ce qui arrivait.

la foi, il sème le désordre et perturbe les esprits.
Quelle part de vérité y a-t-il dans ces affirmations?
Il n'est pas niable que le Juif croyant ait des préventions contre les chrétiens, mais ces préventions,
les chrétiens les ont contre lui, bien plus, les catholiques les témoignent aux protestants et réciproquement. Or, précisément le Juif croyant est un conservateur; M. Anatole Leroy-Beaulieu a eu raison de
dire : « Est-ce le Juif polonais, le Juif de Russie ou
de Roumanie qui vous semble un artisan de nou-
veautés? Regardez-le bien. Est-ce lui ou ses pareils
qui ont pu pousser le monde moderne dans des routes
non frayées? Est-ce lui que nous soupçonnons de
mettre en péril la civilisation chrétienne? Le malheureux! il est pour cela trop abaissé, il est trop
pauvre, il est trop ignorant, il est trop indifférent à
nos querelles religieuses ou politiques. Interrogez-le :
il ne vous entendra point. Mais ce n'est pas tout; il
est pour cela trop Juif, trop religieux, trop dévot, trop
traditionnel, trop conservateur en un mot » (1). Dans
nos pays occidentaux, le Juif pratiquant témoigne
aussi de ce conservatisme, il tient aux lois, aux
règles de la société, il sait concilier son judaïsme
avec un patriotisme, un chauvinisme même, qui est
excessif parfois et, comme nous venons de le voir,
c'est une minorité de Juifs émancipés qui travaille
à la Révolution. Ces Juifs émancipés, s'ils abandon-
nèrent leur croyance, ne purent, malgré cela, dispa-

(1) Anatole Leroy-Beaulieu : *Israël chez les nations*, Paris, 1893,
p. 72 et suiv.

raître en tant que Juifs. Comment d'ailleurs l'auraient-ils pu ? En se convertissant, dira-t-on, ce que quelques-uns ont fait, mais la plupart ont répugné à ce qui n'aurait été qu'une hypocrisie de leur part, car les Juifs émancipés arrivent rapidement à l'irréligion absolue. Ils sont donc restés Juifs indifférents; néanmoins, tous ces révolutionnaires, dans la première moitié de ce siècle, furent élevés à la juive, et s'ils furent déjudaïsés en ce sens qu'ils ne pratiquèrent plus, ils ne le furent pas en ce sens qu'ils gardèrent l'esprit de leur nation.

Ce Juif émancipé n'étant plus retenu par la foi des ancêtres, n'ayant aucune attache avec les vieilles formes d'une société, au milieu de laquelle il avait vécu en paria, est devenu, dans les collectivités modernes, un bon ferment de révolution. Or, le Juif émancipé s'est sensiblement rapproché du chrétien indifférent, et, au lieu de considérer que ce chrétien ne s'est allié à ce Juif que parce qu'il était, lui-même, devenu irreligieux, les antisémites conservateurs croient que le Juif a par son contact déchristianisé les chrétiens qui l'ont approché. On rend les Juifs responsables de l'effacement des croyances, — car l'antisémite ne fait jamais le départ entre le Juif pratiquant et le Juif émancipé — de l'affaiblissement général de la foi, de la disparition de la religiosité. Cependant, pour tout observateur impartial, ce n'est pas le Juif qui détruit le christianisme. La religion chrétienne disparaît comme la religion juive, comme toutes les religions, dont nous voyons la très lente agonie. Elle meurt sous les coups de la raison et de la science, elle meurt tout naturellement parce qu'elle a répondu à une période de civilisation et que, plus nous marchons, moins elle y correspond. Nous perdons de jour en jour le sens et le besoin de l'absurde par conséquent le besoin religieux, surtout le besoin pratique, et ceux qui croient encore à la divinité ne croient plus à la nécessité, ni surtout à l'efficacité du culte.

Le Juif a-t-il participé à cette éclosion de l'esprit moderne? certes oui; mais il n'en est pas le créateur, ni le responsable, et il n'a apporté qu'une faible pierre à l'édifice qu'ont bâti les siècles; supprimez maintenant le Juif, le catholicisme ou le protestantisme n'en seront pas moins en décrépitude. Si le Juif fait ainsi illusion, c'est que, dans l'histoire du libéralisme moderne en Allemagne, en Autriche, en France, en Italie, il a joué un grand rôle, et que le libéralisme a marché de pair avec l'anticléricalisme. Le Juif a été certainement anticlérical; il a poussé au Kulturkampf en Allemagne, il a approuvé les lois Ferry en France, et l'on a cru que son libéralisme venait de son antichristianisme, tandis que le contraire était vrai. A ce point de vue, il est juste de dire que les Juifs libéraux ont déchristianisé, ou du moins qu'ils ont été les alliés de ceux qui poussèrent à la déchristianisation, et pour les antisémites conservateurs, déchristianiser c'est dénationaliser. Il a là de la part des antisémites une confusion : ils confondent nation et état. Le libéralisme anticlérical ne dénationalise pas : il tue le vieil état chrétien. Or notre siècle aura vu le dernier effort de cet état chrétien pour garder la domination. Cette conception de l'état féodal reposant sur la communauté des croyances, l'unité de la foi, et aux avantages duquel hérétiques et incrédules ne peuvent participer, est en opposition avec la notion de l'état neutre et laïque, sur lequel se sont fondés la plupart des sociétés contemporaines. L'antisémitisme représente un côté de la lutte entre les deux formes d'état dont nous venons de parler.

Le Juif est le vivant témoignage de la disparition de cet état qui avait à sa base des principes théologiques, état dont les antisémites chrétiens rêvent la reconstitution. Le jour où le Juif a occupé une fonction civile, l'état chrétien a été en péril; cela est exact, et les antisémites qui disent que les Juifs ont détruit la notion de l'état pourraient plus justement dire que l'entrée des Juifs dans la société a symbolisé la destruction de l'état, de l'état chrétien bien entendu. Aux yeux des conservateurs, rien, en effet, n'est aussi significatif que la situation du Juif dans les collectivités modernes et, par une transposition fréquente, de ce qui n'est qu'un effet, ils font une cause, parce que cet effet, à son tour, agit, il est vrai, comme cause.

Tels sont donc, résumés, les mobiles de l'antisémitisme politique et religieux. D'abord des répugnances et des préjugés ataviques fondamentaux, puis, grâce à ces préjugés, une conception exagérée

du rôle que les Juifs ont rempli dans l'élaboration et
l'établissement des sociétés contemporaines, conception qui en fait les représentants de l'esprit révolutionnaire en face de l'esprit conservateur, de la transformation en face de la tradition, et qui, dans cet
âge de transition, les rend responsables de la chute
des anciennes organisations et du discrédit des antiques principes.

CHAPITRE XIV

LES CAUSES ÉCONOMIQUES DE L'ANTISÉMITISME

L'antisémitisme économique. — Les griefs. — Le grief moral. — La malhonnêteté juive. — L'astuce et la mauvaise foi du Juif. — La corruption talmudique. — Les mesures restrictives et la fourberie juive. — La dégradation par le mercantilisme et l'usure. — L'or et l'abaissement moral. — Le grief économique. — Le Juif et l'état social actuel. — La part du Juif dans la constitution de la société capitaliste. — Le Juif agioteur et industriel. — Le Juif détenteur du capital. — Comment le Juif pâtit de l'état actuel. — Les Juifs prolétaires, en Europe et en Amérique. — Les Juifs dans la classe bourgeoise. — La suprématie relative du Juif. — Les causes de cette suprématie. — L'appui mutuel et l'individualisme bourgeois. — La solidarité juive. — Comment elle naquit dans l'antiquité. — Les synagogues. — Le moyen âge. — Les ghettos. — Les temps modernes. — Le Kahal des pays d'Orient. — Les minorités de l'Occident et la solidarité de classes. — L'opposition des formes du capital et l'antisémitisme. — Capital agricole et capital industriel. — L'agio juif et la petite bourgeoisie commerçante. — La concurrence et l'antisémitisme. — Concurrence capitaliste et concurrence ouvrière. — Les préventions contre les Juifs et l'antisémitisme économique. — L'antisémitisme et les luttes intestines du capital.

Après avoir attaqué le Juif comme sémite, comme étranger, comme révolutionnaire et comme anti-chrétien, on l'a attaqué comme agent économique. De tous temps d'ailleurs il en a été ainsi, depuis la dispersion. Déjà, avant notre ère, les Romains et les Grecs enviaient les privilèges qui permettaient aux Juifs d'exercer leur commerce dans des conditions meilleures que les nationaux (1), et, pendant le moyen âge, l'usurier fut haï tout autant, sinon plus, que le déicide (2). Si la situation des Juifs a changé à la fin du dix-huitième siècle, elle a changé d'une façon qui leur était trop favorable, pour que les sentiments qu'on éprouvait à leur égard puissent sensiblement se modifier, au contraire. Aujourd'hui l'antisémitisme économique existe plus fort que jamais, parce que, plus que jamais, le Juif apparaît puissant et riche. Jadis, on ne le voyait pas, il restait enfermé dans son ghetto, loin des yeux chrétiens, et il n'avait qu'un souci : cacher son or, cet or dont la tradition et la législation même le regardaient comme le collecteur et non comme le propriétaire. Du jour où il fut délivré, lorsque les entraves mises à son activité tombèrent, le Juif se montra; il se montra même avec ostentation. Il voulut, après les siècles de carcère, après les ans d'outrage, paraître un homme, et il eut une vanité naïve de sauvage; ce fut sa façon de réagir contre les séculaires humiliations. On l'avait quitté à la veille de 1789 humble, minable,

(1) Ch. ii.
(2) Ch. v.

objet de mépris pour tous, offert aux insultes et aux avanies ; on le retrouva après la tempête affranchi, libéré de toute contrainte et, d'esclave, devenu maître. Cette rapide ascension choqua ; on fut offusqué par cette richesse que le Juif avait acquis le droit d'étaler, et on se souvint du vieux grief des pères, du grief de l'antijudaïsme social : l'or du Juif est conquis sur le chrétien ; il est conquis par le dol, la fraude, la déprédation, par tous les moyens et principalement par les moyens condamnables. C'est ce que j'appellerai le grief moral de l'antisémitisme, il se résume ainsi : le Juif est plus malhonnête que le chrétien ; il est dépourvu de tous scrupules, étranger à la loyauté et à la franchise.

Ce grief est-il fondé ? Il l'a été et il l'est encore dans tous les pays où le Juif est maintenu hors de la société, où il reçoit exclusivement l'éducation talmudique, où il est en butte aux persécutions, aux insultes, aux outrages, où l'on méconnaît en lui la dignité et l'autonomie de l'être humain. L'état moral du Juif a été fait par lui-même et par les circonstances extérieures, son âme a été pétrie par la loi qu'il s'est donnée et par la loi qu'on lui imposa. Or, il fut doublement esclave pendant des siècles : il fut le serf de la thorah et le serf de tous. Il fut un paria, mais un paria que ses docteurs et ses guides maintinrent dans une servitude plus étroite que l'antique servitude d'Egypte. Au dehors, mille restrictions entravèrent sa marche, arrêtèrent son expansion, s'opposèrent à son activité ; il rencontra devant

lᵘi des codes ennemis, des réglementatious dures ;
au dedans il se heurta à tout un système compliqué
de défenses. Hors du ghetto il trouva la contrainte
légale, dans le ghetto il trouva la contrainte talmudique. S'il tentait d'échapper à l'une, mille châtiments l'attendaient ; s'il voulait se soustraire à
l'autre, il s'exposait au hérem, à l'excommunication redoutable qui le laissait seul au monde. Il ne
fallait pas songer à attaquer de front ces deux puis-
sances, aussi le Juif essaya-t-il de triompher d'elles
par la ruse et l'une et l'autre développèrent en lui
l'instinct de cautèle. Il devint d'une ingéniosité rare,
d'une peu commune subtilité ; sa finesse naturelle
s'accrut, mais elle fut employée bassement : à tromper
un dieu rigoriste et d'inflexibles souverains. Le Talmud et les législations antijuives corrompirent profondément le Juif. Conduit par ses docteurs d'une
part, par les légistes étrangers de l'autre, par maintes
causes sociales aussi (1), à l'exclusive pratique du
commerce et de l'usure, le Juif fut avili ; la recherche
de l'or, recherche poursuivie sans trêve, le dégrada,
elle affaiblit en lui la conscience, elle l'abaissa, elle
lui donna des habitudes de fourberie. Dans cette
guerre que, pour vivre, il dut livrer au monde et à
la loi civile et religieuse, il ne put sortir vainqueur
que par l'intrigue, et ce misérable, voué aux humiliations, aux insultes, obligé de baisser la tête sous
les coups, sous les avanies, sous les invectives, ne

(1) h. v.

put se venger de ses ennemis, de ses tortureurs, de ses bourreaux, que par l'astuce. Pour lui, le vol, la mauvaise foi devinrent des armes, les seules armes dont il lui fut possible de se servir; aussi il s'ingénia à les aiguiser, à les compliquer et à les dissimuler.

Quand les murailles de ses ghettos s'écroulèrent, ce Juif, tel que l'avaient fait le Talmud et les conditions civiles, législatives et sociales, ne changea pas brusquement. Au lendemain de la révolution, il vécut absolument comme la veille, il ne modifia pas ses coutumes, ses habitudes, et surtout son esprit, aussi promptement qu'on modifia sa situation. Affranchi, il garda son âme d'esclave, cette âme qu'il perd tous les jours, en même temps que s'effacent un à un les souvenirs de son abjection. Aujourd'hui, pour trouver le Juif que nous représentent les antisémites, il faut aller en Russie, en Roumanie, en Pologne où sévissent les lois d'exception, en Hongrie, en Galicie, en Bohême, où dominent les écoles exclusivement hébraïques. Dans l'Europe occidentale, si, par atavisme, les juifs d'une certaine catégorie, les juifs marchands et les juifs agioteurs, sont encore cauteleux, roués, enclins à la tromperie, ils ne le sont pas sensiblement plus que les agioteurs et les marchands chrétiens rendus peu scrupuleux par l'habitude du trafic.

En présence de cette assertion, les antisémites ont une réponse toute prête : les Juifs ont perverti les chrétiens; si l'on constate, chez la classe possédante, exploitante et trafiquante, la dureté, la rapacité, l'avarice, la déloyauté envers l'exploité, la faute

en est aux Juifs qui sont responsables de l'état social
actuel, mieux encore qui en sont la cause, et voici le
grief économique proprement dit.

Là encore les antisémites sont victimes d'une illusion. Le Juif n'est pas la cause de l'état actuel qui
est le résultat d'une longue évolution. Il a contribué
à la révolution économique, dont l'avènement de la
bourgeoisie a été le couronnement, mais il ne l'a pas
provoquée; il a été un des facteurs de cette transformation, mais non le facteur unique ni même le facteur principal (1). Certes, je l'ai montré déjà (2), la
bourgeoisie trouva dans le Juif, au cours des âges,
un auxiliaire merveilleux et puissamment doué. Pendant quelques siècles, dans la société barbare du
moyen âge, le Juif, déjà vieux trafiquant, mieux armé,
d'une culture supérieure, en possession d'une séculaire expérience, fut le représentant du capital commercial et du capital usuraire, ou il aida à leur constitution; toutefois, ces modes capitalistes n'arrivèrent
au pouvoir que lorsque le travail des siècles eut préparé leur domination et les eut transformés en
capital industriel et capital agioteur. Pour cela, il
fallut ces deux grands mouvements d'expansion des
Croisades et de la découverte de l'Amérique, que
complétèrent les multiples colonisations de l'Espagne, du Portugal, de la Hollande, de l'Angleterre
et de la France, et tout l'effort du régime commercial; il fallut l'établissement du crédit public et

(1) Ch. v
(2) Ch. ix.

l'extension des grandes banques ; il fallut le développement des industries manufacturières, les progrès scientifiques qui amènent la création et le perfectionnement du machinisme ; il fallut toute l'élaboration législative concernant le salariat, jusqu'au moment où les prolétaires furent dépouillés même du droit d'association et de coalition ; il fallut tout cela et bien d'autres causes encore, causes historiques, religieuses ou morales, pour faire la société actuelle. Ceux qui présentent les Juifs comme les créateurs de cet état ne parviennent qu'à prouver leur absolue et stupéfiante ignorance.

Cependant, nous venons de le dire, le rôle des Israélites fut considérable, mais il est peu connu ou du moins trop imparfaitement, surtout des antisémites, et ce n'est pas à cette connaissance très rudimentaire de l'histoire économique du judaïsme qu'il faut attribuer l'antisémitisme. On sait mieux comment les Juifs agirent depuis leur émancipation. En France, sous la Restauration et sous le Gouvernement de Juillet, ils furent à la tête de la finance et de l'industrialisme, ils furent parmi les fondateurs des grandes compagnies, d'assurances, de chemins de fer, de canaux. En Allemagne, leur action fut énorme ; ils provoquèrent la promulgation de toutes les lois favorables au commerce de l'or, à l'exercice de l'usure, à la spéculation. Ce furent eux qui profitèrent de l'abolition (en 1867) des anciennes lois restrictives du taux de l'intérêt ; ils poussèrent à la loi de Juin 1870 qui affranchit les sociétés par actions de la surveil-

lance de l'Etat ; après la guerre franco-allemande, ils
furent entre les plus hardis spéculateurs, et, dans la
fièvre d'associationnisme qui saisit les capitalistes allemands, ils agirent comme avaient agi les Juifs français de 1830 à 1848 (1), jusqu'après la ruine financière
de 1872, époque où, parmi les hobereaux et les petits
bourgeois dépouillés dans cette *Gründer période* (2),
pendant laquelle domina le Juif, naquit le plus violent antisémitisme : celui qu'engendrent les intérêts
lésés.

Lorsqu'on eut constaté cette action incontestable du
Juif, on en conclut que le Juif était le détenteur par
excellence du capital. Ce fut une cause d'animosîté
de plus contre lui. Les Juifs possèdent tout, déclara-
t-on ; et juif, après avoir été l'équivalent de fourbe,
de trompeur, d'usurier, devint le synonyme de riche.
Tout Juif est possesseur, voilà la commune croyance.
Il y a là une erreur profonde. L'immense majorité
des Juifs, près des sept huitièmes, sont d'une **extrême**
pauvreté. En Russie, en Galicie, en Roumanie, en
Serbie, en Turquie, leur misère est affreuse. Ils
sont pour la plupart des artisans, et, en cette qualité, ils pâtissent de l'état social actuel, tout comme
les salariés chrétiens. Ils sont même parmi les prolétaires les plus déshérités. A Londres, dans cette
compacte agglomération juive de l'East-End, composée de réfugiés polonais, les tailleurs juifs occupés

(1) Otto Glagau, *loc. cit.*
(2) **Période** de fondation.

dans les ateliers de confection travaillent douze heures par jour et gagnent en moyenne 62 centimes par heure, mais la majorité chôme trois jours par semaine, une partie ne travaille que deux à trois jours, et, en tout temps, dix à quinze mille Juifs non embauchés meurent de faim dans une détresse abominable. A New-York, ils sont au nombre de deux cent mille, et, avant la fondation de l'*Union des Tailleurs*, beaucoup étaient astreints à vingt heures de travail par jour et touchaient un salaire de cinq à six dollars par semaine ; depuis, si leur salaire n'a pas été augmenté, la durée de la journée a été réduite à dix-huit heures et, dans quelques établissements, à seize heures (1). En Russie, leur condition est pire. A Vilna, des Juives occupées dans les manufactures de bas tricotés gagnent quarante kopeks (2) par journée de quatorze heures de travail ; cinquante kopeks est le salaire moyen des hommes dans toutes les industries, pour des journées variant de quatorze à vingt heures ; l'immense majorité des ouvriers entassés dans les villes du territoire ne trouvent même pas à s'employer (3). En Galicie, la situation pour la population ouvrière n'est pas meilleure, et il en est de même en Roumanie.

Il reste donc environ deux millions de Juifs qui, soit dans l'Europe occidentale, soit aux Etats-Unis

---

(1) Miss. I. Van Etten : Les Juifs russes comme immigrants (*The Forum*, nᵒ d'avril 1893).

(2) Le kopek vaut quatre centimes.

(3) Léo Errera : *Les Juifs Russes*.

d'Amérique, appartiennent à la classe bourgeoise.
Or, il est incontestable que si ces deux millions de
Juifs n'étaient rien il y a cent ans, ils sont beaucoup
aujourd'hui. Par leur développement, par leurs richesses, par leur situation, ils occupent une place
qui paraît peu proportionnée à leur importance numérique. Comparativement au gros de la population,
ils sont une poignée, et cependant ils tiennent un
rang tel qu'on les aperçoit partout et qu'ils semblent
être légion. Il est vrai qu'il ne faut pas, ce qu'on fait
en général, les comparer à la population totale, puisqu'ils n'habitent généralement pas les campagnes,
et vivent dans des villes d'une relative importance ;
si on veut des éléments exacts de la statistique, il
faut les rapprocher de ceux de leur classe, c'est-à-
dire de la bourgeoisie commerçante, industrielle et
financière, mais, même en réduisant la comparaison
à ces deux termes : juif et bourgeois, cette comparaison est à l'avantage du Juif (1). Pourquoi cette
prépondérance ? Quelques Juifs se plaisent à dire
qu'ils doivent leur suprématie économique à leur
supériorité individuelle et intellectuelle. Cela n'est

(1) Habituellement on compare les deux millions de Juifs détenteurs de capitaux (à divers degrés) à la totalité des populations chrétiennes. On néglige la majorité ouvrière des Juifs, artisans et
prolétaires. Si l'on veut considérer les Juifs comme une nation,
nation sans territoire fixe, il faut d'abord examiner s'il n'existe pas
chez eux une classe de salariés et une classe capitaliste, ce que je
viens de montrer, ensuite, rapprocher cette classe capitaliste juive de
la classe capitaliste chrétienne. De cette façon seulement on arrivera à une statistique comparative exacte et à une juste apprécia-
tion des choses.

pas exact ou, du moins, il faudrait s'entendre sur cette supériorité. Dans cette société bourgeoise, fondée sur l'exploitation du capital et sur l'exploitation par le capital, où la force de l'or est dominante, où l'agio et la spéculation sont tout-puissants, le Juif est certainement doué mieux que tout autre pour réussir. S'il a été dégradé par la pratique du mercantilisme, cette pratique l'a armé, au cours des âges, de qualités qui sont devenues prépondérantes dans la nouvelle organisation. Il est froid et calculateur, énergique et souple, persévérant et patient, lucide et exact, et toutes ces qualités il les a héritées de ses ancêtres, les manieurs de ducats et les trafiquants. S'il s'applique au commerce, à la finance, il bénéficie de son éducation séculaire et atavique, qui ne l'a pas rendu plus ouvert, comme sa vanité le déclare, mais plus apte à certaines fonctions.

Dans la lutte industrielle, il est mieux doué individuellement — je parle d'une façon générale — que ses concurrents, et, toutes choses égales, il doit réussir parce que ses armes sont meilleures ; il n'a pas besoin d'user de la fraude, je veux dire d'en user plus que ceux qui l'entourent, ses capacités spéciales et héréditaires sont suffisantes pour lui assurer la victoire.

Mais ces dons personnels ne suffisent encore pas à expliquer la prépondérance juive. Il y a aussi des lignées de marchands chrétiens ; une partie de la bourgeoisie a reçu en héritage des qualités fort semblables à celles que possèdent les Juifs, et, ainsi, semble-t-il, pourrait les mettre en échec. Il est d'autres causes plus profondes, qui tiennent à la fois au caractère juif et à la constitution des nations contemporaines.

La société bourgeoise est tout entière fondée sur la concurrence individualiste ; dans le champ des journalières luttes pour la vie, elle nous offre le spectacle d'individus combattant âprement les uns contre les autres, d'unités isolées se disputant avec ardeur la victoire par des procédés purement individuels. Dans cette société, l'étroit *struggle for life* darwinien domine, c'est son esprit qui gouverne chaque homme, et il est tacitement reconnu que le triomphe doit appartenir au plus fort, à celui qui est le mieux organisé, dont l'esprit et le corps sont plus parfaitement adaptés aux conditions sociales d'existence. Tout l'effort de solidarité, d'union, d'entente, se fait en dehors de cette classe, dont les historiens, les philosophes, les économistes n'admettent que l'effort individuel, et la bourgeoisie capitaliste et possédante ne retrouve cet instinct de solidarité que contre les ennemis communs à tous ses membres ; contre le prolétariat et contre ceux qui attaquent le capital. Supposez, dans ces organisations égoïstes, des collectivités fortement agencées, des citoyens dotés depuis des siècles de l'esprit d'association, chez qui a été développé par les âges le sentiment de l'union et qui savent, ataviquement et pratiquement, tous les avantages qu'ils peuvent retirer de cette union, il est certain que ces fédérations seront, si elles exercent leur activité dans le même sens que les individus séparés et désunis qui les entourent, dans des conditions meilleures et qui pourront leur assurer une plus facile victoire. Or, c'est exactement la situation des bourgeois juifs dans les états modernes. Ils veulent conquérir les mêmes biens que le bourgeois chrétien, ils évoluent dans le même champ d'action, ils ont les mêmes ambitions, ils sont tout aussi âpres, tout aussi avides, tout aussi désireux de jouir, tout aussi étrangers à la justice qui n'est pas la justice de caste et la justice de défense contre les classes dominées ; ils sont enfin aussi profondément immoraux, en ce sens qu'ils ne considèrent que les avantages qu'ils peuvent se procurer, et que leur seule règle de vie est la conquête des biens matériels, au maximum desquels chacun prétend et aspire. Mais, dans cette quotidienne bataille, le Juif qui est déjà individuellement mieux doué, comme nous l'avons vu, unit ses vertus semblables, accroît ses forces en les formant en faisceaux, et fatalement il doit arriver avant ses rivaux au but poursuivi. Au milieu de la bourgeoisie désunie, dont les membres sont en lutte perpétuelle, les Juifs sont des êtres solidaires, voici le secret de leur triomphe. Cette solidarité est chez eux d'autant plus forte, qu'elle est plus ancienne ; on l'a niée souvent, et cependant elle est indéniable ; les anneaux en ont été soudés au cours des âges, depuis des siècles, et la pratique a fini par en devenir inconsciente. Il est bon de voir comment elle s'est formée et comment elle s'est perpétuée.

C'est de la dispersion que date la solidarité juive. Les Juifs immigrants et colons, qui arrivaient en pays étrangers, se groupaient dans des quartiers spéciaux et, partout où ils abordaient, ils constituaient une société. Leurs communautés étaient réunies autour des maisons de prière qu'ils avaient bâties dans chaque ville où ils avaient formé un noyau ; elles avaient (1), de nombreux et importants privilèges. Les Juifs dispersés avaient été les aides précieux des Grecs dans l'œuvre de colonisation orientale et, chose étrange, ces Juifs qui s'hellénisèrent contribuèrent à helléniser l'Orient ; en retour, ils obtinrent partout, à Alexandrie, à Antioche, dans l'Asie-Mineure, dans les villes grecques de l'Ionie, de garder leur autonomie nationale et de s'administrer ; ils formèrent dans presque toutes les villes des associations corporatives à la tête desquelles était placé un ethnarque ou un patriarche qui exerçait sur eux, avec l'aide d'un collège d'anciens et d'un tribunal particulier, l'autorité civile et la justice. Les synagogues furent de « vraies petites républiques (2) », elles furent de plus un centre de vie religieuse et publique. Les Juifs se réunissaient dans leurs oratoires, non seulement pour y écouter la lecture de la loi, mais encore pour causer de leurs affaires, pour échanger leurs vues pratiques. Toutes les synagogues étaient reliées les unes aux autres, en une vaste association fédérative qui étendit son

(1) Voir chap. II et chap. III.
(2) E. Renan : *Vie de Jésus*, p. 142.

réseau sur le monde antique, à partir de l'expansion macédonienne et hellénique ; elles s'envoyaient réciproquement des messagers, se tenaient mutuellement au courant des événements dont la connaissance leur était utile, elles se conseillaient et s'entr'aidaient. En même temps, elles étaient unies par un puissant lien religieux : elles gardaient leur indépendance, mais elles se sentaient sœurs ; elles tournaient chacune leurs regards vers Jérusalem et vers le temple à qui elles envoyaient leur tribut annuel, et l'amour qu'elles ressentaient pour la cité sainte, l'attachement qu'elles avaient pour le culte, leur rappelaient leur commune origine et cimentaient leur alliance. Ces petites synagogues des cités grecques et ces puissantes colonies d'Antioche ou d'Alexandrie créèrent la solidarité locale et cosmopolite d'Israël. Dans chaque cité, le Juif était aidé par la communauté, il était accueilli fraternellement lorsqu'il arrivait comme immigrant et colon, on le secourait et on le secondait. On lui permettait de s'établir et il bénéficiait du travail de l'association qui mettait à sa disposition toutes ses ressources ; il n'arrivait pas comme un étranger qui va entreprendre une difficile conquête, mais comme un homme bien armé, ayant à côté de lui des protecteurs, des amis et des frères. Par toute l'Asie-Mineure, par les Iles, par la Cyrénaïque, par l'Égypte, le Juif pouvait voyager en sécurité, il était en tout lieu traité en hôte, et il venait droit à la maison de prière où il trouvait un accueil bienveillant. Les Juifs Esséniens ne procédaient pas autrement dans leur propagande. Ils avaient eux aussi créé de petits centres solidaires, de petites sociétés au sein même des communautés, et ainsi ils allaient de ville en ville, en vagabonds sûrs du lendemain.

A Rome, où leur nombre fut considérable (1), les Juifs étaient aussi unis, aussi attachés que dans les cités d'Orient. « Ils sont liés les uns aux autres par un attachement invincible, une commisération très active », dit Tacite (2). Grâce à cette union, ils avaient acquis, comme à **Alexandrie**, une puissance, à tel point que les partis s'appuyaient sur eux et les redoutaient. « Tu sais, dit Cicéron (3), quelle est la multitude de ces Juifs, quelle est leur union, leur entente, leur savoir-faire et leur empire sur la foule des assemblées. »

Quand tomba l'empire romain et que les barbares envahirent le vieux monde, quand le catholicisme triomphant se répandit, les communautés juives ne varièrent pas. Elles étaient des organismes très vivaces, et avaient une vie collective extrêmement active qui leur permit de résister. De plus, au milieu du bouleversement général, elles gardèrent cette unité religieuse et cette unité sociale inséparables l'une de l'autre, auxquelles elles furent redevables de leur prospérité. Tous ces membres des synagogues juives s'accrochèrent plus étroitement en-

---

(1) M. **Renan** évalue le nombre des Juifs romains, sous Néron, à 20 ou 30,000. (*L'antechrist*, p. 7, note 2.)

(2) Tacite : Hist. v, 5.

(3) Cicéron : *Pro Flacco*, xxviii.

core. Ils durent à ce mutuel appui de ne point souffrir des changements extérieurs, et, lorsque les royaumes goths et germains se furent assis, les communautés juives conservèrent quelque temps encore une certaine autonomie, elles jouirent d'une juridiction spéciale, et dans ces organisations nouvelles, elles constituèrent des groupements commerciaux, dans lesquels se perpétua encore la séculaire solidarité. A mesure que les peuples devinrent plus hostiles aux Israélites, à mesure que s'aggravèrent pour eux les législations, à mesure que la persécution grandit, cette solidarité augmenta. Les procès parallèles, l'un extérieur, l'autre intérieur, qui aboutirent à parquer Israël dans l'étroite enceinte de ses juiveries, renforcèrent son esprit d'association. Retirés du monde, les Juifs augmentèrent la force des liens qui les unissaient, la vie commune accrut leur désir et leur besoin de fraternité : les ghettos développèrent l'associationnisme juif. D'ailleurs les synagogues avaient gardé leur autorité. Si les Juifs étaient soumis aux dures lois édictées par les royaumes et les empires, ils avaient un gouvernement propre, des conseils d'anciens, des tribunaux aux décisions desquels ils se soumettaient, et leurs synodes généraux défendaient même, sous peine d'anathème, à un Israélite de traduire un coreligionnaire devant un tribunal chrétien (1). Tout les poussa à s'unir

---

(1) Ces synodes furent réunis à partir du douzième siècle, c'étaient les premières réunions rabbiniques depuis la cloture du Talmud. Jacob Tam (Rabbenou Tam), le fondateur de l'école des Tossa-

pendant ces siècles du moyen âge, si atroces et si
épouvantables pour eux. Isolés, ils eussent souffert
davantage ; en s'aidant mutuellement, ils purent
se défendre plus facilement, ils purent éviter les
calamités qui les menaçaient sans cesse ; dans cette
vie que leur rendaient si pénible les réglementations
qu'on leur imposait, l'aide fraternelle leur permit souvent de se soustraire aux mille charges qui les acca-
blaient. De même, ils avaient gardé, de synagogue
à synagogue, les relations coutumières et ainsi le cosmopolitisme des Juifs se rattache à leur solidarité.
Les communautés s'entr'aidaient, elles se soutenaient et se secouraient, et les exemples de cette
entente abondent, tels que celui, si caractéristique,
des Juifs levantins qui, après le martyre des Juifs
d'Ancône, s'entendirent pour cesser toute relation
avec cette ville et pour diriger le mouvement commercial vers Pesaro où Guido Ubaldo avait accueilli
les fugitifs d'Ancône. Les docteurs, les rabbins encouragèrent cette solidarité, que l'exclusivisme
talmudique augmenta ; ils engagèrent et ils contraignirent leurs fidèles à ménager leurs intérêts res-
pectifs. Au onzième siècle le synode rabbinique de
Worms défendit à un propriétaire israélite de louer
« à un non israélite, ou à un israélite, une maison
occupée par un coreligionnaire, sans le consente-
ment de ce dernier » (1) et un synode du douzième

fistes, provoqua la réunion de ces synodes, qui délibérèrent sans
doute des moyens de résister aux persécutions.
(1) Jost. *Hist. des Juifs* (Berlin, 1820), t. II.

siècle interdit à un Juif, sous peine d'anathème, de traduire un coreligionnaire devant un tribunal chrétien. La communauté juive, le Kahal, était armée contre ceux qui manquaient au devoir de la solidarité ; elle les frappait d'anathème et prononçait contre eux le *Cherem-Hakahal* (1). Cette excommunication atteignait tous ceux qui se dérobaient à leurs obligations envers la collectivité : ceux qui refusaient d'avouer leur avoir pour échapper à la contribution que devait payer la synagogue, ceux qui, passant un acte avec un coreligionnaire, ne faisaient pas signer cet acte par le notaire de la communauté, ceux qui ne voulaient pas se soumettre à la décision que le Kahal avait prise dans l'intérêt commun (2), ceux enfin qui attaquaient par leurs écrits la Bible et le Talmud et travaillaient à la destruction de l'unité d'Israël ; Mardochée Kolkos, Uriel Acosta, Spinoza furent parmi ces derniers.

Les siècles, l'action des lois hostiles, l'influence des prescriptions religieuses, le besoin de la défense individuelle, accrurent donc, chez les Juifs, le sentiment de la solidarité. De nos jours encore, dans les pays où les Juifs sont sous un régime d'exception, l'organisation puissante du Kahal subsiste. Quant aux Juifs, émancipés, ils ont rompu les cadres étroits des anciennes synagogues, ils ont abandonné la législation des communautés d'antan, mais ils n'ont pas

(1) Anathème de la communauté.
(2) Maurice Aron : *Histoire de l'excommunication juive.* (Nîmes, A. Catélan, 1882).

désappris la solidarité (1). Après en avoir acquis le sens, après l'avoir conservé par l'habitude, ils n'ont pu le perdre même en perdant la foi, car c'était devenu chez eux un instinct social, et les instincts sociaux, lentement formés, sont lents à disparaître. Il faut aussi remarquer que, s'ils étaient entrés dans les nations avec des droits égaux à ceux des nationaux, ils étaient cependant une minorité. Or, le développement de l'associationnisme dans les minorités est une loi, une loi qui peut se ramener à celle de la conservation. Tout groupe, en présence d'une masse, comprend que, s'il veut subsister à l'état de groupe, il doit unir toutes ses forces; pour résister à la pression extérieure, qui menace de le désagréger, il faut qu'il forme un tout compact, en un mot qu'il devienne une minorité organisée. La minorité juive est une minorité organisée; non pas qu'elle ait des chefs, des princes théocratiques, un gouvernement et des lois, mais parce qu'elle est une association de petits groupes, groupes fortement assemblés, et se soutenant mutuellement. Tout Juif trouvera, lorsqu'il la demandera, cette assistance de ses coreligionnaires, à condition qu'on le sente dévoué à la collectivité juive, car, s'il paraît hostile, il ne recueillera que l'hostilité. Le Juif, même lorsqu'il a

(1) *L'Alliance Israélite universelle*, fondée en 1860 par Crémieux et qui compte plus de trente mille adhérents souscripteurs, n'a pu qu'accroître la solidarité juive. Le but de l'Alliance est de libérer moralement et intellectuellement le Juif des pays orientaux en fondant des écoles, en outre de pallier à leur oppression et de travailler même à leur émancipation totale.

quitté la synagogue, fait encore partie de la franc-maçonnerie juive (1), de la coterie juive, si l'on veut.

Constitués en un corps solidaire, les Juifs se font place plus facilement dans la société actuelle, relâchée et désunie. Les millions de chrétiens par lesquels ils sont entourés, pratiqueraient l'appui mutuel au lieu de la lutte égoïste, que l'influence du Juif serait immédiatement anéantie, mais ils ne la pratiquent pas et le Juif doit, sinon *dominer*, c'est le terme des antisémites, avoir le maximum des avantages sociaux, et exercer cette sorte de suprématie contre laquelle proteste l'antisémitisme, sans pouvoir, pour cela, l'abolir, car elle dépend non seulement de la classe bourgeoise juive, mais aussi de la classe bourgeoise chrétienne.

Lorsque le capitaliste chrétien se voit évincer ou supplanter par le capitaliste juif, il en résulte une animosité violente, et cette animosité se traduit par les griefs déjà énumérés ; toutefois, ces griefs ne sont pas le fondement réel de l'antisémitisme économique, fondement que je viens d'établir.

Si on a toujours présents à l'esprit, cette idée de la solidarité juive et ce fait que les Juifs sont une minorité organisée, on en concluera que l'antisémitisme est en partie une lutte entre les riches, un combat entre les détenteurs du capital. C'est en effet le chrétien riche, le capitaliste, le commerçant, l'industriel, le financier qui sont lésés par les Juifs, et non les pro-

(1) Je ne parle pas là des associations maçonniques ; j'emploie franc-maçonnerie, dans le sens général qu'on attribue à ce mots.

---

létaires, qui ne subissent pas le patronat juif plus durement que le patronat catholique, au contraire, car là, c'est le nombre des patrons qui importe, et ce ne sont pas les Juifs qui sont le nombre. Voilà ce qui explique pourquoi l'antisémitisme est une opinion bourgeoise, et pourquoi il est si peu répandu, sinon à l'état de vague préjugé, dans le peuple et dans la classe ouvrière.

Cette guerre capitaliste ne se manifeste pas de la même façon partout; elle présente deux aspects selon qu'elle provient d'une opposition entre deux formes du capital, ou de la concurrence entre les possesseurs du capital industriel et financier.

Le capital foncier, dans sa lutte contre le capital industriel, est devenu antisémite, parce que le Juif est pour le propriétaire territorial le représentant le plus typique du capitalisme commercial et industriel. Ainsi, en Allemagne, les agrariens protectionnistes sont hostiles aux Juifs qui sont au premier rang des libre-échangistes. Les Juifs sont opposés par essence et par intérêt à la théorie physiocratique qui attribue la souveraineté politique aux possesseurs de la terre, et ils soutiennent la théorie industrielle qui fait du pouvoir l'apanage de l'industrie. Certes, Juifs et agrariens sont peut-être, individuellement, inconscients du rôle qu'ils jouent dans cette bataille économique, mais leur animosité réciproque n'en vient pas moins de là.

Le petit bourgeois, le menu commerçant que l'agio dévore a une plus nette conscience des raisons de son antisémitisme. Il sait que la spéculation effrénée et que les Krachs successifs l'ont ruiné, et, pour lui encore les plus terribles accapareurs du capital financier et agioteur sont les Juifs, ce qui est d'ailleurs fort exact. Ceux-là mêmes dont la ruine n'est pas venue de la participation à des spéculations dans lesquelles ils auraient été vaincus, attribuent quand même leur décadence à l'agio qui a éliminé une grande partie du capital commercial et du capital industriel. Seulement, comme toujours, ils rendent le Juif responsable d'un état de choses dont il est loin d'être l'unique cause.

Quant à l'autre forme de l'antisémitisme économique, elle est plus simple : elle est provoquée par la concurrence directe entre les manieurs d'argent, les commerçants et les industriels juifs et chrétiens. Les capitalistes chrétiens, isolés généralement, se trouvent en face des capitalistes juifs unis, sinon associés, dans un état de manifeste infériorité, et dans le combat journalier ils sont très fréquemment vaincus par eux. Ils ont donc à souffrir directement du développement de l'industrie et du grand commerce juif, de là, chez eux, une animosité extrême et le désir de réduire la puissance de leurs rivaux heureux. C'est la manifestation la plus violente de l'antisémitisme, la plus âpre, la plus rude, parce qu'elle est l'expression de la défense des intérêts immédiats et égoïstes.

On pourrait voir aussi un signe de l'antisémitisme par suite de la concurrence immédiate et directe, dans les manifestations ouvrières contre les Juifs de

Londres ou de New-York, mais ce ne serait pas rigoureusement exact. L'émigration russe et polonaise en
Angleterre et aux Etats-Unis, émigration qui a amené
dans les centres industriels et manufacturiers un
nombre considérable d'artisans, a eu pour consé-
quence un abaissement extrême des salaires, et une
application plus dure du *Sweating système* dans les
ateliers et les usines de l'East-End londonien ou de
New-York. Il en est résulté un mouvement contre
les prolétaires juifs, surtout contre les ouvriers tailleurs qui sont en majorité parmi les immigrants, mais
ce mouvement n'a rien de spécialement antijuif, il
est analogue à tous les mouvements dirigés par les
travailleurs nationaux contre les travailleurs étrangers, par exemple en France contre les ouvriers italiens et beiges, que le patronat embauche à des conditions plus avantageuses pour lui (1). Il en est de même
pour la concurrence bourgeoise. Si elle est nettement antijuive, ce n'est pas seulement parce que les
Juifs forment une franc-maçonnerie, une minorité
trop bien outillée. En effet, les protestants aussi sont

(1) On peut comprendre plus facilement encore l'antisémitisme
économique en étudiant la question chinoise aux Etats-Unis
d'Amérique. Minorité de race, de religion et d'aptitudes différentes
de celles des Américains, les Chinois, puissamment associés, sont
de même accusés par les capitalistes de drainer l'or et par les ouvriers de faire baisser les salaires. L'hostilité contre eux tend à
provoquer des mesures légales qui les puissent mettre en état
d'infériorité, contrebalancer leur influence et diminuer leurs
avantages, ainsi le bill contre l'immigration. Des mesures analogues ont du reste été prises contre les immigrants allemands
et russes.

organisés de semblable façon, et cependant, sauf quelques rares cas, l'antiprotestantisme ne sévit pas en France, non plus que l'anticatholicisme en Allemagne, où, à leur tour les catholiques sont une puissante minorité.

Il y a donc une autre cause. Oui, et cette cause est capitale. Les Juifs sont bien une minorité, comme les protestants français, comme les catholiques allemands, mais les protestants en France et les catholiques en Allemagne sont une minorité nationale, tandis que les Juifs sont considérés comme une minorité étrangère et nous ne nous trouvons pas uniquement en présence d'une lutte entre les formes du capital, d'une concurrence entre les possesseurs capitalistes, mais encore nous assistons à une lutte entre le capital national et un capital regardé comme étranger. C'est la permanence de la séculaire lutte. Elle a commencé dans l'antiquité, alors que les villes ioniennes « voulurent obliger les Juifs établis dans leurs murs à renier leur foi ou à supporter le poids des charges publiques » (1), elle s'est perpétuée pendant tout le moyen âge, alors que les Juifs apparurent dans les sociétés naissantes comme un peuple qui avait crucifié Dieu, et quand on s'aperçut que cette tribu étrangère avait capté le capital. Lorsque naquit le commerce chrétien, il voulut, lui aussi, écarter un concurrent qui lui semblait d'autant plus dangereux qu'il n'était pas « autochtone »; il y arriva

(1) Th. Mommsen. *Histoire romaine* (Traduction Cagnat et Toutain), t. XI, p. 63. (Paris, 1889.)

en partie par la constitution des jurandes, des corporations, des maîtrises, c'est-à-dire par l'organisation
chrétienne du capital.

Aujourd'hui subsiste encore cette prévention contre
le Juif, prévention secrète, non avouée toujours,
instinctive plutôt que raisonnée, atavique et non
récemment acquise. On ressent toujours contre les
déicides cette acrimonie qui faisait considérer leur
richesse d'un mauvais œil, car on n'estimait pas que
cette tribu de mécréants, de meurtriers et de damnés
pût légitimement posséder; on croyait qu'elle ne pouvait pas acquérir sans dérober le bien de ceux qui
étaient les fils du sol — tout détenteur du sol s'en
considérant comme le fils — et si l'antisémitisme
économique doit être regardé comme une expression
des luttes intestines du capital, il ne faut pas perdre
de vue qu'il est aussi une manifestation de l'opposition du capital national et du capital étranger.

CHAPITRE XV

LES DESTINÉES DE L'ANTISÉMITISME

Les causes de l'antisémitisme. — L'antisémitisme actuel et l'anti-judaïsme d'autrefois. — La cause permanente. — Le Juif étranger et les manifestations de l'antisémitisme. — Le Juif et l'assimilation. — Le Juif et les milieux. — Les modifications du type juif. — La disparition des constantes extérieures. — La disparition des constantes intérieures. — L'état religieux de la synagogue contemporaine. — L'extinction et la ruine du talmudisme. — Le Juif est un élément absorbé. — La disparition du préjugé religieux contre le Juif. — L'affaiblissement du particularisme et de l'exclusivisme national. — Les progrès du cosmopolitisme. — L'antisémitisme et les transformations économiques. — La lutte contre le capital. — L'union des capitalistes. — Le capital et la révolution. — Les antisémites auxiliaires de la révolution. — La fin de l'antisémitisme.

Telles que nous venons de les étudier, les causes de l'antisémitisme moderne sont nationales, religieuses, politiques et économiques; ce sont des causes profondes qui dépendent non seulement des

22.

Juifs, non seulement de ceux qui les entourent, mais encore et surtout de l'état social. Ignorants des véritables origines de leurs sentiments, ceux qui professent l'antisémitisme expliquent leur état d'esprit par des griefs qui ne concordent pas avec les causes que nous avons trouvées ; griefs ethniques, griefs religieux, griefs politiques, griefs économiques, tous ces décors de l'antisémitisme ne sont pas fondés. Les uns, comme les griefs ethniques, proviennent d'une fausse conception des races ; les autres, comme les griefs religieux et les griefs politiques, sont nés d'une idée incomplète et étroite de l'évolution historique ; les derniers enfin, comme les griefs économiques, ont été produits par le besoin de voiler une des luttes du capital. Ni ceux-ci ni ceux-là ne sont justifiés. Il n'est pas exact que le Juif soit un pur Sémite, pas plus que les peuples européens ne sont de purs Aryens. La notion même de Sémite et d'Aryen, impliquant une inégalité respective, ne peut en rien se légitimer ; nous avons vu que, au sens que l'on attribue à ce mot, il n'y a pas de race, c'est-à-dire pas de collectivité humaine descendant de deux ancêtres primitifs et s'étant développée sans admettre l'intrusion étrangère. L'idée de la pureté de sang, comme fondement de l'unité dans l'association, si elle a eu sa raison d'être alors que l'humanité était composée de minuscules hordes hétérogènes, n'a plus été soutenable dès que ces hordes se sont agrégées pour former des cités. Elle s'est cependant perpétuée, elle est devenue une fiction ethnologique, que les villes antiques ont embellie de légendes, en rapportant la vie de leurs héros fondateurs, fiction qui s'est transformée lorsque se sont fédérées les villes, lorsque se sont formées les nations, mais qui a persisté tout de même, qui a donné naissance à ces généalogies interminables, dont le but était toujours d'établir une filiation commune pour les membres d'un même état.

S'il n'est pas vrai que les Juifs soient une race, il n'est pas juste non plus de les considérer comme la cause des transformations modernes. C'est leur donner une trop haute place, si haute, qu'en réalité les antisémites font plutôt œuvre de philosémites. Faire d'Israël le centre du monde, le ferment des peuples, l'agitateur des nations, cela est absurde : c'est cependant ainsi que procèdent les amis et les ennemis des Juifs. Ils leur attribuent, qu'ils s'appellent Bossuet ou qu'ils se nomment Drumont, une importance excessive que la vanité du Juif, cette vanité sauvage et caractéristique, a d'ailleurs acceptée. Il faut cependant en rabattre. Si des monarchies et des empires se sont écroulés, si l'Eglise toute-puissante a vu décroître son autorité que tout les efforts de la bourgeoisie agonisante ne feront pas revivre, si l'indifférence religieuse s'accroît au contraire en même temps que marche la révolution, la faute n'en est pas aux fils de Jacob. Les Juifs n'ont certainement pas créé à eux seuls l'état actuel, seulement ils y sont mieux adaptés, en vertu de qualités ataviques et séculaires, que tous autres. Ils n'ont pas fondé cette société capitaliste, financière, agioteuse, commerciale et industrielle, que tant de causes ont contribué à établir ; ils en ont, nonobstant, bénéficié plus que chacun ; ils en ont tiré de très précieux, très nombreux et très considérables avantages, et cela, non parce qu'ils ont usé de procédés particulièrement déloyaux ou malhonnêtes , comme les en ont accusés leurs adversaires, mais parce que les siècles, les lois restrictives, les prescriptions religieuses, les conditions politiques et sociales dans lesquelles ils avaient vécu, les avaient préparés au milieu contemporain et les avaient armés pour la lutte quotidienne d'armes meilleures.

Néanmoins si les Juifs ne sont pas une race, ils ont été jusqu'à nos jours une nation. Ils se sont perpétués avec leurs caractéristiques propres, leur type confessionnel, leur code théologique qui fut en même temps un code social. S'ils ne détruisirent pas le christianisme, s'ils n'organisèrent pas une ténébreuse conspiration contre Jésus, ils donnèrent des armes à ceux qui le combattirent et, dans les assauts donnés à l'Eglise, ils se trouvèrent toujours au premier rang. De même, s'ils ne sapèrent pas — formés en une vaste société secrète qui aurait durant des siècles poursuivi ses desseins — les trônes monarchiques, ils fournirent un appoint considérable à la révolution. Ils furent en ce siècle parmi les plus ardents soutiens des partis libéraux, révolutionnaires et socialistes ; ils leur apportèrent des hommes comme Lasker et comme Disraeli, comme Crémieux, comme Marx et

Lassalle (1), sans compter le troupeau obscur des propagandistes ; ils les soutinrent par leurs capitaux. Enfin, nous venons de le dire, s'ils n'ont pas, sur les ruines de l'ancien régime, dressé à eux seuls le trône de la bourgeoisie capitaliste triomphante, ils ont aidé à son établissement. Ainsi sont-ils aux deux pôles des sociétés contemporaines. D'un côté ils collaborent activement à cette centralisation extrême des capitaux qui facilitera sans doute leur socialisation, de l'autre ils sont parmi les plus ardents adversaires du capital. Au Juif draineur d'or, produit de l'exil, du Talmudisme, des législations et des persécutions, s'oppose le Juif révolutionnaire, fils de la tradition biblique et prophétique, cette tradition qui anima les anabaptistes libertaires allemands du seizième siècle et les puritains de Cromwell. Au milieu de toutes les transformations qui ont marqué ce siècle, ils ne sont donc pas restés inactifs, au contraire, et c'est leur activité qui a, non pas provoqué, mais perpétué l'antisémitisme, car l'antisémitisme moderne est l'héritier de l'antijudaïsme du moyen âge. Jadis aussi, en Espagne, en combattant les Morisques et les Marranes, on tenta de réduire les éléments étrangers de la nation espagnole ; jadis les Juifs furent considérés comme une tribu étrangère, une horde de déicides, voulant par le prosélytisme insuffler son esprit aux chrétiens, et, de plus, cher-

---

(1) Il n'est pas question de discuter ici la valeur personnelle de tous ces hommes si différents, mais simplement de rappeler leur action.

chant à saisir cet or dont l'importance commença à apparaître pendant les premières années du moyen âge. Les manifestations de l'antisémitisme actuel sont, du moins dans l'Europe occidentale (1), différentes des manifestations d'autrefois, les griefs ont varié, c'est-à-dire qu'on les a exprimés d'une autre façon, qu'on les a soutenus par des théories scientifiques, anthropologiques et ethnologiques, mais les causes n'ont pas sensiblement changé et l'antisémitisme contemporain ne diffère de l'antijudaïsme d'antan que parce qu'il est moins inconscient, plus raisonneur, plus dogmatique, moins impulsif et plus réfléchi. A la base de l'antisémitisme de nos jours, comme à la base de l'antijudaïsme du treizième siècle, se trouvent l'horreur et la haine de l'étranger. C'est là la cause fondamentale de tout antisémitisme, c'est là le motif permanent, celui qu'on trouve à Alexandrie sous les Ptolémée, à Rome au temps de Cicéron, dans les villes grecques de l'Ionie, à Antioche et dans la Cyrénaïque, dans l'Europe féodale et dans les états contemporains que le principe des nationalités anime.

Maintenant, laissons le vieil antijudaïsme et ne nous occupons que de l'antisémitisme moderne. Produit d'une action de l'exclusivisme national et d'une réac-

---

(1) Dans l'Europe orientale, en Perse, au Maroc, nous avons un tableau approximatif de l'antisémitisme au moyen âge. Préjugés, législations restrictives, avanies, humiliations, massacres, émeutes, expulsions, rien ne manque. Je pense du reste l'avoir montré, pour la Roumanie et la Russie, dans le huitième chapitre de ce livre.

tion de l'esprit conservateur contre les tendances
issues de la Révolution, toutes les causes qui l'ont
amené ou conservé peuvent se ramener à une seule :
les Juifs ne sont pas encore assimilés, c'est-à-dire
qu'ils croient encore à leur nationalité. Ils continuent,
par la circoncision, par des règles prophylactiques
spéciales, par des prescriptions alimentaires, à se
différencier de ceux qui les entourent; ils persistent
en tant que Juifs, non pas qu'ils ne soient susceptibles de patriotisme, — les Juifs en certains pays
comme en Allemagne ont contribué plus que personne
à réaliser l'unité nationale, — mais ils résolvent le
problème qui paraît insoluble de faire partie inté-
grante de deux nationalités; s'ils sont Français et
s'ils sont Allemands (1), ils sont aussi Juifs, et si on
leur sait un gré médiocre d'être Allemands et d'être
Français, on leur reproche vivement d'être Juifs. On
les considère dans tous les états comme les Américains considèrent les Chinois, ainsi qu'une tribu
d'étrangers ayant conquis les mêmes privilèges que
les autochtones, et ayant refusé de disparaître. On
les sent encore différents, et plus les nations s'homo-
généisent, plus ces différences apparaissent. Dans ce
grand mouvement qui conduit chaque peuple à l'har-

, (1) Les antisémites allemands reprochent aux Juifs de nourrir
des sentiments hostiles à l'Allemagne et de favoriser les intérêts
français, mais les antisémites français reprochent à leur tour aux
Juifs leur prétendue tendresse pour l'Allemagne. C'est une façon
d'affirmer que les Juifs sont étrangers, ou, pour mieux dire, non
assimilés.

monie des éléments qui le composent, les Juifs sont
des réfractaires, ils sont toujours la nation au cou
raide contre laquelle le Législateur lançait ses anathèmes; ils se rattachent à des formes sociales abolies
et dont l'autonomie est depuis longtemps détruite.
En une certaine mesure, ils sont une nation qui
survit à sa nationalité, et depuis des siècles ils ré-
sistent à la mort.

Pourquoi ? Parce que tout a contribué à maintenir
leurs caractères de peuple ; parce qu'ils ont possédé
une religion nationale qui eut sa parfaite raison
d'être lorsqu'ils formaient un peuple, cessa d'être
satisfaisante après la dispersion, mais les maintint à
l'écart ; parce qu'ils ont fondé dans toute l'Europe
des colonies jalouses de leurs prérogatives, attachées
à leurs coutumes, à leurs rites, à leurs mœurs; parce
qu'ils ont vécu, durant des années, sous la domination d'un code théologique qui les a immobilisés ;
parce que les lois des pays multiples où ils ont
planté leur tente, les préjugés et les persécutions les
empêchèrent de se mêler ; parce que, depuis le second exode, depuis leur départ de la terre palesti-
nienne, ils ont élevé, et on a élevé autour d'eux
d'infranchissables et rigides barrières. Tels qu'ils
sont, on les a créés lentement et ils se sont créés,
on a fait leur être intellectuel et moral, on s'est ap-
pliqué à les différencier et ils s'y sont appliqués de
même. Ils craignirent la souillure et on craignit d'être
souillé par eux; leurs docteurs refusèrent de les
laisser s'unir aux chrétiens et les légistes chrétiens

interdirent toute union avec les Juifs ; ils s'adonnèrent au trafic de l'or et on leur défendit d'exercer
d'autres professions ; ils s'éloignèrent du monde et
on les contraignit à rester dans des ghettos.

Ils étaient ainsi différents de ceux qui vivaient à
leurs côtés, mais, avant leur émancipation, ils échappaient aux regards ; ils se tenaient à part, nul n'avait
de contact avec eux, on leur avait tracé leur domaine,
assigné leur lot, et ils vivaient en marge des sociétés
sans gêner en rien la marche générale, car ils ne
faisaient pas partie du corps social. Lorsqu'ils furent
libérés, ils se répandirent partout, et ils apparurent
tels que les âges les avaient faits. On eut devant eux
l'impression que l'on ressentirait si l'on voyait soudain les Tziganes du monde se rallier à la civilisation
et réclamer leur place. Car on avait changé les conditions dans lesquelles depuis si longtemps les Juifs
vivaient, mais on ne les avait pas modifiés eux-
mêmes, et il fallait pour une telle œuvre autre chose
que la décision de l'Assemblée nationale. Produit
d'une religion et d'une loi, les Israélites ne pouvaient
se transformer que si cette loi et cette religion se
transformaient.

Ici nous nous trouvons en face d'une objection
capitale. Les antisémites ne se bornent pas à dire que
le Juif appartient à une race différente, qu'il est un
étranger ; ils affirment qu'il est un élément inassi-
milable et irréductible, et si quelques-uns admettent
que le Juif peut entrer dans la composition des peuples, ils prétendent que c'est au détriment de ces

23

peuples et que le sémite tue et perd l'aryen, ce qui
est d'ailleurs en contradiction avec la théorie antisémitique d'après laquelle toute race supérieure doit
subjuguer la race inférieure sans pouvoir être enta-
mée par elle. Les Juifs sont-ils réellement incapables de s'assimiler ? Pas le moins du mor le, et
toute leur histoire prouve le contraire. Elle nous
a montré (1) combien de Juifs avaient pénétré
dans les nations par le baptême, combien nombreuses
avaient été les conversions au moyen âge, combien
enfin de Juifs avaient disparu, absorbés par ceux qui
les entouraient, venant volontairement au Christ ou
ondoyés de force par des moines ou des rois fanatiques, Juifs dont on ne peut pas plus aujourd'hui
retrouver des vestiges, qu'on ne peut par exemple
trouver trace des Goths, des Alamans, des Suèves,
qui, amalgamés à d'autres peuplades encore, ont
contribué à former le Français. De tous temps, le Juif,
comme tous les sémites, s'est uni à l'aryen, de tous
temps il y a eu pénétration réciproque de ces deux
races, et rien n'est plus propre à prouver combien
l'assimilation est possible. Du reste, pour démontrer
que les Juifs ne sont pas assimilables, il faudrait démontrer qu'ils ne sont pas modifiables, car tout être
incapable de se modifier ne peut être fondu dans une
agglomération humaine, de même que tout aliment
réfractaire ne peut entrer dans l'économie du corps.
Or, ils ont été constamment transformés par les mi-

(1) Ch. x.

lieux. Si on trouve entre un Juif espagnol et un Juif
russe (1) des ressemblances, on trouve aussi des différences, et ces différences n'ont pas été seulement
produites par l'adjonction de peuplades étrangères
attirées et converties par les Juifs, elles ont été produites aussi par le milieu naturel, par le milieu social
et par le milieu moral et intellectuel. Le type juif
n'a pas seulement varié dans l'espace, il a varié
dans le temps; c'est un truisme de dire que le Juif du
ghetto de Rome n'était pas le même que le Juif des
troupes de Barkokebas; de même le Juif de nos
grandes capitales européennes n'est point semblable
au Juif du moyen âge. Cependant ces dissemblances
que je signale entre Juifs de divers pays et de divers
âges sont moins saillantes que les ressemblances :
cela prouve que le milieu artificiel dans lequel on a
fait vivre le Juif a été plus fort que le milieu naturel;
c'est toujours ce qui arrive pour l'homme, car il est
moins sensible aux milieux climatériques contre lesquels il réagit sans cesse, qu'aux milieux sociaux. Le
Juif n'a pu échapper à cette règle humaine, et ce ne
sont pas les neiges de Pologne ou les torrides soleils
d'Espagne qui ont été ses modeleurs principaux. Il
a été pétri par les lois politiques des nations et par la
religion, religion puissante et terrible, comme toutes
les religions rituelles qui remplacent la métaphysique par une Somme législative. Ces lois et cette
religion ont été toujours les mêmes pour le Juif; en

(1) Je parle des Juifs pratiquants, bien entendu.

tous lieux et en tous temps, elles ont été pour lui des constantes, constantes extérieures et constantes intérieures.

Or, depuis cent ans, ces constantes ont varié (1). Les lois extérieures qui régissaient les Juifs ont cessé d'être ; la législation spéciale et uniforme qu'ils subissaient a été abolie, ils sont désormais soumis aux lois des pays dont ils sont les citoyens, et ces lois, étant différentes suivant les latitudes, sont un facteur de différenciation. Avec les lois ont disparu les coutumes : les Juifs ne vivent plus à l'écart, ils participent à la vie commune, ils ne sont plus étrangers aux civilisations qui les ont accueillis, ils n'ont plus une littérature spéciale, des mœurs particulières, singulières et caractérisantes ; ils ont accepté les façons de vivre des nations diverses entre lesquelles ils sont distribués. Comme ces façons sont différentes, elles différencient encore les Juifs, et des dissemblances de plus en plus grandes naissent désormais entre eux. Ils s'éloignent tous les jours de ce type professionnel et confessionnel qui existe encore, mais qui, fatalement, nécessairement, tend à disparaître, et n'est maintenu que par les constantes intérieures, c'est-à-dire par la religion, par les rites et les habitudes qui en dépendent.

(1) Je rappelle une fois encore que je n'ai en vue que les Juifs de l'Europe occidentale, ceux qui ont été admis aux droits de citoyens dans les divers états qu'ils habitent, et non les Juifs orientaux qui sont encore sous le régime des lois d'exception, en Roumanie et en Russie, comme au Maroc et en Perse.

Or, aujourd'hui, les pratiques religieuses des Juifs varient avec les divers pays. Tandis que, dans la Galicie, par exemple, les plus minutieuses observances du culte sont pratiquées, en France, en Angleterre, en Allemagne, elles sont réduites au minimum. Si l'étude du Talmud est toujours en honneur en Pologne, en Russie, dans certaines parties de l'Allemagne et de l'Autriche-Hongrie, elle est tombée en complète désuétude dans tous les autres pays. Entre le Juif français émancipé et le Juif galicien talmudiste, le fossé se creuse tous les jours, et encore, de cette façon, il se crée des différences en Israël, différences que l'on peut aussi observer entre les Juifs des synagogues réformées et ceux des synagogues orthodoxes. Mais, ce qui est plus important, l'esprit talmudique disparaît lentement ; les écoles talmudiques persistantes se ferment tous les jours dans l'Europe occidentale ; le Juif contemporain ne sait même plus lire l'hébreu. Débarrassée des liens rabbanites, la synagogue ne professe plus qu'une sorte de déisme cérémonial ; chez le Juif moderne, ce déisme s'affaiblit de plus en plus ; tout Juif émancipé est prêt pour le rationalisme, et ce n'est pas seulement le talmudisme qui meurt, c'est la religion juive qui agonise. Elle est la plus vieille des religions existantes, il semble qu'elle doive être la première à disparaître. Au contact direct de la société chrétienne, elle s'est désagrégée. Pendant longtemps elle avait subsisté, comme subsistent ces corps que l'on soustrait à la lumière et à l'air ; on a ouvert les fe-

nêtres du caveau dans lequel elle dormait, le soleil
et le vent sont entrés et elle s'est dissoute.

Avec la religion juive s'évanouit l'esprit juif. Cet
esprit anima encore Heine et Boerne, Marx et Lassalle, mais ils avaient été élevés encore à la juive, ils
avaient été bercés par des traditions que les jeunes
Juifs d'aujourd'hui ignorent et dédaignent, et maintenant il n'y a plus, ou du moins il tend à ne plus
y avoir, de personnalité juive.

Ainsi, ces Juifs composés de diverses couches dissemblables, que de semblables conditions de vie
extérieure, de semblables préoccupations intellectuelles, de semblables formes religieuses, morales et
sociales avaient unifiés, ces Juifs retournent à l'hété-
rogénéité. Les constantes qui les avaient formés devenant des variables, l'artificielle uniformité disparaît,
parce que disparaissent la foi juive, les pratiques
juives, l'esprit juif, et avec cet esprit, ces pratiques,
cette foi, les Israélites eux-mêmes s'évanouissent. Ce
que n'ont pu faire les persécutions, l'affaiblissement des croyances religieuses, partant des croyances
nationales, l'a accompli. Le Juif libéré, soustrait
aux codes exceptionnels et au talmudisme ankylo-
sant, est un élément absorbé, bien loin que d'être un
élément absorbant. En certains pays, comme aux
Etats-Unis, « la distinction entre Juifs et chrétiens
s'efface rapidement » (1), elle s'effacera de jour en

(1) Henry George : *Progrès et Pauvreté*. Paris 1857, traduction
française.

jour, car de jour en jour les Juifs abandonneront leurs antiques préjugés, leurs rites séparatistes, leurs prescriptions prophylactiques et alimentaires. Ils ne se croiront plus destinés à persister en tant que peuple, ils n'imagineront plus, imagination touchante peut-être, mais absurde, qu'ils ont un rôle éternel à remplir. Un temps viendra où ils seront complètement éliminés, où ils se seront dissous au sein des peuples, comme les Phéniciens qui, après avoir semé leurs comptoirs à travers l'Europe, disparurent sans laisser de trace. En ce temps-là aussi l'antisémitisme aura vécu, mais le moment n'est pas proche. Encore, le nombre des Juifs judaïsants est considérable, et, tant qu'ils subsisteront, il semble que l'antisémitisme devra persister. Cependant l'antisémitisme n'est pas uniquement provoqué par Israël ; il est le produit de causes religieuses, nationales et économiques, causes indépendantes des Juifs ; ces causes sont susceptibles elles aussi de se modifier et même de disparaître : nous pouvons de nos jours constater leur affaiblissement.

Si le judaïsme s'affaiblit, ni le catholicisme ni le protestantisme ne se fortifient, et l'on peut dire que toute forme positive de la religion perd de sa puissance. On croit pouvoir affirmer le contraire pour la religion chrétienne, mais on est d'abord en cela victime d'une illusion, on est ensuite guidé par des intérêts particuliers. Comme a dit Guyau (1) : « La re-

(1) M. Guyau : *L'irréligion de l'avenir.* Paris, 1893, p. XIX.

ligion a trouvé des défenseurs sceptiques qui la soutiennent tantôt au nom de la poésie et de la beauté
esthétique des légendes, tantôt au nom de leur utilité
pratique ». Le néo-mysticisme est un résultat de ce
besoin de poésie et de beauté esthétique qui croit
ne pouvoir se satisfaire que par l'illusion religieuse.
Quant à l'utilité pratique de la religion, nous la
voyons désormais soutenue par la bourgeoisie capitaliste qui a attaqué les croyances religieuses tant
que celles-ci ont soutenu les partisans des régimes
anciens et qui, désormais, appelle la foi à son secours
pour consolider son pouvoir et défendre ses privilèges. Mais ce ne sont là que des manifestations arti-
ficielles, et le sentiment religieux positif, déterminé,
limité, s'éteint tous les jours. On marche d'un côté
vers une sorte d'antireligiosisme matérialiste étroit
et sot, de l'autre on aboutit à cette irréligion philosophique et morale qui sera « un degré supérieur de la
religion et de la civilisation même (1). » En même
temps que ces tendances s'affirment, les préjugés religieux tendent à s'éteindre, et le préjugé contre le Juif,
préjugé aussi persistant que le préjugé du catholique
contre le protestant, et du Juif contre le chrétien,
ne peut pas être le seul à permaner. Il va diminuant
d'intensité et, bientôt sans doute, on ne tiendra plus
tout Israélite pour responsable des affres de Jésus
sur le Calvaire. Avec l'extinction progressive des
préventions religieuses, une des causes d'antisémi-

(1) M. Guyau, *loc. cit.*, p. xv.

tisme s'évanouira et ainsi l'antisémitisme perdra de sa violence, seulement il durera tant que dureront les causes nationales et les causes économiques.

Mais le particularisme et l'égoïsme national, si forts, si puissants qu'ils soient encore, présentent des signes de décadence. D'autres idées sont nées qui, tous les jours, acquièrent plus de force; elles imprègnent les esprits, s'impriment dans les cervelles, engendrent des conceptions nouvelles, de nouvelles formes de pensées. Si le principe des nationalités est encore un principe directeur de la politique, on ne fait plus de la haine contre l'étranger un dogme brutal et irraisonné (1). Il se crée une culture commune aux peuples civilisés, une culture humaine au-dessus de la culture française, de la culture allemande, de la culture anglaise; la science, la littérature, les arts deviennent internationaux, non qu'ils perdent ces caractéristiques qui en font le charme et le prix, et qu'ils visent à une uniformité fâcheuse, mais ils sont animés d'un même esprit. La fraternité des peuples, qui était jadis une chimère inattingible, peut être rêvée sans folie; le sentiment de la solidarité humaine se fortifie, le nombre des penseurs et des écrivains qui travaillent à le renforcer augmente tous les jours; les nations se rapprochent les unes des autres, elles peuvent mieux se connaître, mieux s'aimer et s'estimer; la facilité des relations

(1) Excepté cependant les patriotes exaltés, ceux qui, en France, sont anglophobes et germanophobes par principe, plutôt que par raisonnement.

et des communications favorise le développement du cosmopolitisme ; ce cosmopolitisme unira un jour les races les plus diverses, il leur permettra de se fédérer en de pacifiques unions : à l'égoïsme patriotique, il substituera l'altruisme international. De cette diminution de l'exclusivisme national, les Juifs bénéficieront encore, d'autant qu'elle coïncidera avec l'affaiblissement de leurs caractères distinctifs, et les progrès de l'internationalisme amèneront la décadence de l'antisémitisme. En même temps que les Juifs verront décroître les préventions nationalistes, ils verront les causes économiques de l'antisémitisme diminuer de puissance. On combat les Juifs parce qu'ils représentent un capital que l'on dit étranger, on peut donc supposer que le jour où l'animosité contre l'étranger aura disparu, le capital juif ne sera plus en butte aux attaques du capital chrétien. Malgré cela, la concurrence n'en subsistera pas moins et, toujours, ceux des Juifs qui se seront maintenus auront à pâtir des sentiments hostiles que cette concurrence fomentera contre eux.

Mais d'autres événements, d'autres transformations peuvent amener la disparition de ces causes économiques. Dans la lutte qui est engagée entre le prolétariat et la société industrielle et financière, on verra peut-être les capitalistes juifs et chrétiens oublier leurs dissentiments et s'unir contre l'ennemi commun. Toutefois, si les conditions sociales actuelles devaient persister, il n'y aurait là qu'une trêve, mais de la bataille qui se livre maintenant, le capital ne paraît pas devoir sortir vainqueur. Fondée sur le mensonge, sur l'intérêt, sur l'égoïsme, sur l'injustice et sur le dol, la société actuelle est destinée à périr. Quelque brillante qu'elle paraisse, aussi resplendissante qu'elle soit, raffinée, luxueuse et superbe, elle est frappée à mort ; moralement elle est condamnée. La bourgeoisie, qui détient la force politique, parce qu'elle détient la force économique, usera vainement de ses pouvoirs, en vain elle fera appel à toutes les armées qui la défendent, à tous les tribunaux qui la gardent, à tous les codes qui la protègent, elle ne pourra résister aux lois inflexibles qui, de jour en jour, tendent à substituer la propriété commune à la propriété capitaliste.

Tout concourt à amener ce résultat. De ses propres mains la classe des possédants se déchire ; si une catégorie de possesseurs veut égoïstement se défendre, elle combat inconsciemment contre elle-même, et pour l'avènement de ses ennemis. Toute lutte intestine des détenteurs du capital ne peut qu'être utile à la révolution. En dénonçant les capitalistes juifs, les capitalistes chrétiens se dénoncent eux-mêmes, et ils contribuent à ruiner les fondements de cet état dont ils sont les plus ardents défenseurs. Ironie des choses, l'antisémitisme qui est professé surtout par les conservateurs, par ceux qui reprochent aux Juifs d'avoir été les auxiliaires des Jacobins de 89, des libéraux et des révolutionnaires de ce siècle, l'antisémitisme se fait l'allié de ces mêmes révolution-

naires; M. Drumont en France, M. Pattaï en Hongrie,
MM. Stoecker et de Boeckel en Allemagne œuvrent
pour ces démagogues et ces révoltés qu'ils prétendent
combattre. Ce mouvement, réactionnaire à l'origine,
se transforme au profit de la révolution. L'antisémitisme excite la classe moyenne, le petit bourgeois,
et le paysan quelquefois, contre les capitalistes juifs,
mais ainsi il les mène doucement au socialisme, il
les prépare à l'anarchie, les conduit à la haine de tous
les capitalistes et surtout du capital.

Ainsi, inconsciemment, l'antisémitisme prépare sa
propre ruine, il porte en lui son germe de destruction, et cela inévitablement, puisque, en ouvrant la
voie au socialisme et au communisme, il travaille à
éliminer non seulement les causes économiques,
mais encore les causes religieuses et nationales qui
l'ont engendré et qui disparaîtront avec la société actuelle dont elles sont les produits.

Telles sont les destinées probables de l'antisémitisme contemporain. J'ai tenté de montrer comment
il se rattachait à l'ancien antijudaïsme, comment il
avait persisté après l'émancipation des Juifs, comment il avait grandi et quelles avaient été ses manifestations. J'ai essayé d'en déterminer les raisons, et
après les avoir établies, j'ai voulu prévoir son avenir.
De toutes façons il me paraît destiné à périr, et il périra pour toutes les raisons que j'ai indiquées : parce
que le Juif se transforme, parce que les conditions
religieuses, politiques, sociales et économiques
changent, mais il périra surtout parce qu'il est

une des manifestations persistantes et dernières du vieil esprit de réaction et d'étroit conservatisme qui essaie vainement d'arrêter l'évolution révolutionnaire.

FIN

TABLE DES MATIÈRES

CHAPITRE V

L'ANTIJUDAÏSME DU HUITIÈME SIÈCLE A LA RÉFORME

CHAPITRE VI

L'ANTIJUDAÏSME DEPUIS LA RÉFORME JUSQU'A LA RÉVOLUTION FRANÇAISE

CHAPITRE VII
LA LITTÉRATURE ANTIJUDAÏQUE ET LES PRÉJUGÉS

CHAPITRE VIII

L'ANTIJUDAÏSME LÉGAL MODERNE

CHAPITRE IX

L'ANTISÉMITISME MODERNE ET SA LITTÉRATURE

CHAPITRE X

LA RACE

CHAPITRE XI

NATIONALISME ET ANTISÉMITISME

CHAPITRE XIV

LES CAUSES ÉCONOMIQUES DE L'ANTISÉMITISME

CHAPITRE XV

LES DESTINÉES DE L'ANTISÉMITISME

ÉMILE COLIN — IMPRIMERIE DE LAGNY

www.ingramcontent.com/pod-product-compliance
Lightning Source LLC
Chambersburg PA
CBHW071957270326
41928CB00009B/1467